AF124536

ZORAN MITROVIĆ

Gedanken eines GASTARBEITERS

Deutsche Übersetzung des Buches
„Mnjenja jednog Gastarbeitera"

novum pro

Dieses Buch ist auch als
e-book
erhältlich.

www.novumverlag.com

Bibliografische Information
der Deutschen Nationalbibliothek:

Die Deutsche Nationalbibliothek
verzeichnet diese Publikation in
der Deutschen Nationalbibliografie.
Detaillierte bibliografische Daten
sind im Internet über
http://www.d-nb.de abrufbar.

Gedruckt in der Europäischen Union
auf umweltfreundlichem, chlor- und
säurefrei gebleichtem Papier.

© 2024 novum Verlag

ISBN 978-3-99146-857-8
Lektorat: Falk-M. Elbers
Umschlagfotos: Hugo Felix,
Jojjik | Dreamstime.com
Umschlaggestaltung, Layout & Satz:
novum Verlag
Innenabbildungen: Zoran Mitrovic

Die vom Autor zur Verfügung ge-
stellten Abbildungen wurden in der
bestmöglichen Qualität gedruckt.

www.novumverlag.com

Mit dem Schreiben zu beginnen war für mich schwierig. Der erste Schritt dabei ist der erste Satz, der erste Eindruck. Tatsächlich kann das Schreiben sehr einfach sein. Der Mensch muss sich dazu nur ein bisschen Zeit nehmen, damit er keinen Berg von täglichen Verpflichtungen, die er erledigen muss, vor sich hat, der Kopf frei ist – und schon kann er mit dem Schreiben beginnen. Selbstverständlich muss er den Wunsch und die Motivation haben, etwas Geschriebenes zu hinterlassen, und das intime Bedürfnis, sich zu öffnen. Es ist schön, keine größeren finanziellen Probleme zu haben, eine Frau, mit der man alt werden will, erwachsene Kinder, sein Haus, Frieden und genügend Zeit. Endlich kann und muss ich mich mit mir selbst beschäftigen – mit Gedanken über nahe und entfernte Verwandte, Freunde, mit Erinnerungen, Ängsten, Träumen und Fantasien, sprich mit meiner Sicht der Dinge. Ich werde über persönliche, politische, gesellschaftliche Ereignisse meines Lebens und über meine Anschauung und Deutung derselben schreiben. Davor muss ich noch all jenen bekannten und unbekannten kroatischen und serbischen Faschisten, die schon seit fast drei Jahrzehnten in den Gebieten des Balkans ihr Unwesen treiben, sagen, dass ich ihnen nie verzeihen werde, dass sie mir meine Heimat gestohlen haben. Diese Zeilen werden mir sicher helfen, meine Qual zu überwinden, und vielleicht gleichzeitig die Augen manches Homo sapiens auf dem Balkan öffnen. Jenen, die nicht wissen oder verstehen, was Faschismus ist, empfehle ich Google. Vielleicht begreifen diese Dummköpfe dann, in welchen Sumpfgebieten sie heute leben. Noch eine Anmerkung, ich verwende die maskuline Form, aber ich meine damit auch Balkanfrauen, die ordinären, nicht intelligenten Frauen, die durch die Geburt und Erziehung oder besser gesagt Nichterziehung ihrer Kinder schon seit Jahrhunderten aktiv dabei helfen, die Balkangebiete zu verschmutzen, und so täglich das Wachstum des Faschismus am Balkan fördern. Diese zahlreichen Mütter auf dem Balkan sind keine Opfer. Sie sind vielmehr sehr aktive und wissentliche Mittäter bei allen kriminellen Aktivitäten ihrer Männer. Die Balkaner haben es in den letzten dreißig Jahren geschafft, dass aus einer humanen Gesellschaft des ehemaligen Jugoslawien eine faschistische Zusammensetzung der einzelnen Nationen geworden ist. In diesem faschistischen Morast wird die Halbwelt des Balkans nicht mehr lange fortbestehen können. In meinem Buch verwende ich absichtlich Wörter, die heute Teil der neukroatischen bzw. neuserbischen Sprache sind. Tatsache ist, dass diese Wörter zu der Sprache gehören, in der ich schreibe, obwohl sie für viele Ohren seltsam klingen mögen. Für diese Sprache gibt es leider nicht eine, sondern sechs oder sieben verschiedene Grammatiken. Miserable Linguisten des zwanzigsten Jahrhunderts versuchten aus einer Sprache mehrere Sprachen zu erschaffen. Abstoßende Faschisten, die sich selbst gerne Linguisten nennen, streiten sich schon seit über einem Jahrhundert über die kroatische und/oder serbische Sprache. Nach den Bürgerkriegen haben sie es nun geschafft, Amerika zu entdecken, und haben beschlossen, dass es sich hier nicht um eine oder zwei Sprachen handelt, sondern um eine Vielzahl von Sprachen mit unterschiedlichen Vokabeln, Grammatiken und Schriften. Die menschliche Dummheit ist unendlich, hat Einstein einmal gesagt. Diese Quasiintellektuellen sehen ihre Nation als das Allerheiligste und deshalb komponieren sie die passende Sprache, die anders sein soll als die Sprache der ersten Nachbarn. Hinterhältige Linguisten denken so: Wenn mein Volk keine eigene Sprache hat, kann es in diesem Gebiet nicht bestehen. Der Faschismus lehrt sie, dass ein Volk eine eigene Schriftsprache haben muss, damit es sich von anderen Nationen unterscheidet. Deshalb versuchen sie seit so vielen Jahren, künstliche Sprachen zu erschaffen. Die Kroaten haben dies geschafft, indem sie auf die Sprache aus der Zeit des NDH zurückgegriffen haben. Meiner Meinung nach ist in Serbien und Kroatien durch neue faschistische Schulsysteme, die historische Lügen und Halbwahrheiten enthalten, eine Generation von Schülern und Studenten entstanden, die in dieser sprachlichen Hässlichkeit reden, schreiben und denken. Die Erschaffer dieser Schulprogramme sind Zombies jener Staaten, die sie für diese schändlichen Taten belohnt haben. Die jungen Generationen auf dem Balkan hegen auf diese Weise langfristig tiefen Hass und Misstrauen gegenüber den Nachbarnationen. Die juristische Sprache, die in Gesetzen und an den Gerichten der Staaten, in denen verachtenswerte und gefährliche Rechtsanwälte, Staatsanwälte und Richter miteinander korrespondieren, verwendet wird, beinhaltet abscheuliche und leblose Worte, bei denen mir schlecht wird. Zu wissen, dass zum Beispiel die kroatische Verfassung von einem der abscheulichsten Menschen in Kroatien geschrieben worden ist, der in der Armee mit faschistischem kroatischen Abschaum gedient hat, von einem nicht verurteilten Kriegsverbrecher, Kriegskameraden und Verdecker des verurteilten Kriegsverbrechers, der nach Absitzen der Gefängnisstrafe wieder dem kroatischen Parlament angehört, spricht Bände über das gesamte Parlament und alle Parlamentarier, die darin sitzen. Die kroatische Verfassung ist in dieser ekelhaften klerikalen Sprache geschrieben, die weitgehend vom NDH übernommen worden ist. Der Verfasser der kroatischen Verfassung ist ein armseliger politischer Gegner, der mit Freude allen Kroaten noch eine schöne Untat beschert hat, auf die er gewiss besonders stolz gewesen ist. Er ist einer der wichtigsten Akteure bei der Entstehung des bestehenden Wahlgesetzes der kroatischen Republik. Ich stelle mir vor, wie genau dieser Schuft, der in Wahrheit häufiger betrunken als nüchtern ist, manchmal bei einem Glas Wein daheimsitzt und sich selbst gratuliert, diese Abscheulichkeit seinem Lieblingsvolk angetan zu haben. Die kroatischen Faschisten hätten dringend nachprüfen sollen, ob er wirklich ein Kroate ist, weil weder sein Vorname noch sein Nachname kroatisch klingen, und ihn als den Kroaten schadenden Feind demaskieren und alle seine schlechten Einflüsse in der kroatischen Gesetzgebung revidieren müssen. Zu den morbiden Dingen, die mir in meiner Zeit in Dalmatien aufgefallen sind, gehört die Tatsache, dass niemand mehr unter dreißig Jahren die dalmatinische Sprache spricht. Diese wunderbare melodische Sprache mit den italienischen Einflüssen, die in den Büchern von Milijenko Smoje und in den TV-Serien verewigt ist, stirbt mit Schallgeschwindigkeit aus. Für dieses

Verbrechen allein schon sollten viele faschistische Wichte in Kroatien eine lebenslange Strafe im Gefängnis absitzen oder, was ich bevorzugen würde, von den eigenen Leuten im Meer erträrnkt werden. Ich habe nur ein Beispiel genannt, aber in den Kleinstaaten auf dem Balkan leben noch weitere ähnliche so genannte Schreibtischtäter. Wären diese faschistischen Linguisten auf dem Balkan dazu in der Lage gewesen, in einer anderen Sprache wie zum Beispiel Deutsch zu lesen und zu schreiben und aus ihrem alten, staubigen und stinkenden Büro hervorzukommen, hätten sie vielleicht das Nazigedankengut abgelegt und erkannt, dass es in jedem deutschen Bundesland einen eigenen Dialekt gibt, in dem sich die Bürger tagtäglich unterhalten. Das Gleiche gilt für die Kantone der Schweiz und die österreichischen Bundesländer. Das Einzige, was diese Länder verbindet, ist eine einheitliche deutsche Standardsprache, die im achtzehnten Jahrhundert entstanden ist und die man in allen Schulen lernt. Folglich werden im Alltag, zu Hause und oft auch bei der Arbeit Dialekte verwendet. Überall spricht und schreibt man aber nur in der deutschen Standardsprache, die eine einheitliche Rechtschreibung, ein einheitliches Vokabular und einheitliche Grammatikregeln hat. Für einen Bayern, Walliser oder Tiroler ist die deutsche Standardsprache eine Fremdsprache, die sie nicht gerne verwenden, jedoch müssen sie bei offiziellen Veranstaltungen, in der Schule, im Gericht, im Parlament und an der Universität hochdeutsch sprechen und schreiben. So entstehen durch die einheitliche Sprache echte Intellektuelle, welche die drei Nationen Deutschland, Österreich und die Schweiz repräsentieren. Hochdeutsch zu sprechen, schwächt nicht deren Bindung zur Nation, zum Kanton oder Dorf, aus denen sie stammen. Es gibt also kein Axiom, nach dem eine Nation unbedingt eine eigene Standardsprache haben muss, um zu bestehen. Eines Tages erfinden vielleicht neue halbintelligente Quasiintellektuelle, die sich mit der kroatischen, serbischen, bosnischen, montenegrinischen Sprache und den dazugehörigen Dialekten befassen, eine einheitliche Standardsprache, die in jedem dieser verblendeten kleinen Balkanstaaten verwendet wird. Die Bemühungen, neue Wörter zu kreieren, aus zwei Wörtern ein neues zu erschaffen etc., haben die slawischen Dialekte stark voneinander abgegrenzt. Dabei vertreten renommierte europäische Sprachforscher die Ansicht, dass diese Dialekte zu einer einheitlichen Standardsprache zusammengefasst werden sollten, und das ganz unabhängig davon, wie diese dann heißen mag. Diese Sprache müsste dann in allen Schulen der kleinen Balkanstaaten unterrichtet werden, um den Zusammenhalt zu stärken und um dem Nachbarstaat kein Dorn im Auge mehr zu sein. Es stimmt, dass es wahr ist.

Meiner Meinung nach sollten Vorträge an der Universität ausschließlich in Englisch abgehalten werden und Studenten sollten Prüfungen ausschließlich in Englisch absolvieren. So wird es seit jeher in Skandinavien gehandhabt. Damit würde es auf dem Balkan keine unmoralischen Professoren mit fragwürdigen Motivationen mehr geben. Zugang zur dann weitaus hochwertigeren Ausbildung würden diejenigen erhalten, die wirklich die nötige Intelligenz, Schulbildung, den Willen und die Bereitschaft, sich mit harter Arbeit zu beweisen, besitzen. Wer weiß, womöglich finden Vernunft und Weisheit dann endlich Einkehr in die zukünftigen intelligenten Köpfe auf dem Balkan. Gleichzeitig wären die zukünftigen Akademiker auf dem Balkan in der Lage, aufgrund der hochwertigen Ausbildung und der erlernten Englischkenntnisse überall auf der Welt zu arbeiten. Sie könnten ihre Unternehmen auf dem Balkan oder an jedem anderen Ort gründen. Die Balkanstaaten würden endlich ein Teil Europas und der Welt werden und nicht wie heute deren Arsch. Heute sind die Intellektuellen des Balkans noch nicht bereit für den Rest der Welt, weil um die neunzig Prozent von ihnen (das sind etwa zwei Prozent der Gesamtbevölkerung) aufgrund der fehlenden Intelligenz diesen Titel nicht verdient haben, aber wichtige Positionen in diesen kleinen Staaten innehaben. Diese werden sich mit all ihrer Bosheit gegen das bessere und schönere Leben in diesen kleinen Staaten wehren. Ich befürchte, dass das, was für die USA, die Schweiz und Deutschland gut ist, auf dem Balkan nicht umgesetzt werden kann, weil zahlreiche Halbintelligente mit ihrer angeborenen Böswilligkeit dafür sorgen werden, dass das Bessere und Vernünftigere nie gewinnen wird.

Was ich geschrieben habe, ist kein Aufruf zur Vereinigung dieser neu entstandenen Staaten. Ich habe nur meinen persönlichen Wunsch für ein besseres Leben aller Menschen auf dem Balkan zum Ausdruck gebracht. Mein kurzlebiger Optimismus hat momentan meinen ewigen Pessimismus und meine tiefe Überzeugung darüber, dass dies in den nächsten hundert Jahren nicht möglich ist, besiegt. Das Schlimmste ist, dass diese zahlreichen heutigen Semiintelligenten auf dem Balkan, die versuchen, eine vernünftige Welt zu kopieren, das mit ihrem halbgebildeten Gehirn und ihrer korrupten Seele tun, die in faschistischen Bildungseinrichtungen, die sie Schulen nennen, ausgebildet worden sind. Dabei handelt es sich zum Beispiel um Universitätsprofessoren, Anwälte, Richter, Politiker, Schriftsteller und tragische Künstler und Mediziner. Von ihnen ist, wie uns die jüngste Vergangenheit gezeigt hat, nichts Gutes, Schönes und Edles übrig geblieben. Von Ländern, die ihre Kriegsverbrechen und ihre dunkle, kriminelle Vergangenheit schönreden, kann auch nichts Gutes erwartet werden. Ein Vierteljahrhundert, in dem das faschistische Schulsystem voller Lügen und Halbwahrheiten in Kroatien und Serbien besteht, ist lang genug, um viele Millionen junger Menschen mit faschistischem Gedankengut zu prägen, und davon werden sie sich lange nicht erholen. In Deutschland zum Beispiel sind die Nationalsozialisten nur zwölf Jahre lang an der Macht gewesen, aber dieser Nationalsozialismus lebt dort noch heute, also achtzig Jahre später, in manchen germanischen Hohlköpfen weiter. Serben und Kroaten sind leider praktisch identisch, sodass sogar Auslandskorrespondenten sie mit eineiigen Zwillingen, die schon im Mutterleib mit dem Kämpfen begonnen haben, verglichen. Sie haben nichts anderes geschafft, als sich beinahe wieder zu bekriegen. So Gott will, wird ihnen das bald gelingen. Ich würde niemandem empfehlen, meinen Text oder Worte aus dem Text zu ändern, zu aktualisieren oder zu überarbeiten. Die Sprache, die ich verwende, darf weder der heutigen kroatischen noch der serbischen Standardsprache gleichen. Denn das ist die Sprache, die ich während meiner Zeit im Ausland in mir behalten habe. Falls meine Gedanken in diesem Buch jemals verdreht werden, lasse ich dieses Buch in Kroatien in kyrillischen Buchstaben und in Serbien in lateinischen Buchstaben drucken. Auf diese Weise mache ich es den schmutzigen Faschisten nicht möglich, meine ehrliche Meinung zu lesen und zu genießen. Das Erste, woran ich mich aus meiner frühen Kindheit erinnere oder glaube mich zu erinnern, sind Truppen auf einer Straße, die ich von einer Anhöhe aus beobachtet habe, und die enorme Angst, die ich dabei empfunden habe. Einmal hat mir meine Mutter erzählt, dass ich in der Wohnung, in der ich geboren worden bin, als Vierjähriger versucht habe, vom Balkon zu springen. Zum Glück ist es mir nicht gelungen, weil mein Kopf breiter gewesen ist als der Abstand zwischen den Metallstangen am Balkon. Möglicherweise ist meine irrationale Angst vor Soldaten damals entstanden, wobei sich die unwirkliche Angst vor Uniformierten noch heute irgendwo in mir befindet. Ängste und der tagtägliche Kampf gegen sie prägen und formen alle denkenden Menschen dieses Planeten und anscheinend auch mich. Zu meinem großen Bedauern werde ich diese Tatsache zu spät verstehen. Geboren bin ich in Šibenik, einem malerischen, armen Städtchen an der Mündung des Flusses Krka, in dem nach Ansicht eines Historikers schon seit tausend Jahren Kroaten leben, die heute den größten Teil der Bevölkerung dort ausmachen. Aus der Vogelperspektive und von der Burg aus erkennt man den Verlauf des Flusses Krka von Zaton bis Šibenik, die Halbinsel Srima/Martinska und den Kanal Sveti Ante, mit dem der Fluss Krka im Meer verschwindet. Sobald sie zum Ufer kommen, erzählen viele Bewohner von ihrem Meer und über die ganze Welt, die durch das Meer mit Šibenik verbunden ist. Niemand hat ihnen beigebracht, dass sie seit Jahrhunderten in Wirklichkeit auf das geräuschlose Wasser des Flusses Krka blicken, der sich irgendwo bei der Jadrija mit dem Meer vermischt und in ihm verschwindet. Im Kanal und in der Bucht von Šibenik haben wir stets Strömungen des Meeres und des Flusses in verschiedene Richtungen. Die Bucht von Šibenik wird seit Jahrzehnten mit Abwässern der Stadt verschmutzt, wodurch aus diesem schönen Naturphänomen der Krkamündung eine große, stinkende Kloake entstanden ist, in der zu baden seit Jahrzehnten wegen Krankheitserregern verboten war. Diese Vermischung aus Meer, Krka und Fäkalien ist Lebensraum von Fischen wie dem Cipaille, der vor allem an der Küste gefischt wird. Einzig das Wasser des Flusses Krka reinigt die Bucht von Šibenik und verschwindet unsichtbar im unendlichen und ein wenig saubereren Meer. Der sinkende Salzgehalt des Meeres zwischen Zlarin und Tijat zeigt deutlich, dass das Wasser der Krka auf lange Sicht sogar das Meer besiegt. In alten Zeiten sind Šibenik und seine Bucht durch die Mündung des Flusses Krka gut vor Angriffen vom Festland und vom Meer geschützt worden. Die umliegenden Hügel haben die Stadt verdeckt und versteckt, die Burgen auf den Hügeln haben sie verteidigt und vom Meer aus konnte sie schwer entdeckt werden. Die Burg Sv. Nikola und der Kanal Sv. Ante sicherten von Meeresseite aus die Verteidigung der Stadt. Der Bau von Burgen auf den Hügeln rund um die Stadt und die hohen Mauern der Altstadt von Šibenik sowie die damaligen Bewohner haben es geschafft, die Stadt vor allem vor Angriffen der Türken zu beschützen. Die Venezianer waren diejenigen, die den Bau dieser Burgen und Mauern finanziert haben. Šibenik hatte nie den Status einer freien Stadt wie zum Beispiel Dubrovnik, weil die Einwohner keine erfolgreichen Händler und Seeleute waren. Sie waren Bauern und hatten durch die harte Arbeit keine Zeit dafür. Von Sv. Mihovil aus konnte man rechtzeitig jedes fremde Boot ausmachen, noch bevor man vom Meer aus die Stadt Šibenik erkennen konnte. Im 21. Jahrhundert wurden diese Festungen teilweise restauriert, hatten dann aber eine andere Funktion, obwohl die Steine der Festungen jahrhundertelang gleich geblieben sind. Die Pest suchte die Einwohner der Stadt im 16. Jahrhundert heim und von da an besiedelten sie vor allem Menschen aus den umliegenden Dörfern und viele andere, die über die Hügel von der Balkanseite des Jadrans gekommen waren. Nur wenige wissen, dass die Altstadt von Šibenik Anfang des 20. Jahrhunderts von ähnlichen Mauern umgeben war wie heute noch die Stadt Dubrovnik. Überreste dieser Mauern sind noch an manchen Stellen der Altstadt erkennbar. Einer der ersten kroatischen Politiker in Šibenik war ein sehr intelligenter und weitsichtiger Bürgermeister, dem noch heute viel Lob in der Stadt und in der Umgebung zukommt. Anfang des 20. Jahrhunderts ließ er die Mauern um die Altstadt zerstören. Sein Wunsch war es, dass die Bürger der Altstadt und die zahlreichen Ankommenden sich ohne Mauern annähern konnten. Die tief sitzende Animosität der Bürger von Šibenik gegenüber den Anderen ist ein unbezahlbarer Schatz. Der tüchtige Bürgermeister hat sich wegen dieses Hasses der Bevölkerung dazu entschieden, etwas abzureißen, was ein charakteristisches Merkmal des Balkans ist, und auf diese Weise hat er die gesamte Stadt für immer verschandelt. So haben die Bürger von Šibenik schon von Beginn an ihrer eigener Regierung in der Stadt gezeigt, dass sie lieber zerstören, anstatt zu bauen, lieber kaputt machen, anstatt etwas zu erschaffen. Dieser Bürgermeister, ein unwissender Barbar in der Geschichte, hat den zukünftigen Bürgern und Millionen Touristen eine wunderschöne touristische Attraktion gestohlen. Šibenik wäre heute mit den alten Mauern am Jadran die einzige wahre touristische Konkurrenz von Dubrovnik gewesen.

Dieser Bürgermeister hat so den ewigen Traum aller Bürger Šibeniks, ein gutes Leben ohne viel Arbeit zu führen, zerstört. Šibenik ist eine mittelalterliche Hafenstadt geblieben, da der Hafen in der Moderne nicht mehr erweitert werden konnte. Der enge natürliche Kanal des Flusses Krka kann keine großen modernen Schiffe aufnehmen und im Hafen gibt es nicht genügend Ankerplätze. Eine Herde inkompetenter Architekten und Provinzpolitiker versuchte im letzten Jahrhundert, den Hafen und die Stadt zu modernisieren, dabei haben sie sich redlich und mit viel professionellem Aufwand bemüht, den Hafen und die Stadt zu verunstalten. Es lohnt sich nicht, ins Detail zu gehen. Meine Meinung würde nichts daran ändern, dass die Stadt, wie es aussieht, auch weiterhin stagnieren wird. Auf jeden Fall soll sich jeder Besucher der Stadt Šibenik ein eigenes

Bild dieses kroatischen Hafenstädtchens an der Mündung des Flusses Krka machen.

Zum Zeitpunkt meiner Geburt war der Zweite Weltkrieg einige Jahre zu Ende, wie auch für einen Großteil der Bevölkerung auf dem Balkan des 20. Jahrhunderts. Es ist nämlich Tatsache, dass hier Leute vor, während oder nach einem der zahlreichen Kriege geboren wurden. Die Kriege mit riesigen Schwankungen der Bevölkerung, Plünderungen von beweglichem und unbeweglichem Eigentum, Vertreibungen und Zwangsumsiedlungen waren ständige Begleiter aller Städte und Dörfer der dalmatinischen Adriaküste und des Hinterlandes.

Was ich von Geburt an nicht verstehen konnte, jedoch schnell als Junge und Teenager realisierte, war die Tatsache, dass ich in einer für mich feindlichen Umgebung geboren wurde, inmitten böser Menschen, die durchdrungen waren von enormer Angst und großem Misstrauen gegenüber allem, was neu ist, vor allem Hass auf die einheimischen Serben, die in der Stadt und in der Umgebung lebten. Dieser tiefe Hass und die Furcht vor Neuem sind historisch bedingt und gleichzeitig tief und stark verankert wie in einem guten Schnaps. Dieser Hass und die Angst vor dem Verlust von beschlagnahmtem Eigentum waren ständige Begleiter meines Lebens in all den Jahren, die ich in dieser Stadt verbrachte. Glücklicherweise habe ich drei Viertel meines Lebens außerhalb von Šibenik gelebt, sodass mein Charakter nicht von dieser fremdenfeindlichen Umgebung geprägt wurde. Hätte ich heute die Wahl, meinen Geburtsort auszusuchen, würde ich mich sicherlich für Zürich, New York oder Paris entscheiden. Dort wäre mein Leben wahrscheinlich in anderen Bahnen verlaufen und ich hätte mehr daraus gemacht, worauf ich heute stolz sein könnte. Es brauchte Zeit, Training und lange Jahre außerhalb von Šibenik, um dieses versteinerte Denken, diesen seichten Sumpf und diese Bosheit der Einheimischen verstehen zu können. Wahrscheinlich wurden die Bewohner dieser Stadt durch das Trinkwasser aus dem Fluss Krka vergiftet, da wohl einige Bestandteile dieses Wassers sie unfähig machten, ein humanes, modernes und strukturiertes Leben zu führen. Sie sind einfach intellektuell nicht fähig, das Bollwerk der Unwissenheit und Bosheit aus ihren Köpfen zu verbannen.

Vielleicht ist es jetzt an der Zeit, einen Blick auf meinen Stammbaum zu werfen. Ich wurde in Šibenik an einem Freitag als zweites von drei Kindern geboren. Meine streng katholische Großmutter brachte mich heimlich in die orthodoxe Kirche von Šibenik zur Taufe. Mein Vater war Kommunist und meine Eltern wollten oder durften ihre Kinder nicht taufen lassen. Das waren die Zeiten des jungen jugoslawischen Sozialismus, gemischt mit russischem Kommunismus, aufgedrückt durch die Diktatur der Partisanen. Ich bin nach meiner Schwester und vor meinem Bruder geboren. Meine Mutter war leider eine eingesessene „Šibenka". Mein Großvater war gebürtig aus dem Stadtteil Doca und meine Großmutter aus Varos. Mein Großvater war ziemlich klein, agil und schnell. Er war wie die meisten dortigen Leute arm und sein Besitz beschränkte sich auf ein paar hundert Quadratmeter Ackerland voller Steine und Schutt. Zusammen mit meiner Großmutter befasste er sich mit dem An- und Verkauf von Obst und Gemüse auf dem alten Basar in Šibenik. Er liebte das weibliche Geschlecht, vor allem so genannte „Bodulice", Bäuerinnen von den umliegenden Inseln. Er war wie die meisten anderen aus Dolac ein überzeugter Kroate. Meine Großmutter war klein, rundlich und Analphabetin. Sie glaubte an Gott und ging regelmäßig bis zu ihrem Tod in die katholische Kirche. Meine Großeltern hatten zwei Kinder. Einen Sohn, der eine Ausbildung zum Ladenverkäufer abschloss, und meine Mutter.

Noch minderjährig wurde mein Onkel Mitglied der Ustascha-Partei von Ante Pavlevic. Dieser hatte aus Rom die Ustascha-Bewegung nach Kroatien gebracht. Mit der Ausrufung des unabhängigen Staates Kroatien (NDH) waren Šibenik und Dalmatien nicht Teil dieses nationalsozialistischen Gebildes. Mein Onkel ging nach Zagreb und trat in die Ustascha-Armee ein. Von dort aus wurde er nach Jasenovac beordert, wo er als Kommandant für einen Teils des Konzentrationslagers verantwortlich war. In Jasenovac verbrachte er alle vier Jahre des Krieges als eine bewährte, effektive und monströse Kraft, Henker und Mörder von Serben, Juden, Zigeunern und auch Kroaten. Gegen Ende des Jahres 1944 weilte er kurz in Šibenik, wohl um sich von seinen Eltern und von seiner Schwester für immer zu verabschieden. Wahrscheinlich war er sich zu diesem Zeitpunkt bereits über den bevorstehenden Zusammenbruch des NDH bewusst. Seitdem blieb er verschwunden, seine Spur verliert sich. Alle gehen davon aus, dass er irgendwo in der Nähe von Bleiburg hingerichtet wurde, aber die Wahrheit hat meine Großmutter zeit ihres Lebens nie herausgefunden.

1944, nach der Befreiung Šibeniks durch die Partisanen, hatten meine Großeltern und meine Mutter eine Menge Probleme mit der neuen Regierung wegen der zahlreichen blutigen Verbrechen meines Onkels. Auf dem Balkan existiert noch heute nicht allein die persönliche Schuld, mitschuldig sind dort immer auch die Familie, der Clan und vor allem die Nation. Auf diese Weise rächen sich auf dem Balkan die Gewinner immer an vielen, die sich zufällig im Umkreis von Tätern aufgehalten haben. Um zu zeigen, dass sie anders als ihr Bruder ist, meldete sich meine Mutter mit achtzehn freiwillig für eine Arbeitsaktion. Sie arbeitete irgendwo in Bosnien (höchstwahrscheinlich an der Bahnlinie Brcko-Banovici) und erlangte dadurch eine vorübergehende Normalität zu leben für sich und ihre Eltern. Andererseits erachtete ein Teil der Bevölkerung Šibeniks die Verbrechen, die vom Ustascha-Regime und speziell von meinem Onkel begangen worden waren, nicht als so schlimm, weil sie aus tiefster Seele Serben, Juden und Zigeuner hassten und auch die neue Partisanenregierung und die Kommunisten verachteten.

Meine Mutter, eine kleine, rundliche Frau, wurde wie alle aus Šibenik stammenden Frauen mit dem Wunsch geboren – wenn man sie schon nicht sehr gut sehen kann –, zumindest hörbar zu sein und so aufzufallen. Die offene, blutige Ustascha-Wunde sowie detaillierte Informationen über die zahlreichen Verbrechen ihres Bruders, hinterließen eine tiefe Wirkung auf ihr gesamtes zukünftiges Leben, auf ihre Psyche und ihre menschliche Integrität, leider so direkt auch für ihre zukünftige Familie. Als ehemalige fromme Katholikin war sie zutiefst davon überzeugt, dass sie und ihre unmittelbare Familie eines Tages wegen all dieser vom eigenen Bruder begangenen Grausamkeiten bestraft werden. Diese Angst ging schließlich in eine tiefe psychische Instabilität über, sodass sie die letzten dreißig Jahre ihres Lebens Unmengen von Sedativa zu sich nahm. Unter Einfluss dieser Medikamente war sie für Stunden und Tage praktisch unzurechnungsfähig und mit der Zeit veränderte sich ihr Charakter. Auf diese Art unterdrückte sie für sich persönlich in unbarmherziger, jedoch realistischer Art und Weise ihre stete psychische Unruhe, die sicher zumindest zum Teil auf das Konto ihres Bruders ging. Sie trat vom katholischen zum orthodoxen Glauben über, hat diesen aber weder vollständig akzeptiert noch praktiziert. Es war lediglich ein Akt des Gefallens für die Eltern ihres zukünftigen Ehemanns. Der selbstzerstörerische Missbrauch von Beruhigungsmitteln hatte einen sehr negativen Einfluss auf ihren Charakter, auf die Stimmung und unser Familienleben. All ihr Unbehagen und ihre berechtigte Angst wurden 1990 im Zuge des neuen kroatischen Nationalismus und beim Anblick uniformierter Ustaschas in Šibenik immer stärker. Meine Mutter wurde zunehmend unerträglich. Ihr Leben und das Leben ihres kleinen, noch verbleibenden Bekanntenkreises wandelten sich je länger, je mehr zum Schlechten, da eine geistig unausgeglichene und medikamentenabhängige Frau alle um sich herum terrorisierte. Die Krankenschwestern erinnern sich sicherlich noch an sie und an ihre Aufenthalte im Krankenhaus in Šibenik. Hätte sie Einsicht, Mut und vielleicht Unterstützung meines Vaters gehabt, einen Psychiater aufzusuchen, eine Psychoanalyse zu machen und so ihre akkumulierten Ängste, Traumata und Psychosen zu behandeln, wäre vielleicht nicht nur ihr Leben, sondern auch das Leben all derer, die täglich um sie waren, leichter gewesen. So waren alle, die um sie herum lebten, Opfer. Mein Vater konnte, wollte oder durfte in den Momenten nicht helfen, wenn sie Hilfe von Experten am meisten gebraucht hätte. Er war nur fügsam und ruhig, ertrug all ihre Launen.

In den ersten Jahren nach dem Krieg, als Tito und seine Partisanen begannen, ein neues Jugoslawien mit neuen Leuten und neuen Gewohnheiten zu schaffen, mussten die meisten jungen Leute ihre Wehrpflicht ableisten, die dann mindestens drei Jahre dauerte. Der Traum meines Vaters, der in Zentralserbien aufgewachsen war, bestand darin, ein Matrose zu werden und am adriatischen Meer zu leben. Dieser Traum wurde wahr und er war während seines vierjährigen Militärdienstes auf verschiedenen jugoslawischen Marineschiffen in verschiedenen Häfen rund um die Adria. So weilte er auch in Šibenik und dort lernte er meine Mutter kennen. Durch die Tatsache, einen Serben zu heiraten, sah diese einen Teil ihrer Erbschuld vor Gott und gegenüber den Menschen getilgt. Ein kleinerer Bekanntenkreis nahm diese Verbindung positiv auf, für die Mehrheit in Šibenik war diese Ehe jedoch Verrat an der kroatischen Sache.

Meine Großeltern vergaßen langsam die Schikanen, denen sie nach Kriegsende ausgesetzt waren, und hofften, dass sich Derartiges unter der neuen Regierung und den neuen Menschen, die nach Šibenik gezogen waren, nicht ewig dauern wird. Ein wenig Hilfe bekamen sie von einem Vetter, der nach dem Krieg als Sieger auf einem weißen Pferd in Šibenik einritt. Diese moralische Unterstützung trat erst nach dem Tod meines Großvaters in Kraft. Bis zu ihrem Tod im Jahr 1983 im Alter von einundneunzig Jahren wurde meine Großmutter immer noch regelmäßig von Beamten der Stadt belästigt, meist von ehemaligen Partisanen, Orthodoxen und Katholiken gleichermaßen. Sie arbeitete fast bis zu ihrem Tod auf dem alten und neuen Bazar, handelte mit Obst und Gemüse, da sie weder ein regelmäßiges Einkommen noch eine Rente bezog. Sie musste für ihren Lebensunterhalt selber aufkommen. Meine Großmutter fand in Gott und in der katholischen Kirche ihren Frieden. Sie ging oft in die Kirche, aber ich kann nicht sagen, ob sie für uns betete oder einfach Gott um Vergebung für die schrecklichen Taten ihres Sohnes bat. Sie war Analphabetin, fleißig und klug und verbrachte gerne den ganzen Tag draußen auf dem Markt, verkaufte Früchte und Gemüse. Es behagte ihr nicht, in unserer Wohnung zu sein, wo sie ihr eigenes Zimmer hatte. Sorgfältig sorgte sie für sich, für ihre Ernährung und ihr Aussehen und war wie alle Armen geizig und nicht schenkfreudig. Nach dem Abwiegen konnte sie gut und gerne eine Tomate in der Hand verschwinden lassen, also stehlen.

Mein Vater wurde als viertes und jüngstes Kind geboren. Seine Mutter war mit ihren Eltern und zwei Schwestern einige Zeit nach dem Ersten Weltkrieg aus Schlesien nach Serbien gezogen. Ihr Vater war ein echter deutscher Proletarier, der nichts als seine Arbeitskraft hatte. In den serbischen Minen des Ersten Jugoslawien wurden Arbeitskräfte gebraucht und der Verdienst als Bergmann war gut. Meine Großmutter hatte die Grundschule besucht, war recht gebildet, rauchte und trug regelmäßig eine Waffe bei sich. Während des Zweiten Weltkrieges betrieb sie im Dorf in der Nähe der serbischen Minen ein Café. Sie aber wollte keinen Kontakt mit den deutschen Besatzern. obwohl sie gut deutsch sprach. Obwohl nicht in Serbien geboren, fühlten sie und ihre Schwestern sich gleichwohl als echte serbische Frauen. Wütend hätte sie eines Abends fast meinen Großvater erschossen, weil er eine Menge Geld beim Kartenspiel verloren hatte. Sie schoss viermal, aber es gelang dem Angsthasen, sich geschickt hinter einem hölzernen Schreibtisch zu verstecken und so seinen Arsch zu retten. Danach kam es ihm nie mehr in den Sinn, um Geld zu spielen. Das heißt, meine Gene sind leider balkantypisch.

Dieser Großvater stammte ursprünglich aus Ruda, einem Ort nahe Montenegro. Sein Vater war orthodoxer Priester und lebte eine Zeitlang in Visegrád und Novi Sad. Mein Urgroßvater wurde mit einer serbischen Frau aus Zenica verheiratet und mit ihr hatte er vier Kinder. Wahrscheinlich konnte er lesen und schreiben, aber er war ein Mann, der weder sich selbst noch andere um sich herum mochte.

Ein Bruder meines Vaters war verheiratet und hatte eine Tochter. Er war ein Trinker und ein Spieler, schlug regelmäßig seine Frau, wie auch schon früher sein Vater seine Mutter. Er starb früh. Er war ein echter Balkaner, liebte die Arbeit nicht und war ein Tagträumer. Nach seinem Tod übersiedelten seine Frau und seine Tochter nach Kanada. Meine Cousine lebt heute in Kanada, ist verheiratet und hat einen Sohn. Mit ihnen habe ich keinen Kontakt.

Ein anderer Onkel wurde kurz nach Ende des Zweiten Weltkrieges 1945/1946 bei einem Autounfall getötet. Den Krieg verbrachte er größtenteils in Kriegsgefangenschaft in Deutschland. Er hatte keine Familie, über ihn weiß ich nichts mehr.

Meine Tante war nie verheiratet. Im Alter von fünfundzwanzig, nach einem Firmenausflug nach Opatija, wurde sie schwanger und bekam einen unehelichen Sohn. Bis zum Tod des Erzeugers, eines Juden aus Sremska Mitrovica, hat sie niemandem erzählt, wer der Vater ihres Sohnes war, und niemand in der Familie wagte mit ihr über dieses Thema zu reden. Sie war verschlossen, nicht hübsch, ernst und hatte manche Angewohnheiten ihres Vaters übernommen. Sie tat viel Gutes in ihrem Leben, beherbergte Studenten und Studentinnen bei sich zu Hause, fütterte sie für wenig Geld durch und war total in Hollywood-Filme verliebt. Ihr Leben fand in einem Film statt, den Alltag konnte sie so besser bewältigen. Sie starb Ende 2013 mit siebenundachtzig Jahren. Meine Schwester und ich lebten jeweils vier Jahre bei unserer Tante in Novi Sad und wir absolvierten beide dort die Mittelschule.

Der Sohn meiner Tante beendete nur die Grundschule, er war ein seltsames Kind und noch seltsamer als Erwachsener. Er ist verheiratet und hat einen Sohn. Dieser ist von Beruf Elektriker, ist auch verheiratet und hat ebenfalls einen Sohn. Ihr Leben verläuft ohne große Wünsche, das Streben nach mehr Wissen oder Besitz ist ihnen fremd. Man sucht das kleinste gemeinsame Interesse und versucht dann, sich zu arrangieren. Sie sind die einzigen nahen Verwandten, die ich in Serbien kenne. In Kroatien habe ich außer meiner Schwester keine nahen Verwandten.

Soweit ich mich erinnern kann, verlief meine Kindheit in Armut und Besitzlosigkeit, obwohl mein Vater und meine Mutter regelmäßig arbeiteten. In den Jahren nach dem Bruch mit der Sowjetunion bis 1966 war das Leben in Jugoslawien nicht einfach. Dieses junge Land suchte zu dieser Zeit neue Wege und die Politik der Blockfreiheit und Selbstverwaltung brachte am Anfang den Menschen nur Armut und Mangel. Ich erinnere mich gut, wie wir damals einmal im Monat, nachdem mein Vater seinen Lohn erhalten hatte, in den Laden gingen, um dort einen großen Korb mit notwendigen Lebensmitteln, Öl, Mehl, Zucker, Salz, Nudeln, Konserven, Reis und dergleichen einzukaufen. Dazu manchmal etwas Fleisch und Gemüse. Damit hatten wir einen Monat zu leben. Gemüse brachte uns meistens unsere Großmutter nach Hause, Überreste, die sie auf dem Markt nicht verkaufen konnte. Da wir kein besseres Leben kannten, Fernsehen gab es noch keines, waren wir Kinder meist zufrieden. Mein Vater bekam von seiner Firma eine neue Wohnung zum Gebrauch. Dort wurde ich geboren. In unserer Nachbarschaft wohnte eine ehemalige Partisanin, die gnadenlos meine Mutter und Großmutter wegen der Verbrechen meines Ustascha-Onkels angriff. Wegen dieser täglichen Schikanen und weil meine Mutter und meine Großmutter näher bei ihren Arbeitsplätzen wohnen wollten, beschlossen meine Eltern, in den Stadtteil Gorica in der Altstadt zu ziehen. Auch war es der Wunsch meiner Mutter, näher bei ihren Freundinnen zu sein, die ebenfalls in der Altstadt lebten.

Hier im alten Teil von Šibenik hatte meine Mutter Leute um sich, die sie kannte. Fortan lebten sie und ihre Mutter etwas ruhiger. Meine Großmutter wurde nur noch auf dem Markt belästigt. In der Altstadt wohnten meist Katholiken, und meine Schwester, mein Bruder und ich als orthodoxe Christen, die zwar in der orthodoxen Kirche getauft worden waren, aber nie am kirchlichen Leben teilgenommen hatten, waren in der Minderheit. Schon als Kind fühlte ich dieses Misstrauen, durchzogen von Bosheit und Neid gegenüber Anderen d. h. Besseren. Der Stadtteil Dolac war eine Hochburg der kroatischen Nationalisten, obwohl man ihren Familiennamen nach schließen konnte, dass sie in früheren Zeiten ebenfalls orthodox gewesen waren, aus den umliegenden Dörfern in die Stadt gezogen waren und dort blieben. Später konvertierten sie meist und waren gezwungen, täglich ihre Treue zur katholischen Kirche zu beweisen. Ein Großteil der Vorfahren dieser armen und meist hungrigen und verängstigten Menschen kam wahrscheinlich im Mittelalter nach einem Ausbruch der Pest in die Stadt. Damals hatte die Pest in den meisten Städten am Mittelmeer mehr als drei Viertel der Bevölkerung ausgelöscht. Somit zogen diese glücklichen Neuankömmlinge auf fremden Grund und Boden, bekamen fremde Häuser, einen fremden Glauben, übernahmen praktisch fremde Leben. Die Tatsache, dass sie vorher mittellos gewesen waren, ihre neue Existenz sehr wahrscheinlich einem Geschenk der Kirche zu verdanken hatten, rief möglicherweise eine große unbewusste Angst vor dem Verlust ihres neuen Besitzes hervor, der praktisch geschenkt war. Seit Generationen übertrug sich diese Angst vor der Kirche und dem Unbekannten und ist bis heute geblieben. Schließlich entwickelte sie sich zu Hass auf alles Neue und Unbekannte. Die reale Möglichkeit, dass sie über Nacht alles, was sie besitzen, wieder an neue Zuwanderer verlieren könnten, gab ihnen keine Ruhe mehr. Diese imaginäre existentielle Angst herrscht noch heute unter den Nachkommen der Bewohner der Altstadt von Šibenik und nährt tiefen Hass und Misstrauen gegenüber allen neuen Bürgern. Willkommen sind nur jene, die sich zum katholischen Glauben bekennen. Ihre Hingabe zur katholischen Kirche und zum Vatikan und damit die Frage der ethnischen Zugehörigkeit sind eine Folge dieser Angst vor Verlust und der erwarteten göttlichen Strafe, weil ihre Vorfahren plötzlich ihren alten orthodoxen Glauben aufgegeben hatten. Diese Angst erklärt den Hass gegen diejenigen, die trotz allem ihren alten Glauben behalten haben. Dieser Hass wurde von Generation zu Generation weitergegeben und wurde schließlich größer und intensiver. Zugleich dürfen wir nicht vergessen, dass diese Konvertiten weder die Stadt regierten noch gefragt wurden, was sie wollen. Sie waren nur Kanonenfutter. Nur so kann man die blutrünstigen Auswüchse meines Onkels und seiner zahlreichen Ustascha-Kriminellen verstehen, die alle aus diesem kroatischen, katholischen Korpus hervorgingen. Unter ihnen waren auch Mönche.

Auf dem Balkan stellt man den unerschütterlichen Glauben aller Konvertiten fest, seien es Katholiken oder Muslime, die meistens von der serbischen Seite kamen. Viele der damaligen orthodoxen Serben flohen vor den Türken und ein Teil von ihnen sah als Ausweg für sich und seine Familie nur den Wechsel des Glaubens, um in die Allgemeinheit absorbiert zu werden. Diese Hartnäckigkeit und Bereitschaft der Konvertiten, sich und andere wegen einer neu angenommenen Religion zu zerstören, nenne ich religiösen Talibanismus, unabhängig davon, ob es sich um Nichtgläubige, Muslime, katholische oder orthodoxe Konvertiten auf dem Balkan handelt. In Dalmatien hat jedermann in seinem Leben mindestens dreimal seinen Glauben gewechselt.

Als ich sechs Jahre alt war, übersiedelten meine Eltern, meine Geschwister, ich und meine Großmutter in den Stadtteil Gorica. An die Besitzerin des Hauses, eine alte Dame, erinnere ich mich nicht mehr. Sie muss kurz nach unserem Umzug gestorben sein. Das Haus bestand aus drei Etagen, einem Keller, einem ersten Stock, wo die damalige Besitzerin gewohnt hatte, und aus einer zweiten Etage mit Dachboden. Diese Wohnung im zweiten Stock und das Dachgeschoss konnten wir mieten. An wen die Miete bezahlt wurde, weiß ich nicht mehr, wahrscheinlich an die alte Dame. Damals wurden alleinstehende Personen, die größere Häuser besaßen, von der Partisanenregierung aufgefordert, leerstehenden Wohnraum an bedürftige Familien zu vermieten. Die Dame war allein, hatte zu viel Platz und war praktisch gezwungen, einen Teil ihres Hauses zu vermieten. Die Wohnung hatte drei Schlafzimmer, ein Wohnzimmer und eine kleine Küche, die in einem Übergang wie auf einer Brücke zwischen zwei Häusern direkt über der Straße gebaut war, unter der jeden Tag Menschen hindurchgingen. Diese Küche war im Winter der einzige beheizte Raum unserer Wohnung, weil sich dort ein Holzofen befand. Die Küche war klein, schnell aufgeheizt und dort war es im Winter für uns angenehm warm. Später wurde diese Küche in ein Bad umgebaut. In den ersten Jahren hatten wir überhaupt kein Badezimmer in der Wohnung. Die Toilette befand sich oben auf dem Dachboden.

Ich glaube, die Toilettenschüssel war früher nie geputzt worden. Meine Mutter schaffte es nie, diese grau-schwarze Schüssel sauber zu kriegen. Im Sommer war es auf dem Dachboden zu heiß und im Winter zu kalt.

In einem Zimmer schliefen meine Großmutter und meine Schwester, im zweiten Zimmer meine Eltern und im dritten mein Bruder und ich. Aus dieser Wohnung ging ich in den Kindergarten und später in die Schule. Ich erinnere mich, dass meine Mutter meinen Bruder und mich mit einer Schnur an einem Bettbein wie kleine Hündchen angebunden hatte, damit wir keine Dummheiten begehen konnten, während sie zum Kaffeetrinken zu ihren Freundinnen ging. Wie wenig sorgfältig und unaufmerksam sich meine Eltern und später ebenso die Kindergärtnerin um mich kümmerten, zeigte die Tatsache, dass man erst in der ersten Klasse der Grundschule bemerkte, dass ich stark kurzsichtig war. Ich glaube, die erste Diagnose lautete -7 Dioptrie. Diese extreme Kurzsichtigkeit hat mich natürlich während des ganzen Lebens begleitet, aber in den ersten Jahren meiner Kindheit und auch später war sie für mich eher ein großer Anstoß und kein großer Nachteil. In der Folge musste ich für mein künftiges Leben selbständig wichtige Entscheidungen treffen, was mit meiner Kurzsichtigkeit machbar war oder nicht. Ich musste dieses Handicap verstecken oder überspielen. Vor jeder wichtigen Entscheidung in meinem Leben musste ich abwägen, wie stark mich meine Kurzsichtigkeit behindern würde Trotzdem las ich viel. Mit etwa elf Jahren verbrachte ich einen halben Sommermonat im Krankenhaus. Ich erhielt Injektionen direkt in die Augen. Gemäß meinem Augenarzt war das nötig, um die schnell fortschreitende Kurzsichtigkeit aufzuhalten. Wer weiß, vielleicht haben gerade diese Injektionen dazu beigetragen, dass ich trotz meiner eingeschränkten Sehkraft ohne größere Probleme die höheren Schulen und das Studium an der Universität erfolgreich abschließen konnte. Ernsthafte Probleme mit meinen Augen bekam ich, was zu erwarten war, erst zwei Jahre nachdem ich das Studium abgeschlossen und begonnen hatte zu arbeiten.

Šibenik Dalmacija

Unwissentlich trat ich in der Altstadt von Šibenik in ein Wespennest. Natürlich erkannte ich das erst viel später. Die anderen Kinder, die um mich herum aufwuchsen, waren überwiegend Katholiken, Kroaten mit Abneigung gegen alles, was serbisch war. Zuhause verboten Väter ihren Jungen und Mädchen sich mit Orthodoxen anzufreunden.

Die Kinder, mit denen ich spielte, waren dann auf dem Platz in zwei Kategorien unterteilt: eine Gruppe, die erst seit kurzem in Šibenik lebte und die niemand mochte, obwohl sich ihre Eltern über die Religion definierten. Diese wurden später zu Delinquenten, weil das der einzige Weg war, um in diesem Zoo zu überleben. Eine andere Gruppe von Kindern bestand zum größten Teil aus Nachkommen von Familien, die bereits seit mehreren Generationen hier ansässig waren. Ihr Blut war mit orthodoxem Blut vermischt, denn vor und nach dem Zweiten Weltkrieg gab es recht viele Mischehen. So war und ist auch heute noch Šibenik die Stadt an der Adria mit den meisten Konvertiten, Mitte des 19. Jahrhunderts gab es hier schon eine serbische Grundschule. Mit den Nachkommen dieser Einheimischen spielte ich hauptsächlich. Da ich belesen war, erzählte ich ihnen oft Geschichten, die mir in Erinnerung geblieben waren. Manchmal erfand ich auch Geschichten, die gerade meiner Phantasie entsprungen waren. So hatte ich einen Haufen junger Zuhörer, wenn wir zu später Stunde im Herbst in einem engen Pferdewagen kauerten, um einander warm zu halten. Diese frühen Kameraden sind ein Lichtblick in meiner Kindheit, mit den meisten habe ich heute noch guten Kontakt.

Zu der Tatsache, dass ich viel mehr Bücher verschlungen hatte und eine Handbreite intelligenter als andere war, kam der wichtige Vorteil hinzu, dass ich für mein Alter gut entwickelt, größer und stärker als andere Jungen im gleichen Alter war. Es ist interessant, dass keine Mädchen um uns herum waren. Sie spielten getrennt von uns und verbrachten wenig Zeit auf der Straße. Unsere Spielplätze waren die Straßen der Vorstadt und speziell ein Hügel oberhalb der Stadt, wo sich die Festung Sveti Mihovil befindet. Wir nannten diese Burgruine Sveta

Ana. Wir waren einige der letzten Glücklichen, die sich in dieser Festung tummeln durften, wann wir Lust hatten, denn wir hatten noch freien Zutritt. Auch der Friedhof von Sveta Ana, der in der Nähe lag, war unser Spielplatz. Wir spielten immer Soldaten im Kampf, Krieg und Streit, wir kämpften mit Holzschwertern, manchmal mit Steinen. Unter uns waren das in der Regel harmlose Kriegsspiele, aber falls Jungen aus anderen Stadtquartieren dabei waren, entwickelten sich die Kampfspiele zu echten Schlachten und es gab schon mal blutige Köpfe. An schwere Verletzungen kann ich mich jedoch glücklicherweise nicht erinnern, immerhin waren wir noch Kinder zwischen neun und vierzehn Jahren.

Dieses typische Aufwachsen auf den Straßen des Balkans half mir später im Leben. Ich konnte sehr schnell eine Person durchschauen und somit meine Freunde auswählen. Durch diese rohen Spiele lernte ich schnell erkennen, wer wirklich stark und wer feige war. Daher stammt auch einer meiner typischen Charakterzüge. Wenn mich jemand, mit dem ich mich sonst gut verstanden habe, in etwas schäbiger Weise beleidigt, höre ich einfach auf, mit dieser Person zu kommunizieren. Sie ist für mich praktisch gestorben, verschwunden und für mich für den Rest meines Lebens unerwünscht und nicht mehr existent. Diese Person erwähne ich niemals mehr und verschwende keine Gedanken mehr an sie. Diese Art der Abwehr erleichterte mir in dieser serbenfeindlichen Stadt mein späteres Leben als Teenager. Es war mein Abwehrsystem, das sehr gut bis heute funktioniert. In diesen Jahren spielte ich oft um Geld Kartenspiele, genannt Bankuz, an der Linie oder bis an die Wand. Bei den Würfelspielen war bereits die gestörte Halbwelt junger Delinquenten und naiver Jungen dabei. Ich erlebte mehrere richtige Raube, die niemand anzeigen durfte, da keiner zu Hause von diesen Glücksspielen erfahren durfte. Aber immer waren da etwas ältere Autoritäten (Brüder) unter denjenigen zu finden, die meistens gewannen, und sie haben uns so einigermaßen faire Spiele erlaubt. Durch das Glücksspiel habe ich nicht nur gelernt, dass die Menschen gierig sind und dass sie für Geld zu kriminellen Taten fähig sind, sondern auch das Wichtigste – der Stärkste gewinnt fast immer.

Mich ließen die älteren Delinquenten meistens in Ruhe. Ich trug eine Brille mit dicken Gläsern und wenn diese in die Brüche gegangen wäre, hätte das nicht geleugnet werden können. Sie hatten Angst vor der Polizei. Wenn mich ein Jüngerer wegen meiner dicken Brille verspottete, wie das in Šibenik üblich war, wenn jemand etwas anders ist, wartete ich irgendwo hinter einer Hausecke und verhaute ihn. Nächstes Mal war er dann vorsichtiger und überlegte gut, was er sagte. Als die Kinder sahen, dass sie bei mir den Kürzeren zogen, fingen sie an, meinen jüngeren Bruder zu belästigen. Er konnte sich meist nicht wehren, fing an zu weinen, zu schreien und bat mich, ihm zu helfen.

In den Quartieren Gorica, Varos und Crnica von Šibenik lebten das Proletariat und die Halbwelt. Diejenigen, die wichtige Positionen innehatten, und die Offiziere der jugoslawischen Armee waren hauptsächlich in den äußeren Stadtteilen Baldekin und Kriz angesiedelt, wo neue sozialistische, komfortable Gebäude gebaut wurden. Also lebten in meiner Nachbarschaft die Nachkommen einer schlecht ausgebildeten Unterschicht, die keine wirkliche Lust am Lernen und Wissen hatten. Sie wussten, dass nur Agilität, Geschwindigkeit und Unhöflichkeit auf der Straße zählt. Nur eine kleine Anzahl der Kinder, mit denen ich damals gespielt hatte, besuchte später eine höhere Schule. Aber alle liebten den Sport. Schwimmen, Wasserspringen oder Tauchen, Basketball und Fußball begleiteten mich durch meine ganze Jugend. Natürlich war ich bei einigen Sportarten etwas behindert, aber ich liebte sie trotzdem aufrichtig und praktizierte sie gerne. Ich lief, schwamm und kämpfte immer um den Sieg, obwohl ich selten unter den besten war. Im Sommer gingen wir meistens ins öffentliche Schwimmbad im Stadtteil Crnica und wir begannen Schwimmen oder Wasserspringen zu trainieren. Wasserspringen war kein Massensport und mehrere Jungen erreichten mit Hilfe eines engagierten Trainers gute Wettkampfergebnisse in dieser Disziplin. Ich übte Schwimmen, im Wasser ohne Brille fühlte ich mich frei und gut, Ich trainierte während drei Monaten im Sommer und nahm an verschiedenen Wettbewerben in ganz Jugoslawien teil, wo ich es meistens auf den dritten Platz in meiner Kategorie schaffte.

Die ersten vier Jahre der Grundschule absolvierte ich im Quartier Dolac. Dieses Schulhaus lag direkt am Meer und ich erinnere mich, dass ich oft gegen die dortigen Schüler zu kämpfen hatte. Sie hatten einfach ständig etwas gegen mich. Von der fünften bis zur achten Klasse besuchte ich die Schule im Stadtteil Gorica. Der Unterricht fand in Räumlichkeiten statt, die der katholischen Kirche gehörten. Dort lernte ich Kinder kennen, die ebenfalls neu an dieser Schule waren. Ich befreundete mich mit zweien, die wie ich Schwimmen trainierten. Mit ihnen verbrachte ich meine Jugend- und Teenagerzeit. Die Freundschaft endete in den Jahren vor dem Bürgerkrieg in Kroatien, als sie vom Nationalismus angesteckt wurden und ich, im Westen lebend, ein echter Globetrotter geworden war. Wir trennten uns ohne Beleidigungen und Streitigkeiten. Für mich sind sie seither tot, ebenso ich für sie. Wegen des Faschismus, den sie in sich tragen, werden wir nie wieder Kontakt miteinander haben.

Ich erinnere mich gut an eine Begebenheit, die aufzeigt, welche Typen mit mir zusammen in der achten Klasse waren. Einst gingen wir zu fünft in der Nähe des Ruderclubs schwimmen, weil man dort von einem Felsen direkt ins Wasser springen konnte und das Wasser an dieser Stelle ziemlich sauber war. Dies war der einzige Ort im Hafen von Šibenik, wo wir schwimmen konnten. Ich badete ein wenig und verbrachte anschließend den Tag vor allem unter den Kiefern nahe der Badestelle. Einer von uns hatte eine goldene Halskette, die er vor dem Baden in seine Hosentasche gesteckt hatte. Als wir nach Hause gehen wollten, bemerkte der Junge, dass seine Goldkette fehlte, jemand musste sie gestohlen haben. Wir begannen darüber nachzudenken, wer der Dieb sein könnte. Da ich nicht lange im Meer gebadet hatte und mich vor allem am Strand aufgehalten hatte, bemerkte ich, wie einige von ihnen glaubten, ich sei der Dieb. Ich hatte schnell einen Verdacht, wer der Täter sein könnte, und schlug vor, dass jeder von uns gründlich durchsucht werden sollte. Alle waren einverstanden und ich fand dann wirklich im verschließbaren Fach der Badehose eines Jungen die gestohlene Halskette und gab diese dem Eigentümer zurück. Der Dieb verteidigte sich nicht einmal, er war nur erstaunt, wie schnell ich ihn durchschaut hatte.

Ich erinnere mich noch an eine weitere unerfreuliche Erfahrung, die für mich auf tragische Weise hätte enden können, obwohl ich zu diesem Zeitpunkt im Alter von etwa vierzehn Jahren die Gefahren und die kriminellen Absichten des Täters noch nicht richtig erkennen konnte. Ein etwa vierzigjähriger Metzger aus unserer Stadt sah, wie ich frühmorgens um fünf Uhr meiner Großmutter half, Gemüse auf den Markt zu tragen. Auf dem Nachhausauseweg packte er mich am Handgelenk, ganz rot im Gesicht, und murmelte etwas. Ich konnte mich losreißen und begann davonzurennen, aber er verfolgte mich. Ich erreichte unser Haus vor ihm, wollte die Haustüre hinter mir abschließen, aber im Schloss steckte kein Schlüssel, da wir damals die Eingangstüre meistens nicht abschlossen. Weil ich für mein Alter recht kräftig war, gelang es mir, die Türklinke hochgedrückt zu halten, und er schaffte es nicht, ins Haus zu gelangen. Nach einer Weile gab er auf und ich kehrte in unsere Wohnung zurück. Dieses unangenehme Ereignis kam mir viel später wieder in den Sinn, und ich begriff, wie viel Mut und Glück ich an diesem sonnigen Morgen in Šibenik hatte. Jenen krankhaften Übeltäter hatte ich fast aus meiner Erinnerung gestrichen, denn später im Leben versuchte ich mich nur an schöne Dinge zu erinnern. Auch kam nie das Gefühl der Rache auf, was eigentlich untypisch ist, weil man in diesen Gegenden niemandem etwas schuldig bleibt.

Nach Beendigung der Grundschule fuhr meine Mutter mit mir im Spätsommer 1967 nach Novi Sad, um mich dort in die technische Mittelschule einzuschreiben. Meine Schwester hatte bereits zwei Klassen dieser Schule abgeschlossen. Die Zugreise sowie das Umsteigen in Stara Pazova blieben mir in Erinnerung, weil ich mit meiner Schwester schon beim nächsten Mal alleine zurück nach Šibenik reisen musste. Mit vierzehn wurde ich somit praktisch unabhängig. Von diesem Zeitpunkt an entschied ich selbständig über alle wichtigen täglichen Probleme und die Schule. Ich liebte diese Unabhängigkeit und perfektionierte sie in den folgenden Jahren meines Aufenthaltes in Novi Sad. Diese frühe Selbständigkeit und somit auch das Erlernen eines sparsamen Umgangs mit dem wenigen zur Verfügung stehenden Geld halfen mir, schnell erwachsen zu werden. Ich erkannte, dass Armsein nicht schön ist. Der Mensch muss allein die Verantwortung für sein Wohlergehen übernehmen, Geld muss man zuerst verdienen und erst dann ausgeben.

Rückblickend waren dieser frühe Wegzug von zu Hause und der Besuch der Mittelschule in Novi Sad das Beste für mich und meine Entwicklung. Zu Beginn war mir diese Freiheit nicht so wichtig, weil Heimweh und Sehnsucht nach der Familie groß waren. Heute weiß ich, dass ich in Novi Sad schnell erwachsen geworden bin und sich ein Charakter eines denkenden und vor allem unabhängigen Mannes formiert hat.

Novi Sad war gegenüber Šibenik eine Großstadt. In Novi Sad lebten damals wie heute viele Menschen aus verschiedenen Kulturen, Nationalitäten und Sprachen. Es war eine multikulturelle Gesellschaft, welche die Vielfalt respektierte. Hier lebten viele junge Menschen, vor allem Schüler und Studenten aus der ganzen Vojvodina und Jugoslawien. Zwar gab es hier wie überall in Jugoslawien nach dem Krieg eine große Migration. Es ist Tatsache, dass nach dem Zweiten Weltkrieg Deutsche und Ungarn aus der Vojvodina vertrieben wurden. Viele Litschani, hungrige und arbeitsscheue Dalmatiner (katholische und orthodoxe), Montenegriner und Bosnier (meist orthodoxe) nahmen deren Besitz ein. Diese Emigranten ließen sich vor allem in den ländlichen Gebieten der Vojvodina nieder, aber nicht in Novi Sad. Dieser Ort war eine angenehme Oase im neu entstandenen Sumpf des Balkans.

Die Neuverteilung des Landes war ein großer Staatsraub, von dem sich die Vojvodina nie ganz erholt hat. Diese von Partisanen organisierten Plünderungen wurden in den letzten Balkankriegen fortgesetzt. Wieder wurde die Bevölkerung der Vojvodina gewaltsam verändert, wurde die ungarische, dieses

Mal aber auch die kroatische Bevölkerung beraubt, vertrieben oder getötet und wiederum besetzten Flüchtlinge aus Kroatien, Bosnien, Montenegro und Kosovo die liebliche multikulturelle Vojvodina. Mit der arbeitenden Bevölkerung kamen natürlich auch Faulenzer, Kriminelle und professionelle Nationalisten.

Es ist fraglich, ob sich die Vojvodina jemals von dieser erneuten, dieses Mal serbischen Besetzung erholen wird. Meine Begegnung mit der heutigen Vojvodina macht mich skeptisch. Zu viele serbische Nationalisten pro Quadratkilometer, das ist nicht mehr meine alte multikulturelle Vojvodina. Die Einheimischen aus Novi Sad wurden in ihrer Heimatstadt enteignet, weil Neuankömmlinge die Macht in der Stadt und in der gesamten Provinz ergriffen.

Novi Sad ist das pure Gegenteil von Šibenik. Auf einer Seite der Donau weite Ebenen, breite Straßen, eine reiche und große Stadt und auf der anderen Seite Srem, gebirgig und grün. Dem gegenüber karstige Berge, enge Gassen im sichtbar verarmten Šibenik, das immerhin den Vorteil hat, dass anstelle der Donau der Fluss Krka vorbeifließt und man den fernen, salzigen Geruch der Adria einatmet. Diese beiden Städte sind völlig verschieden in ihrem Charme und ihrer Schönheit. Ebenso unterscheiden sich die Charaktere der Bewohner dieser beiden Städte: einerseits Toleranz und Achtung gegenüber jenen, die anders sind, und auf der anderen Seite Engstirnigkeit und Intoleranz gegenüber allem, speziell gegenüber Fremden.

Bereits im 18. Jahrhundert wurde Novi Sad vor allem von Deutschen, Österreichern, Ungarn und Juden geplant. Dabei spielten die Bewohner des Balkans, damals weitgehend noch Analphabeten und Leibeigene des osmanischen Reichs, keine Rolle. Die Stadt wurde geplant und entworfen als eine Millionenstadt des 21. Jahrhunderts. Die Straßen wurden breit angelegt und konnten leicht in Boulevards umgewandelt werden, auf denen nun täglich Tausende von Autos verkehren. Bereits in den 1970er Jahren gab es gut ausgebaute Fahrradwege, im ehemaligen Jugoslawien eine Seltenheit. Novi Sad liegt unter der Donau und Deiche bewahren die Stadt vor Überschwemmungen. Die Srem-Seite heißt Petrovaradin mit der Festung Petrovaradin, die zur Verteidigung gegen die Türken noch unter österreichisch-ungarischer Herrschaft gebaut wurde. Die beiden Donauufer sind durch drei Brücken verbunden, die während des NATO-Bombardements 1998 zerstört wurden. Unmittelbar nach der Bombardierung hat man eine Pontonbrücke in der Nähe der Festung gebaut, um für Menschen und Fahrzeuge die Überquerung der Donau zu gewährleisten, aber auch um ausländischen Schiffen die Durchfahrt zu verunmöglichen. Mit dieser Pontonbrücke erpressten ein paar Jahre später serbische Politiker Europa. Zwangsläufig hat Europa, um den Schaden zu begrenzen und die Donau für den Schiffsverkehr wieder freizubekommen, am Ende den Wiederaufbau der drei zerstörten Brücken mitfinanziert. Auf diese Weise unterstützt man im Westen die Industrie: Zunächst wird zerstört, dann wieder aufgebaut. Natürlich darf man nicht vergessen, dass die NATO-Bombardierungen Serbiens und die anschließende Wiederherstellung der Infrastruktur Serbien Milliarden gekostet haben. Die Wahrheit werden wir niemals erfahren, weil die Menschen plötzlich sehen und vielleicht sogar verstehen könnten, wie teuer der nationalistische Wahn und die rücksichtslose Kriegspolitik von Slobodan Milosevic und seinen armseligen Komplizen das Volk zu stehen kamen. Die Folgen der Bombardierungen in Serbien sind heute noch für alle spürbar, aber die wahren Schuldigen sind immer noch nicht alle gefunden und verhaftet.

In Novi Sad, neben mehreren Hochhäusern und neben der katholischen Kirche im Zentrum, die fälschlicherweise Kathedrale genannt wird, sind die Deiche am Ufer der Donau die höchsten bestehenden Immobilien. Falls diese Deiche bei Hochwasser nicht standhalten, würden große Teile der Stadt und der Vojvodina überflutet. Viele Häuser in den unteren Quartieren von Novi Sad würden nicht einmal mehr sichtbar sein. Diese potentielle Katastrophe ist sehr real. Die Überschwemmungen auf dem Balkan von 2014 haben gezeigt, was passiert, wenn in den Unterhalt der Deiche nicht regelmäßig investiert wird. Die Deiche sind jetzt asphaltiert, es werden ganze Dörfer, zum Beispiel

Kamenjar zwischen Deichen und Donau gebaut. Aber das Risiko von Überschwemmungen in diesen Gebieten bleibt sehr hoch.

Novi Sad ist eine Universitätsstadt mit vielen Studenten und Jugendlichen. Zu der Zeit, als ich dort lebte, wurden die finanziellen Möglichkeiten der Stadt voll ausgeschöpft und es wurde viel in Infrastruktur und Bildung investiert. Das Kultur- und Nachtleben der Stadt war einzigartig, zahlreiche Cafés mit Zigeunermusik, Theater, Oper und Kinos waren täglich gut besucht. Die Gebiete entlang der Donau sind meist Grünzonen, die der Bevölkerung zur Verfügung stehen. Für mich war das reiche Kultur- und Freizeitangebot bezaubernd und ich habe alles ausgenutzt, so viel ich konnte. Vier Jahre Novi Sad haben mich unabhängig gemacht und meine Persönlichkeit geformt. Leider verlor Novi Sad nach den letzten Bürgerkriegen und dem politischen Wandel in der Vojvodina und in Serbien die Kontrolle über sein Geld, das jetzt nicht mehr hierbleibt, sondern nach Belgrad geht. Dieser beispiellose Diebstahl machte aus der autonomen Vojvodina in zwei Jahrzehnten beinahe eine richtige serbische Provinz.

Glücklicherweise scheint sich diese politische Ungerechtigkeit seit 2010 zusehends zu verbessern, es bleibt mehr Geld in der Provinz.

Meine Tante, bei der meine Schwester und ich vier Jahre gelebt hatten, wohnte in einer Wohnung, die auf einen Innenhof ging. Es gab zwei Zimmer und eine Küche ohne fließendes Wasser und ohne Toilette in der Wohnung. Ein Holzklo, wo man auch in Kälte und Regen hingehen musste, befand sich im Hof, rechts für Männer, links für Frauen. Wasser holten wir, wie alle Mieter der umliegenden Wohnungen, vom Innenhof. Zum Baden wurde Wasser auf dem Holzofen, der sommers wie winters immer in Betrieb war, in der Küche erhitzt. Später lernte ich einen ungarischen Mitschüler kennen, und seine Eltern ließen mich ab und zu bei sich zu Hause duschen. Sie hatten eine neue Vierzimmerwohnung. Diese Tatsache zeigt, wie in der Vojvodina jugoslawische Einheit und Brüderlichkeit gelebt wurden. Alle nationalen Minderheiten in der Vojvodina wurden registriert und sie bekamen alle Vorteile und die politische Stabilität, die ihnen dem Gesetz nach zustanden.

In den zwei Zimmern schliefen nebst meiner Tante und ihrem Sohn meistens noch drei bis vier weitere Schüler. So konnte es vorkommen, dass am Morgen einer aufstand und sich ein anderer, der die ganze Nacht in der Stadt verbracht hatte, ins gleiche Bett schlafen legte. Meine Tante arbeitete bei der Post in der Telefonzentrale. Sie ging oft und gerne ins Kino und die mondäne Welt des Films war ihre Flucht aus der harten Realität des Alltags. Sie arbeitete als Einzige in diesem Haushalt und brachte ein Gehalt nach Hause. Von meinen Eltern erhielt sie etwas Geld für mich und meine Schwester. Die anderen Schüler, die zeitweise dort lebten, konnten nur ab und zu etwas beisteuern. Aber meine Tante schaffte es, uns alle durchzufüttern und jeden Monat ihre Rechnungen zu bezahlen. Meine Tante kümmerte sich hauptsächlich um ihren Sohn. Sie verwöhnte ihn dermaßen, dass er praktisch unfähig war, ein normales Leben zu führen. Er hatte keine Freunde, liebte es, Katzen zu plagen, und ging allen auf die Nerven. Als er in die Pubertät kam, fingen seine Probleme richtig an. Kleingewachsen, dünn, schwach und unattraktiv, versuchte er verzweifelt eine Freundin zu finden. Lange stellte er einer hübschen Schwarzhaarigen nach, die als Untermieterin bei Nachbarn lebte, verliebte sich in sie und veranstaltete jeden Tag Melodramen.

Schließlich eroberte er – oder sie ihn – eine kleine, magere Ungarin, die eine Ausbildung zur Friseurin machte. Sie glaubte in ihm den Märchenprinz gefunden zu haben. Beide waren extrem dünn, sie brachten zusammen sicherlich keine achtzig Kilo auf die Wage. Ein erstes Kind starb nach der Geburt, aber bald darauf bekamen sie einen Sohn. Sie heirateten 1969, obwohl sie noch minderjährig waren und beide noch nicht arbeiteten. Ihr Leben wurde von meiner Tante finanziert. Sie gab ihnen das kleinere Zimmer in ihrer Wohnung, wo das junge Paar zusammen mit ihrem kleinen Sohn lebte. Die Schwiegertochter beendete bald darauf ihre Ausbildung und eröffnete auf der Veranda der Wohnung einen Friseursalon. Sie arbeitete viel, verdiente gut und konnte so entscheidend zum Unterhalt der Familie beitragen. Außerdem legte sie großen Wert auf eine gute Erziehung ihres kleinen Sohnes. Auf jeden Fall war sie eine angenehme Bereicherung in der Wohnung meiner Tante, die sich fortan von ganzem Herzen um ihren Enkel kümmerte. Sie gab das meiste Geld für Lebensmittel aus, wusch, kochte, backte Kuchen und warf jede Woche ganze Berge von Esswaren weg. Mit ihrem Arbeitseifer ging sie uns Nichtarbeitenden auf die Nerven. Für sie war Geld vor allem da, um es so schnell wie möglich auszugeben. Am Monatsanfang hatte meine Tante recht viel Geld zur Verfügung. Dann wurde eingekauft, gekocht und gebacken wie in einem Hotel, als würden bei uns zwanzig Personen wohnen. Jeder Besucher konnte bei meiner Tante reichlich essen und trinken. Am Ende des Monats wurde das Geld knapp und es gab dann oft Bohnensuppe mit geräucherter Wurst. Für sie war wichtig, reichlich zu kochen, um anschließend regelmäßig große Mengen gekochter Speisen wegzuwerfen. Die Alternative wäre gewesen, übrig gebliebene Lebensmittel an Nachbarn, denen es schlechter ging, zu verschenken, aber sie konnte sich nicht dazu aufraffen. All ihr Geld gab sie für Nahrung, ihren Enkel und Kinokarten aus. Es war ihr einziger Zeitvertreib und es gelang ihr durch diese Filme mit ihrer glitzernden Scheinwelt, den einfachen Alltag und die Arbeit zu bewältigen. Vielleicht war es gerade dieses Phänomen, dass der Lebensmittelüberfluss für sie persönlich ein Beweis für ein gutes Leben war. Ich mochte es nicht, dass sie Essen wegwarf, aber es gab keine Möglichkeit, etwas zu ändern. Unser aller Leben in dieser baufälligen Wohnung war einfach gesagt schlecht. Ich versuchte, mich so wenig als möglich in der Wohnung aufzuhalten, ich aß etwas und ging nach draußen. Ich war jung, spielte Fußball, spazierte durch die Stadt und träumte von einem besseren Leben. Natürlich ging ich regelmäßig zur Schule und wartete sehnsüchtig auf die Schulferien, in denen ich nach Šibenik zurückkehren konnte.

Der Sohn meiner Tante hatte durch Bekannte einen Job in einer Fabrik bekommen und war in der Lage, Wasser und Kanalisation vom Hof in die Wohnung zu bringen. Er baute auch ein Badezimmer zwischen Himmel und Erde ein, endlich hatten wir fließendes Wasser, WC, Dusche und Waschmaschine in der Wohnung. Rings um den Innenhof, wo sich bis anhin unser Leben abgespielt hatte, lebten sieben Familien in sieben verschiedenen Wohnungen oder Zimmern. Nur die zur Straße hin gelegene Wohnung hatte fließendes Wasser und ein Bad, die anderen hatten Wasser und Toilette im Hof. Der eine Nachbar, ein Bosnier, war Chauffeur, fast immer betrunken, dreckig und auf ständiger Suche nach einer alten Hure. Neben ihm lebte ein bosnisches Ehepaar, das eines ihrer zwei Zimmer an Studentinnen vermietete. Daneben gab es ein Zimmer, das ebenfalls an Studenten vermietet wurde. Die Vermieterin war eine mir unbekannte Frau. Ein weiterer Nachbar war ein alter Serbe mit seiner aus Ungarn stammenden Frau. Sie lebten auf einer Seite des hölzernen Toilettenhäuschens und auf der anderen Seite wohnte ein Zigeuner, der Geige spielte, mit seiner Frau und zwei Kindern.

Dieser Zigeuner arbeitete als Musiker in der Nacht und tagsüber schlief er. Er trug immer einen Anzug, Krawatte und ein weißes Hemd. Wenn ich ihn Zigeuner nenne, will ich ihn nicht beleidigen, weil er stolz darauf war und sich als Künstler sah. Er hatte als Erster im Hof seine Baracke in ein Backsteinhäuschen umgebaut, das Wasser und Toilette hatte. Das öffentliche WC wurde in die Mitte des Hofes versetzt, den ehemaligen WC-Platz integrierte er in sein Haus, natürlich alles ohne Bewilligung.

Die ehemaligen jüdischen Besitzer dieser ganzen Liegenschaft mit Innenhof und Garten wurden während des Zweiten Weltkrieges aus Novi Sad vertrieben oder getötet. Der überwiegenden Mehrheit der Erwachsenen und uns Jungen war damals nicht bewusst, wessen Besitz das einmal gewesen war, noch war großes Interesse vorhanden, es zu erfahren. Die sozialistischen Dummköpfe dachten, dass Besitz keine Tugend ist. Später gehörte die Liegenschaft der Stadt und die Beamten der Sozialbehörde entschieden, wer dort wohnen durfte. Ungefähr im Jahr 2010 erwarb ein Bauunternehmen die ganze Liegenschaft für über eine Million Euro. Heute steht dort ein fünfstöckiges Wohnhaus mit Tiefgarage und mehreren Wohnungen auf dem Hof. Kaum jemand wird sich in einigen Jahren an diesen ärmlichen Innenhof mit noch ärmlicheren Mietern erinnern, die den größten Teil ihres bescheidenen Lebens dort verbracht hatten.

Wie bereits gesagt, kannten wir kein besseres Leben und wir waren zufrieden mit dem, was wir hatten. Wir lebten in der Übergangszeit vom Sozialismus zum utopischen Kommunismus, so wurde es uns in der Schule gelehrt. Meine Schwester kam zwei Jahre vor mir nach Novi Sad. Sie war eine gute Schülerin, trat der Jugendorganisation der kommunistischen Partei bei und war recht aktiv. Sie begann zu rauchen und sie wurde eine echte treue Genossin, die nie die Ideologie der Partei in Frage stellte und natürlich auch nicht die Rolle ihrer Vorgesetzten. Sie nahm mich zu einige Sitzungen mit, auf denen über den Kommunismus und ein besseres, zukünftiges Leben geredet wurde. Ich konnte mich für dieses leere Gerede nicht erwärmen, da ich mich immer fragte, wann wohl dieser Tag des Wohlstandes für mich kommen würde. Obwohl ich relativ jung war, erkannte ich, dass ich leider wie alle anderen auch nur ein einziges Leben habe, das von sehr kurzer Dauer sein wird, und dass ich somit keine Zeit habe, auf irgendeine Art von künftigem Wohlstand zu warten. Ich wollte so schnell wie möglich, wenn möglich schon in ein paar Jahren, ein besseres Leben führen und ausschließlich für mein eigenes Wohlbefinden und nicht für das von jemand anderem arbeiten. Ich orientierte mich völlig an Kapitalismus, Geld, Reichtum und hatte persönlichen Besitz immer vor Augen. Schon damals entschied ich, eines Tages reich zu werden. Es war mir klar, dass nur ein Mann mit harter und engagierter Arbeit dieses Ziel erreichen kann. Ich wurde weder Kommunist noch Parteimitglied, ich war zu skeptisch gegenüber den leeren Versprechungen dieser meist ungebildeten Parteibonzen, die ich getroffen und manchmal im Fernsehen gesehen hatte.

Vielleicht kann ich das an einem bestimmten persönlichen Beispiel deutlich zeigen. Bereits mit zehn Jahren begann ich regelmäßig meiner Großmutter auf dem Markt in Šibenik zu helfen. Dort hatte sie ihren Stand und verkaufte Obst und Gemüse. Abends half ich Waren heimzutragen und manchmal war ich ihr auch am Morgen behilflich. Meine Großmutter war geizig, sie gab mir selten Geld für meine Arbeit. Sie dachte, es sei meine Pflicht, ihr zu helfen, weil wir zusammen im gleichen Haushalt lebten. Eines Tages fand ich heraus, wo meine Großmutter ihr Geld im Haus aufbewahrte. Sie besaß keine großen Geldsummen, konnte nicht lesen und schreiben und vertraute den Banken nicht, die damals auch nicht das waren, was sie hätten sein sollen. Ich fing an, Geld für meine Bedürfnisse aus ihrer Kasse zu nehmen, ganz im Sinne des Kommunismus. Dieses Geld brauchte ich für Glücksspiele, Kinobesuche und Kuchen beim Türken. Ich war der festen Überzeugung, dass ich nicht gestohlen, sondern mir selbst einen gerechten Lohn ausbezahlt hatte. So hatte ich schon mit elf Jahren immer genug Geld für Kinobesuche, Süßigkeiten und Spiel. Oft besuchte ich die Nachmittagsvorstellungen im Kino. Da es damals bei uns keine Altersbeschränkung gab, sah ich praktisch jeden Film, der gezeigt wurde. Durch diese Filme lernte ich eine andere, schönere und reichere Welt kennen. Ich las viel und mit jedem neuen Roman lernte ich etwas Neues, vor allem Menschen schnell zu durchschauen und zu bewerten.

Später an der Mittelschule war ich ein guter Schüler, ich musste mich nicht allzu sehr anstrengen. Ich sah, dass Diejenigen, die etwas besitzen, ein gutes Leben führen und dass die Armen immer arm bleiben werden. Ich erkannte, dass Wissen Macht bedeutet und Nichtwissen Dummheit. Das höchste Ziel meiner damaligen Kameraden in Novi Sad war, wenig zu lernen und möglichst oft die Schule zu schwänzen. Wenn wir uns heute, alle um die sechzig, treffen, sehe ich die meisten von ihnen körperlich und finanziell ruiniert. Teils selbstverschuldet, teils durch ihre aktive Unterstützung von aggressivem Nationalismus, der schließlich in Hyperinflation, Niederlagen und Bombardierungen durch die NATO endete, durchlebten sie einen wahren Leidensweg. Trotz alldem haben sie schlussendlich nichts daraus gelernt. Auch heute noch unterstützen alle diese gescheiterte, selbstmörderische und faschistische Politik von Milosevic von Herzen und sind stolz darauf. Die wenigen Freundschaften, die sie mit einer kleinen Anzahl Ungarn hatten, wurden durch ihr unwissendes und aggressives Verhalten zerstört. Heute wird mir klar, dass diese Leute weder mein Bedauern noch meine finanzielle Unterstützung verdienen. Sie und die Mehrheit der Serben haben den Totengräber Tome Nikolic zum Präsidenten und die Marionette Vucic zum Premierminister gewählt, im Bewusstsein, dass die vergangene Politik auch die künftige sein wird. Es wird keinen großen Fortschritt für Serbien mit dieser Verlierermentalität der Wähler und der heutigen Verehrung des Faschismus geben. Gegenwärtig wird in Serbien die Verurteilung des Draza Mihajlovic aufgehoben und die Tschetniks werden verehrt. So wird es nicht lange dauern, bis auch die Kroaten den gleichen faschistischen Pfaden folgen werden.

Auch ich besuchte während meiner Schulzeit manchmal lieber eine Kinomatinee als den Unterricht, aber ich übertrieb es natürlich nicht, weil ich erkannt hatte, dass eine gute Bildung wichtig ist und ich nur mit einem Maturaabschluss eine Chance für eine möglicherweise bessere Arbeit und ein reicheres Leben haben würde. Novi Sad hat mir geholfen, erwachsen zu werden, dort habe ich gelernt, unabhängig und zielstrebig zu sein. Dort erlebte ich meine erste Liebe, Erfolge im Sport und in der Schule, aber auch die ersten Enttäuschungen. Alles in allem – es war ein guter Start in mein zukünftiges Leben.

Novi Sad Vojvodina

Nach Novi Sad kam ich mit vierzehn Jahren. Zu Beginn wurde ich von Heimweh geplagt, aber die große Stadt, eine andere Sprache und die Mentalität der Menschen zeigten mir, wie provinziell mein früheres Leben war. In der Schule lernte ich viele interessante Schüler kennen. Ich war ein wenig intelligenter als die meisten von ihnen, mein Lieblingsfach war Mathematik und ich musste mich nicht allzu sehr anstrengen, um unter den Besten der Klasse zu sein. Die Tatsache, dass ein Drittel der Maturanten aus meiner Klasse eine hauptsächlich technische Hochschule abgeschlossen haben, ist ein gutes Indiz für eine fleißige und kluge Generation. Mein bester und einziger Schulfreund war hochintelligent, aber sehr sensibel. Die Schule war für ihn nicht das Wichtigste, er schrieb Gedichte und war unser Jesenjin. Noch jung verliebte er sich in ein ungarisches Mädchen und später erzählte er mir, dass sie sich niemals zur gleichen Zeit geliebt hatten; entweder liebte er gerade sie, sie ihn aber nicht oder umgekehrt. Später jedoch heirateten sie. Das Leben meines Freundes war sehr intensiv und wahrscheinlich war das auch mit ein Grund seines allzu frühen Todes. Während unserer Schulzeit unternahm er einmal wegen eines Mädchens einen Selbstmordversuch. Sein Vater war Direktor eines Unternehmens in der Vojvodina, ihm fehlte die rechte Hand. Um das Jahr 1968 machte er sich selbständig und fuhr mit seinem alten Škoda nach Italien und Österreich auf der Suche nach Geschäftspartnern. Er wurde ein selbständiger Handelsreisender, der mehrere kleine ausländische Firmen in Jugoslawien und Ungarn vertrat. Die Holzindustrie in diesen Ländern war auf der Suche nach modernem Design sowie qualitativ hochstehenden und innovativen westlichen Produkten. Er schaffte es, diese Marktlücke zu schließen, und verkaufte diesen Fabriken Scharniere, Griffe und Klinken aller Art in großem Umfang. Da er am Umsatz beteiligt war, kam er schnell zu Reichtum. Später gründete er seine eigene Firma in Graz und handelte mit Scharnieren und Möbeldekor bis zum Auseinanderbrechen Jugoslawiens. In einem österreichischen Unternehmen wurde er Verkaufsdirektor und vertrat diese Firma in allen Republiken Jugoslawiens und in Ungarn.

Heute, fünfundvierzig Jahre nach der Matura, unterhalte ich noch einige Kontakte mit ehemaligen Klassenkameraden, aber wir sind uns fremd geworden, ebenso wie mir die ehemaligen Freunde aus Šibenik fremd geworden sind. Es gibt einen einfachen Grund: Ich sehe in all diesen ehemaligen Freunden Täter und politische Verräter, die meine damalige Heimat, die ich ihnen im Jahr 1980, als ich ins Ausland ging, zurückgelassen hatte, gemeinsam zerstört haben. Mit Hilfe von zahlreichen verdeckten Faschisten wurden ein paar kleine, schwache und, was am schlimmsten ist, faschistische Staaten geschaffen, die schwach sind und nicht genug intelligente und gebildete Menschen haben, die den Willen, die Vernunft und die politische Klugheit besitzen, sie zu verwalten. Heute sucht die verarmte und schlecht ausgebildete Bevölkerung dieser Staaten ihr Heil in der EU. Ich habe weder den Willen noch die Zeit, allen diesen Bürgern zu verzeihen, die diese neuen faschistischen Gebilde geschaffen haben, was die meisten weder sehen noch verstehen wollen.

Novi Sad profitierte als Zentrum der Vojvodina immer von der Landwirtschaft. Auf riesigen Flächen wird gepflügt, gesät, geerntet und natürlich auch gut verdient. Große Obstgärten voller Früchte, Weinberge, Mais- und Weizenfelder sind der Beweis für den Reichtum der Vojvodina. Hier wurde schon immer gut und reichlich gegessen. Deutsche, Österreicher, Ungarn und Serben, jeder wollte mit den guten und preiswerten Lebensmitteln das beste Essen zubereiten. Im Gegensatz zu der armen und meist seit Jahrhunderten hungernden Bevölkerung in Dalmatien war in der Vojvodina Nahrung im Überfluss vorhanden und der Umgang im wortwörtlichen Sinn verschwenderisch.

In Šibenik trainierte ich im Sommer Schwimmen, es war mir wichtig, geistig und körperlich stark zu sein, um irgendwie diese schwierigen Jugendjahre zu meistern, die voll von Unsicherheit, Ängsten und Wildheit waren, erste Küsse und normales Verlangen nach Sex. Da ich zu dieser Zeit noch immer meine Brille mit dicken Gläsern tragen musste, hatte ich nicht wirklich Erfolg bei Mädchen. Dann erfuhr ich, dass man in Belgrad

Kontaktlinsen bekommen konnte. Meine Mutter begab sich mit mir 1969 nach Belgrad in eine Augenklinik und nach diversen Untersuchungen erhielt ich meine ersten Kontaktlinsen. Die Angewöhnungszeit war schwierig, aber ich schaffte es, weil ich ohne Brille viel besser aussah und viel freier war. Mit siebzehn Jahren begann mein Leben ohne Brille, das war für mich ein sehr schönes Gefühl. Endlich kam mein hübsches Gesicht zur Geltung und ich wurde ein wenig selbstsicherer. In meiner jugendlichen Naivität mit all den Testosteronschüben schien es mir möglich, alles erreichen zu können, was ich mir wünschte.

Erfolgreich schloss ich die Matura ab. Im neuen, großen Hotel Jugoslavija in Belgrad fand unser Abschlussfest statt. Dieses erste echte Megahotel in Belgrad war damals das größte in Jugoslawien und es war meine Idee, dort unsere Maturafeier abzuhalten. Mehrere Abschlussklassen aus anderen Schulen von Novi Sad kamen ebenfalls ins Hotel Jugoslavija, um mit uns dort den Schulabschluss zu feiern. Wir fuhren mit dem Bus von Novi Sad nach Belgrad und kehrten am frühen Morgen zurück. Es war schön, irgendwie fühlten wir uns wie Filmstars. Wir waren alle festlich mit Abendroben und neuen Anzügen gekleidet, die wir extra für diesen Abend anfertigen ließen. Dieser unvergessliche Abend war für mich der eigentliche Beginn meiner Zukunft und meines, wie es sich zeigen wird, sehr spannenden und erfolgreichen Lebens.

Nach meinem Maturaabschluss im Mai 1971 in Novi Sad, kehrte ich nach Šibenik zurück. Den ganzen Sommer verbrachte ich an der Jadrija, an unserem Strand, wo wir baden gingen. Im September 1971 versuchte ich mit Hilfe meiner Schwester, meiner Mutter und meines Vaters einen Job in Deutschland zu finden. Ich ging zu Freunden meiner Schwester nach Pinneberg bei Hamburg. Sie lebten dort in einer kleinen Zweizimmerwohnung und versuchten, einen Job für mich zu finden, um eine Aufenthaltsgenehmigung zu bekommen. Leider oder zum Glück für mich gelang es ihnen nicht, irgendeinen regulären Job für mich zu finden. Ich verbrachte dort insgesamt etwa einen Monat. Diese Tage in Deutschland, die wenigen Ausflüge und die Spaziergänge durch Hamburg waren für mich faszinierend. Hamburg war damals die Hauptstadt der europäischen Unterwelt. Zuhälter, Prostituierte, Starlets, Musiker und andere Weltenbummler trafen sich auf der Reeperbahn, tagtäglich ein Umschlagplatz für riesige Summen Geld. Es gab „live" Sex-Performances auf der Bühne, wo Liebe gemacht wurde, Kellnerinnen in Topless, die jedem, der ein Getränk bestellte, erlaubten, mit ihren nackten Brüsten zu spielen. Sex war überall, Pornofilme, Bordelle, Prostituierte jeden Alters an jeder Ecke. Für einen Achtzehnjährigen war das ein Eldorado und das wahre Himmelreich auf Erden. Jetzt war ich sicher, dass ich im Ausland leben und arbeiten wollte. Nach einem Aufenthalt von fünfunddreißig Tagen in Deutschland kehrte ich wieder nach Šibenik zurück. Den Hinflug hatten meine Eltern bezahlt, weil sie wünschten, dass ihr Sohn in Deutschland arbeitet und Geld nach Hause schickt. Zurück kam ich dann mit dem Zug, ohne Umsteigen von Hamburg nach Perkovic. Um mich nicht zu langweilen, schrieb ich mich im Herbst 1971 an einer höheren Schule in Šibenik ein. Nach dem ersten Semester gelang es mir im Frühling 1972, mit meinem Diplom eine Stelle als Schichtleiter in der sich im Aufbau befindenden Aluminiumfabrik in Šibenik zu bekommen. Meine Schwester arbeitete bereits in dieser Fabrik und hat mir geholfen, diese interessante Arbeit zu bekommen.

Etwa vierzig Männer, vor allem aus der Nähe von Šibenik, Katholiken und Orthodoxe, waren als Schichtführer, Vorarbeiter und Ingenieure in dieser neu entstehenden Elektrolyse für die Aluminiumproduktion vorgesehen. Gemeinsam wurden wir im Frühjahr 1972 zur Spezialisierung in die Schweiz geschickt. Mittels realer Schichtarbeiten sollten wir uns in der Elektrolyse eines dortigen Aluminiumwerkes die notwendige Praxis aneignen und alle Arbeiten und Nuancen kennenlernen, die für die Aluminiumproduktion in einer Elektrolyse notwendig sind. Im Mai 1972 flogen wir mit dem Flugzeug nach Zürich und von dort mit dem Zug in den Kanton Wallis. Ich war neunzehn Jahre alt und der jüngste Teilnehmer dieser Spezialisierung. Für mich begann eine sehr spannende und wichtige Zeit meines jungen Lebens. Dort traf ich meine zukünftige Frau.

Das Arbeiten in Schichten in einer staubigen, heißen Fabrikatmosphäre und die anstrengende körperliche Arbeit waren für mich sehr schwierig. Zudem war ich Kontaktlinsenträger und der Staub in der Halle gelangte in die Augen und reizte sie. Das störte mich zusätzlich zu all den schweren körperlichen Arbeiten, aber ich wollte nicht, dass die Anderen meine Schwierigkeiten bemerkten. Wir machten alle Arbeiten, die für die Funktionstüchtigkeit elektrolytischer Öfen notwendig waren. Weder hatte ich zuvor regelmäßig schwer körperlich gearbeitet, noch war ich mit meinen neunzehn Jahren besonders daran interessiert. Ich war jung, wissensdurstig, wollte ein gutes Leben und den guten Verdienst, der uns vertraglich zugesichert worden war. Im Laufe der Zeit lernten wir alle wichtigen Aufgaben in Zusammenhang mit der Elektrolyse kennen.

Durch eigene Unvorsichtigkeit, müde und nicht richtig ausgebildet, fiel ich am 19. Juli 1972 mit einem Fuß in einen Aluminiumofen, reines Elektrolyt wurde dort auf etwa 970 °C erwärmt. Ich erlitt schwere Verbrennungen am linken Unterschenkel. Irgendwie schaffte ich es, den Arbeitsschuh auszuziehen und auf einem Bein hüpfend zur ca. 300 m entfernten Portierloge zu gelangen. Die verbrannte Haut hing über meinem Fuß. Die Ambulanz brachte mich ins Regionalspital in Visp. Da ich nicht das erste Opfer mit elektrolytischen Verbrennungen war, wussten die Ärzte glücklicherweise schon viel über Verbrennungen dieser Art. Am nächsten Tag erwachte ich aus der Narkose. Die verbrannten Stellen wurden mit einem Spezialpapier umwickelt und regelmäßig mit Chemikalien eingeschmiert, um das aggressive Elektrolyt auf der Haut zu neutralisieren. Bei jedem Wechsel des Papiers wurden die Krusten der verbrannten Haut abgeschält, was immer sehr schmerzhaft war. Im Krankenhaus in Visp verbrachte ich ein paar Wochen. Meine zukünftige Frau, die eine Ausbildung zur Pharma-Assistentin machte, besuchte mich jeden Tag in der Mittagspause im Spital und so sind wir uns ziemlich näher gekommen. Nachdem ich im September 1972 aus dem Spital entlassen worden war, kehrte ich für einige Wochen zur Rehabilitation nach Šibenik zurück. Im Oktober ging ich für die weitere Spezialisierung, die bis Ende des Jahres dauerte, wieder in die Schweiz. Mit einem Flieger der JAT flogen wir Ende Dezember alle zurück nach Jugoslawien.

Ende Januar 1973 wurden in Šibenik die ersten Aluminium-Elektrolyt-Öfen in Betrieb genommen. Mit Hilfe von Spezialisten der Alusuisse und uns „Schweizer-Spezialisten-Lehrlingen" wurden zunächst die Elektrolyseöfen installiert, Anoden montiert, es wurde Kryolith beigesetzt und unter Gleichstrom gesetzt. Für mich war es sehr interessant, jeden Ofen vorzubereiten, um ihn dann in Betrieb gehen zu lassen. Für Šibenik war es eine echte industrielle Revolution, der die Bewohner dieser Stadt aber keine große Aufmerksamkeit schenkten, da die meisten Leute, die in der Fabrik arbeiteten, aus den umliegenden Dörfern von nah und fern stammten. Kein Bewohner aus Šibenik wollte in der Elektrolyse arbeiten, denn sie konnten nicht die erforderlichen Qualifikationen für diese Arbeiten vorweisen. Die Industrie war für die dortigen Bauern unbekannt und ein Übel, das nicht mehr weiterentwickelt werden sollte. Zwanzig Jahre später ergriffen sie die erste Chance und schlossen die funktionierende Aluminiumfabrik. Von der damaligen Fabrik, in die mehr als hundert Millionen Euro investiert wurden, ist heute nur noch eine große Trafostation übrig geblieben. Drei große Hallen wurden dem Erdboden gleich gemacht, Beton zermalmt und Eisen nach China verkauft. Von der Elektrolyse existieren nur noch Bilder. Das Land liegt brach und wartet, bis ein neues Einkaufszentrum gebaut wird. Die jährliche Aluminiumproduktion betrug 1990 mehr als 60 000 Tonnen, die hauptsächlich exportiert wurden. Wenn die Elektrolyse noch existieren würde, könnte sie auch heute noch eine Lokomotive sein für Šibenik und ganz Kroatien. Ignoranz, der Bürgerkrieg und die Torheit der einheimischen Politiker trugen dazu bei. Šibenik ist nun erleichtert, weil der Teufel aus der Nähe vertrieben wurde. Die Elektrolyse ist vernichtet und wieder einmal zeigt die Geschichte, dass diese Leute es vorziehen, beim Alten zu bleiben, lieber dumm und arm als modern und reich.

In der Elektrolyse wurde in drei Schichten gearbeitet. Ich hatte ein gutes Gehalt und war zufrieden, eine gewisse finanzielle Sicherheit zu haben. Ich lebte bei meinen Eltern und gab ihnen Geld für Essen und Wohnen. Im Frühjahr 1973 weilte ich für eine weitere Spezialisierung einen Monat in Essen. Auf dem Rückflug machte ich einen Zwischenhalt in Zürich, um mich mit meiner zukünftigen Frau zu treffen. Wir sahen uns im Flughafen von Zürich und sie erzählte mir, dass sie schwanger war. Obwohl bereits im fünften Monat, war ihr nichts anzusehen, sie war dünn wie zuvor. Ich erzählte niemandem davon, weil ich selbst nicht wusste, was in dieser neuen Situation zu tun war. Ich arbeitete weiterhin im Schichtbetrieb in der Elektrolyse. Im September 1973 erhielten wir ein Telegramm einer Freundin, dass mein erster Sohn geboren war. Dieses Telegramm öffneten meine Eltern und meine Schwester, weil ich in dieser Nacht arbeiten musste. Am Morgen, als ich von der Arbeit nach Hause kam, feierten wir mit ein paar Freunden bei einem guten Mittagessen die Geburt meines Sohnes. Meine zukünftige Frau war neunzehn, ich war zwanzig Jahre alt.

Ende September brach ich mit meinen Eltern in ihrem Auto zu einem Besuch bei der Familie meiner Frau in die Schweiz auf. Der Vater meiner Frau war im selben Jahr im Alter von siebenundsechzig Jahren verstorben. Die Familie war streng katholisch und ihre Mutter ging zeit ihres Lebens mehrmals wöchentlich in die Kirche, um für sich und uns zu beten. Im Elternhaus lebte sie mit ihrer Mutter und der Bruder lebte mit seiner Familie in einer zweiten Wohnung. Eine Schwester wurde in London sesshaft, eine Schwester lebt auch heute noch mit ihrem Mann im Wallis, eine dritte Schwester wohnte damals mit ihrem Mann und ihrem Sohn in der Nähe von Zürich und die vierte Schwester lebte mit ihrer Familie in Basel.

Zwei wichtige Sachen machte ich damals im Wallis: Zum einen erkannte ich meinen Sohn offiziell an und zum anderen machte ich mit meiner zukünftigen Frau ab, meine Arbeit in der Fabrik aufzugeben und ein Studium der Chemie zu beginnen. Ich erkannte, dass ich meine Zukunft im Ausland aufbauen musste. Nach intensivem Nachdenken kam ich zu dem Entschluss, dass ich mit meiner zukünftigen Familie nur mit einem Hochschulabschluss ein anständiges Leben führen kann. Die Zeit hat gezeigt, dass dies eine der besten Entscheidungen in meinem ganzen Leben war. Diese Entscheidung für ein Studium war wohlüberlegt. Während meiner Spezialisierung und meiner Schichtarbeit in der Aluminiumfabrik sah ich, dass die meisten der Ingenieure vom Balkan nicht begabt waren. Das waren Bauernsöhne, in der Regel von durchschnittlicher Intelligenz, die dachten, dass nach ihrem Studienabschluss in einer technischen Richtung eine permanente Weiterbildung und Weiterentwicklung in technischer, ethischer oder sozialer Hinsicht nicht vonnöten sei. Ihr Bauernmotto lautete: Ich habe ein Hochschuldiplom, also habe ich immer Recht. Diese Bauerningenieure überzeugten mich, dass ich dank meines großen Willens und meiner Intelligenz ein weit besserer Ingenieur als sie werden kann. Das habe ich mit Glück am Ende auch erreicht und mir eine Rente in der Schweiz erarbeitet. Durch meine Arbeit in der Elektrolyse erkannte ich, dass praktisch und theoretisch erworbene Kenntnisse vielleicht genauso wichtig sind wie ein Diplom, aber auch, dass es sich für einen jungen Menschen immer bezahlt macht, ein Diplom einer technischen Fakultät vorweisen zu können.

Eine der wenigen klugen, menschlichen und überdurchschnittlich intelligenten Personen, die in der Fabrik in Šibenik arbeiteten, war der Generaldirektor. Er wurde aus Bosnien geholt, um dieses große Bauprojekt und die Inbetriebnahme der Aluminiumfabrik zu realisieren, da in ganz Kroatien ein solcher Fachmann nicht zu finden war. Mein positiver Eindruck von diesem Mann wurde mir später einmal von einem Schweizer Ingenieur bestätigt. Er und mein damaliger Direktor trafen sich an einer Sitzung. Der Schweizer Ingenieur war ein kleiner, ehrlicher Schweizer Chauvinist und gestand mir, dass ihn un-

ser Direktor mit seiner klugen Taktik bei diesem Treffen zu be-
eindrucken und zu überzeugen wusste, dass er verstand, dass
es neben Schweizern noch andere kluge, intelligente Ingenieure gibt. Von Zeit zu Zeit fragte er mich aber, warum ich überhaupt in die Schweiz gekommen sei, obwohl er eigentlich mein
geistiges Potential zu schätzen wusste. Ich war damals mehr als
zwanzig Jahre jünger als er.

Meine zukünftige Frau war bei der Geburt unseres Sohnes
im letzten Jahr ihrer Ausbildung und nach schweizerischem Gesetz noch minderjährig. Ihre Mutter und die Frau des Bruders,
die selbst schon eine Tochter hatte, halfen bei der Betreuung
unseres Sohnes. Meine Frau arbeitete weiterhin in der Apotheke und beendete bald darauf ihre Lehre. Im Oktober 1973 fing
ich in Split an zu studieren. Am Anfang hatte ich genug erspar-
tes Geld für mein Studium, die Miete eines Zimmers, Essen und
Trinken. Am Wochenende ging ich regelmäßig nach Šibenik. In
diesem Jahr begann auch mein Bruder sein Studium in Zagreb,
das von meinen Eltern finanziert wurde. Natürlich fehlte das
Geld, um die Studien zweier Söhne gleichzeitig zu finanzieren.
In ihren Plänen waren meine Schwester und ich nicht zum Studieren vorgesehen, wir sollten arbeiten und nach Möglichkeit
den größten Teil unseres Lohnes zu Hause abgeben.

Das Wichtigste war, dass meine zukünftige Frau mit meinen
Studienplänen einverstanden war und somit auf längere Zeit
auf ein gemeinsames Leben verzichtete. Unserem Sohn fehlte
nichts, alle kümmerten sich gut um ihn. Hier spielte die Großmutter eine wichtige Rolle, die ihre Tochter zunächst kritisiert
hatte. Die liebevolle katholische Seele in ihr überwog schließlich und sie kümmerte sich gewissenhaft um ihren Enkel. Ich
glaube nicht, dass sie jemals wirklich gedacht hat, dass am Ende
aus uns drei eine richtige Familie wird.

Also studierte ich von Oktober bis Ende Dezember in Split,
versuchte alle Prüfungen für das nächste Semester abzulegen,
um anschließend am Ende des Jahres mit dem Bus nach Triest
zu fahren und dann weiter mit dem Zug in die Schweiz. Dort
blieb ich ein paar Wochen, dann ging ich auf dem gleichen

Weg zurück, um weiter zu studieren. Im Sommer 1974 erhielt ich eine saisonale Arbeitsbewilligung bei einer Baufirma und in diesem Sommer arbeitete ich in den Schweizer Bergen auf verschiedenen Baustellen. Zu arbeiten und mit dem ersparten Geld mein weiteres Studium zu finanzieren, war Teil meines Plans. Als ich nach drei Monaten nach Split zurückkehrte und ein neues Zimmer suchte, musste ich mich wieder an das Studentenleben gewöhnen. Ich lernte für die nächsten Prüfungen und schaffte somit mit viel Fleiß die Voraussetzungen für das zweite Studienjahr.

Meine zukünftige Frau gab einen Teil ihres Lohns für Nahrung und Unterkunft ihrer Mutter. Das meiste meines Verdienstes legte ich für mein Studium zur Seite. So ging es in den folgenden Jahren meines Studiums, ich arbeitete im Sommer, Weihnachten und Sommerferien verbrachte ich in der Schweiz und den Rest des Jahres ging ich zu Vorlesungen, absolvierte Praktika und lernte für Prüfungen. Ich sollte erwähnen, dass mein Studium in Split extrem schwierig war und viel Mühe und Zeit erforderte. Vorlesungen in Split, praktische Übungen nachmittags in Kastel, ständige Kolloquien, eigentlich kleine Prüfungen, die es abzulegen galt, um die Praktika absolvieren zu können. Zu dieser Zeit in Split war ich von morgens bis abends beschäftigt und am Abend glücklich, sofort einzuschlafen und auszuruhen für den nächsten anstrengenden Tag. Ich hatte nie viel Geld zur Verfügung, aber immer genug, um das Nötigste zu kaufen und zu bezahlen. Oftmals war ein großes Sandwich mit billiger Salami meine einzige Mahlzeit am Tag. Aber ich muss zugeben, dass es Mitstudenten gab, die noch viel weniger Geld hatten als ich.

Meine Frau hatte mittlerweile ihre Ausbildung abgeschlossen, arbeitete weiterhin in einer Apotheke und verdiente jetzt mehr. Sie konnte ihrer Mutter, die sich immer noch um ihren Enkel kümmerte, mehr Geld geben. Damals begann ich mit den Aufzeichnungen meines Tagebuchs, die ich mehr oder weniger regelmäßig bis ins Jahr 2000 niederschrieb. Ende 1975, während meines dritten Studienjahres, kamen meine Frau und mein Sohn nach Šibenik, um dort einige Zeit zu leben. Wir hatten genügend Geld, damit ich in Split studieren konnte und sie bei meinen Eltern in Šibenik wohnen konnten. Dort heirateten wir schlussendlich auch. Die Kosten für die Hochzeit und das anschließende Fest trugen meine Frau und ich. Ein paar Monate nach unserer Hochzeit kehrten meine Frau und unser Sohn in die Schweiz zurück, weil wir wieder Geld zum Leben benötigten. Sie begann wieder in einer Apotheke zu arbeiten und auch ich arbeitete im Sommer 1976 in der Schweiz.

Ich hatte weiterhin Kontakt mit meinem Freund aus Novi Sad, der nach der Matura zu seiner Familie nach Österreich gezogen war und in der Firma seines Vaters zu arbeiten begonnen hatte. Ich fragte ihn, ob ich bei ihnen auch arbeiten könnte, um so etwas Geld für mein weiteres Studium zu verdienen. Meine Überlegung war, dass ein Job als Verkaufsassistent für mein zukünftiges Leben hilfreich sein könnte. Mein Freund und ich trafen uns in Lugano. Von dort gingen wir für ein paar Tage auf Geschäftsreise nach Italien. Was mir an dieser Reise am meisten gefiel, war die Tatsache, dass wir von seinen Geschäftspartnern zu Mittag- und Abendessen eingeladen wurden, wo wir reichlich aßen und tranken. Für mich war alles gratis und ich war neugierig auf alles.

Im neuen Jahr trafen wir uns in Graz. Dort half ich zu packen und den neuen BMW 525 für eine Reise in die Tschechoslowakei vorzubereiten. Über Wien und Bratislava erreichten wir am Abend die slowakischen Berge. Auf einer eisigen Stelle kam das Auto ins Schleudern und wir landeten in einem Graben. Wir blieben unverletzt. Die Polizei kam und organisierte einen Traktor, der uns ins Hotel brachte. Das demolierte Auto wurde in eine Garage gesperrt. Die Tschechoslowakei konnten wir damals nur mit dem Auto verlassen. Mein Freund organisierte einen LKW, der uns bis circa fünf Kilometer vor die österreichische Grenze brachte. Weiter durfte der LKW uns nicht fahren. In der Nähe eines Bahnhofs luden wir den BMW aus, banden ihn am LKW fest und ließen uns bis zum letzten erlaubten Punkt abschleppen. Hier bezahlten wir den Fahrer und warteten, dass uns jemand bis an die Grenze schleppt. Ein Österreicher zog uns mit seinem Auto bis zur Grenze, wo ein LKW des österreichischen Abschleppdienstes wartete und den BMW übernahm. Mit dem Zug kehrten wir nach Graz zurück. Der Vater meines Freundes war natürlich sehr wütend und entschied zu Recht, dass wir kein gutes Geschäftspaar waren, da wir schon auf unserer ersten Reise einen Unfall gebaut hatten.

Ich kehrte darauf in die Schweiz zurück und damit war dieses Abenteuer endgültig abgeschlossen. Meinen Freund habe ich später nie mehr gesehen. Ich beschloss, länger in der Schweiz zu bleiben, mir einen einfachen Job zu suchen, der es mir erlaubte, mit dem gesparten Geld den Rest meines Studiums zu finanzieren. Die letzten Prüfungen warteten und ich wollte in Ruhe meine Diplomarbeit machen und schließlich erfolgreich abschließen. Vier Monate lang arbeitete ich bei einem Vermessungsbüro und war danach in der Lage, mit dem verdienten und gesparten Geld mein Studium abzuschließen. Zu dieser Zeit lebten wir wiederum einige Monate zusammen in Šibenik. Ich hielt mich vor allem in der Stadtbibliothek zum Lernen auf oder saß im Bus zwischen Šibenik und Split. Dorthin ging ich nur noch zu den Prüfungen. Mein kleiner Sohn nannte die Bibliothek „bibliapoteka" ...

Split war die Stadt, in der ich mein Studium begann und abschloss. Ich hätte ebenso in Zagreb studieren können, auch in die dortige Fakultät war ich aufgenommen, aber für mich war Split die bessere Lösung. Die Stadt lag in der Nähe von Šibenik und das Klima war viel besser. Gemäß Kalender verbrachte ich sechs Jahre dort, aber wenn ich die wirklich dort verbrachten Monate und Tage zusammenzähle, komme ich maximal auf drei Jahre, in etwa tausend Tage. Die Wochenenden verbrachte ich immer in Šibenik und die Ferien in erster Linie in der Schweiz. In Split kenne ich nur den und die Altstadt. Im Jahr 2014 versuchte ich das Fakultätsgebäude, in dem ich studiert hatte, zu finden und ich fand es nicht mehr, ich konnte auch nicht die Lage der Häuser, wo ich ein Zimmer gemietet hatte, lokalisieren. Während meines fast sechsjährigen Aufenthaltes in Split war ich zum Beispiel nie am Strand Bačvice oder auf dem Hügel Marjan. Mein Leben in Split bestand darin, in meinem Zimmer zu bleiben, an die Fakultät oder nach Kastel zu gehen und in den Studentenmensen oder -kneipen zu essen. In den letzten Jahren meines Studiums besuchte ich meist die Brodosplit-Kantine, dort waren die Portionen zwar klein, aber das Essen war sehr lecker. Wenn ich von Šibenik zu den Prüfungen nach Split kam, ging ich direkt in diese Kantine frühstücken und war dann sicher, dass ich die Prüfung bestehen werde. Ich habe gelernt, dass man mit vollem Magen bessere Ergebnisse erzielt als mit leerem. Für jemand, der in Dalmatien aufgewachsen ist, gleichen sich alle dalmatinischen Städte sehr, so auch Split: hügelauf- und -abwärts wie zufällig hingeworfene Häuser um den alten Stadtteil, dieser mit meist kleineren Häusern und engen Gassen. In dalmatinischen Städten haben vor allem die katholische Kirche, Italiener und Österreicher größere Gebäude errichtet, Kirchen, Klöster und die notwendigen Verwaltungsgebäude. Diese Letzteren sind bis heute erhalten geblieben und das ist die einzige wertvolle und meistens schöne Architektur in dalmatinischen Städten. Historiker, die diese Zeiten analysiert haben, berichten, dass das Leben in Dalmatien unter der italienischen und der österreichisch-ungarischen Herrschaft am besten war. Wie viel die Partisanen und die neue faschistische nationale kroatische Regierung die dalmatinischen Städte entstellt haben, ist an den Gebäuden, die vor und nach dem Zweiten Weltkrieg errichtet wurden, ersichtlich. Nur so ist das Elend der modernen dalmatinischen Architektur ersichtlich, das zeigt, welche Amateure dort am Werk waren.

Während meines Studiums in Split freundete ich mich mit einem orthodoxen Studenten an. Er war etwas kleiner als ich, mager und man sah, dass er ein Bauernkind war und bisher noch keine echte Chance hatte, unabhängig zu leben und sich ins Stadtleben zu integrieren. Mit seinem Verhalten wollte er sich besonders an der Fakultät in Split irgendwie immer bei den Anderen für sein Dasein entschuldigen. Wenn ich versuche, an die unglücklichen Ereignisse, die 1991 am Anfang des Bürgerkrieges in Kroatien stattfanden, zu denken, kann ich sagen, dass die meisten kroatischen Professoren und Studenten die orthodoxen Serben aus Kroatien einfach nicht als richtige Studienkollegen akzeptiert haben. Mein Kollege war mir oft behilflich bei administrativen Angelegenheiten an der Universität, wie Einschreibungen, Unterschriften sammeln, verschiedenen Prüfungsanmeldungen, Praktika. Mein Index war meist bei der Hochschulverwaltung oder bei ihm. Er und die meisten Studenten, die mich kannten, bewunderten mich, weil ich als einer der Wenigen ein klares Ziel hatte und wusste, was ich in der Zukunft tun will.

Durch konsequentes, ständiges Lernen und Studieren versuchte ich, so schnell wie möglich mein Ziel zu erreichen. Ich hatte schon zu Beginn des Studiums eine Familie und die Möglichkeit, nach Abschluss des Studiums einen Job in der Schweiz zu suchen. Die meisten anderen Studenten absolvierten die Fakultät vor allem, um den Ambitionen der Eltern gerecht zu werden. Meinem Kollegen war ich für alle seine Dienste sehr dankbar und führte ihn manchmal zum Mittagessen oder Abendessen aus. Er war froh, dass ich ausschließlich mit ihm befreundet war. Im Laufe der Zeit lernte er durch mein Verhalten und durch den Kontakt mit anderen viel, und stetig versuchte ich, ihm mehr Selbstvertrauen einzuflößen.

Ich war politisch unentschlossen, kein Parteimitglied und auf eine Art national neutral. Meine familiäre Situation und der ständige Kontakt mit dem Westen erhöhten in Split mein Rating. Mich interessierte diese offensichtliche Trennung zwischen Kommunisten, Katholiken und Orthodoxen nicht und ich vermied es, hineingezogen zu werden.

Nach dem Bürgerkrieg in Kroatien floh mein Kollege wie die große Mehrheit der Krajinaserben nach Serbien. Ich fand ihn in Belgrad in den Jahren nach dem Bürgerkrieg wieder, er war menschlich und moralisch gebrochen und konnte den Menschen, mit denen er kommunizierte, nicht in die Augen sehen. Er arbeitete für ein schäbiges Gehalt in einem serbischen Unternehmen in der Qualitätskontrolle. Trotz allem war er glücklich, überhaupt einen Job gefunden zu haben. Ich half ihm finanziell und zugleich versuchte ich, ihn moralisch aufzurichten und ihn zu unterstützen, seinen Leidensweg, den er durchgemacht hatte, zu überwinden. Er kam gebrochen und verwirrt aus dem Krieg heraus und war wie die Mehrheit der vertriebenen Serben sehr arm. Ich bot ihm an, im Ausland einen Job für ihn zu suchen, aber er war weder bereit noch in der Lage zu einem so großen Schritt.

Allerdings wurde für ihn auch der Traum fast aller Krajinabewohner, in Belgrad leben und arbeiten zu dürfen, wahr. Die Sehnsucht nach seiner Heimat war groß, aber zugleich hatte er Angst vor den siegreichen Kroaten. Leider hat die Zeit gezeigt, dass diese große Angst der orthodoxen Bürger vor den katholischen kroatischen Brüdern nicht ohne Grund war. Der kroatische Staat beteiligte sich aktiv als Besatzungsmacht in den besetzten Gebieten der ehemaligen Krajina und arbeitet noch heute jeden Tag gegen die massive Rückkehr der Krajinaserben.

Die Besetzer sind bereit, jede menschliche und gesetzliche Schweinerei einschließlich staatlich organisierter entsetzlicher Verbrechen gegen die Rückkehrer zu unternehmen, um die massive Rückkehr der Serben zu verhindern. Mein Kollege lebt heute, zwanzig Jahre nach seiner Flucht, in Serbien weder im Himmel noch auf Erden und träumt täglich den vergeblichen Traum seiner triumphalen Rückkehr in seine für immer verlorene Heimat. Als ich ihn das letzte Mal in Belgrad sah, beleidigte er mich mit seiner Aussage, ich sei Kroate, weil ich noch regelmäßig nach Kroatien gehe. Das werde ich ihm nicht so leicht verzeihen, manchmal ist es besser, Verdorbenes zu essen, als dumm zu reden. So werde ich heute von kroatischen wie von serbischen Faschisten beleidigt, aber mir bereitet diese Tatsache kein großes Kopfweh, da die einen wie die anderen dumm und unintelligent sind. Ein besseres Schicksal als dasjenige, das sie eines Tages erfahren werden, haben sie nicht verdient.

Schlechtere Menschen als ich konnten mich weder in der Vergangenheit beleidigen noch werden sie es in Zukunft können. Meine Antwort an sie ist: Ich pisse auf euch alle. Alle diese vertriebenen Serben haben nicht verstanden, dass die unvollständige und selektive faschistische kroatische Demokratie auf jeden Fall etwas besser ist als das heute vollfaschistische Serbien. Nur durch ihre zahlreiche Präsenz und ihre Anteilnahme am politischen Leben in Kroatien könnten sie vielleicht den dortigen Antifaschisten helfen, mit der Zeit den totalen Faschismus zu stoppen. Alle Vertriebenen der Krajina würden bereits durch ihre dauerhafte Rückkehr nach Kroatien wieder zu einem wichtigen politischen Faktor. Natürlich müssten für eine solche Tatsache zuerst die politischen Bedingungen vorbereitet und entsprechende Gesetze vom Parlament erlassen werden. Aber das wissen auch die Kroaten und darum bedienen sie sich aller rechtlichen Mittel, auch unter Verwendung von Angst und Gewalt, um die Rückkehr der Serben zu verhindern. Die Folgerung daraus ist, dass die Krajina in Kroatien nur durch einen neuen Krieg zurückerobert werden kann. Was aber in fünfzig Jahren sein wird, weiß ich nicht, interessiert mich eigentlich auch nicht, weil ich dann nicht mehr da sein werde, um einige neue Narren auf dem Balkan bei der Arbeit zu beobachten.

Einmal sollte an der Fakultät wegen einiger Vorkommnisse in einem afrikanischen Land gestreikt werden. Zu der Protestaktion versammelten sich viele Studenten, junge, aufstrebende Mitglieder der kommunistischen Partei, und schlugen den Streik an der Fakultät vor. Ich stand auf und sagte, dass ich gegen den Streik bin, dass ich wie die meisten echten Studenten so schnell wie möglich mein Studium beenden will und nicht wegen Vorkommnissen in einem uns unbekannten afrikanischen Land ein Semester verlieren will. Danach wurde nicht mehr über den Streik gesprochen, mehr aber über Demonstrationen in Split, was mich nicht besonders interessierte, weil ich so oder so nicht vorhatte, daran teilzunehmen. Ich hatte den Ruf eines fleißigen, korrekten, auf sein Ziel fokussierten Studenten, der ich in Wirklichkeit auch war.

Für mich war es wichtig, schnellstmöglich meine Prüfungen abzulegen und mein Diplom zu erlangen, um dann zu meiner Familie in den Westen zu gehen und in der Schweiz zu arbeiten, der berühmten Wiege des Kapitalismus. Viele Assistenten an der Fakultät wollten nicht glauben, dass ein durchschnittlicher Student überhaupt eine Chance hat, einen Job in der Schweiz zu finden. Aber ich habe studiert und versucht, eine gute Note zu bekommen, die Prüfungen zu bestehen und alle Studienverpflichtungen bis zu Ende zu erfüllen. Meine Diplomarbeit machte ich auf dem Gebiet, das ich liebte, ich arbeitete an der Trennung der Bestandteile von Lavendelöl. Da die Abteilung kein Geld zum Kauf teurer Lösungsmittel für meine Diplomarbeit hatte, gelang es mir, die Arbeit für mein Diplom drastisch zu reduzieren. Ich sagte meiner Professorin, dass ich kein Handelsreisender sei und nicht gewillt sei, in Kroatien die notwendigen Lösungsmittel für meine Diplomarbeit zu suchen, aber dass ich so schnell wie möglich mein Studium abschließen wolle, um endlich Dalmatien, Kroatien und Jugoslawien zu verlassen.

Arsen Dedic hat in Šibenik, Zagreb und in Kroatien überhaupt eine ähnliche persönliche Behandlung wie ich durchlaufen. Auch er ist aus einer gemischten Ehe gekommen und diese Tatsache hat ihn Šibenik nie vergessen lassen. Natürlich hatte er im Gegensatz zu mir als einer der führenden Dichter, Musiker und Komponisten in Kroatien die Möglichkeit, sein unangenehmes serbokroatisches Schicksal in seinen zahlreichen Werken intellektuell, kreativ und emotional zu verewigen. Er war ein wahrer Meister darin. Durch die Tatsache, in Šibenik geboren zu sein, hatte er die Gelegenheit, den verdorbenen, hinterhältigen und heuchlerischen Charakter seiner ehemaligen Mitbürger kennenzulernen. Dies ist sicherlich der Grund dafür, dass er auch nach seinem Tode nicht bei ihnen bleiben wollte. Einfach gesagt, er war ein Genie und wird es immer bleiben, ein unermüdlicher Schöpfer schöner Musik, geistreicher Texte, guter Arrangements. Mit Zynismus verteidigte sich der junge Arsen erfolgreich gegen kroatischen Hass, Bosheit und Neid. In Šibenik kann man dir vieles verzeihen, aber einer überragenden Persönlichkeit und einem besseren Künstler wird nie verziehen. Die Eingeborenen und diejenigen, die sich dieser armen menschlichen Kategorie zuordnen, sind kleine Leute mit gemeinen Absichten und fragwürdiger Intelligenz, heute meist kranke Faschisten, die bereits seit Jahrzehnten den großen Arsen Dedic kleingemacht haben, ihn ignoriert haben und in diesem abscheulichen Akt heute etwas Kluges sehen. Am Ende seines Lebens sagte Arsen ganz richtig, dass er die Bürger von Šibenik und auch die Stadt nicht mehr liebt, sich von ihnen distanziert und entfernt hat und für immer in Zagreb bleiben will. Der Zufall, dass ein solcher Künstler in Šibenik geboren wurde, ließ gewaltigen, hohlköpfigen Hass gegen alles und jeden wachsen, der besser, schöner, begabter, intelligenter und fleißiger war. Während des Bürgerkrieges in Kroatien und lange nach seinem Ende war Arsen Dedic eine persona non grata in Šibenik wie in Kroatien. Seine Lieder waren praktisch im faschistischen kroatischen Fernsehen und Radio verboten. Um zu überleben, musste er Konzerte in Serbien, Mazedonien, Bosnien geben, weil in Kroatien niemand den Mut hatte, seine Konzerte zu organisieren oder ihm ein anderes Arrangement anzubieten. Um das Jahr 2005 war ich auf der Skadarlija in Belgrad. Mir kamen beinahe die Tränen, als ich aus einem Café nach zwanzig Jahren erstmals wieder die bekannten alten, schönen Lieder von Arsen Dedic hörte. In Šibenik konnte man sie in der Öffentlichkeit nirgends mehr hören, weil Dedic stillschweigend ignoriert und verboten wurde. Der unvergessliche Arsen hat es auch nach seinem Tod geschafft, zu bleiben, was er immer war: ein Dichter und ein MENSCH. Die überwiegende Mehrheit seiner ehemaligen Mitbürger ist das leider nicht. Übrigens hatte sich auch ihr erster, schönster und sympathischster Präsident auf der ganzen Welt und in ihrer Umgebung immer beklagt, es gebe um ihn herum keine intelligenten, unternehmerisch denkenden Menschen. Wenigstens damit hatte er Recht.

Am vorletzten Freitag im Jahr 1979 bestand ich die mündliche Abschlussprüfung und erhielt sofort mein Diplom. An diesem Abend feierte ich mit meiner Familie diesen lang erwarteten Diplomabschluss und den Titel als Diplomingenieur. Bereits am darauffolgenden Montag ließ ich mein Diplom auf Deutsch übersetzen und saß am Abend um 23 Uhr im Bus nach Triest auf dem Weg in die Schweiz, um einen Job zu suchen und dann endlich mit Frau und Kind unser neues Familienleben zu beginnen. Es dauerte drei Monate bis ich einen geeigneten Job in der Schweiz gefunden hatte. Mir war es egal, in welcher Firma ich arbeiten würde, mir war es nur wichtig, mit der Arbeit als Ingenieur zu beginnen und endlich mit meinem Einkommen meine Familie ernähren zu können. Wie wichtig mir der Hochschulabschluss war und unter welchen Druck ich mich selbst zu Zeiten meines Studiums gesetzt hatte, zeigt die Tatsache, dass ich noch Jahre danach in der Nacht aufwachte und nachdenken musste, ob ich nun wirklich meinen Hochschulabschluss habe oder noch eine Prüfung bestehen muss. Danach konnte ich nur schwer wieder einschlafen, es gelang mir nicht, mich völlig zu beruhigen.

Bereits vor Ende meines Studiums war die nationale Spaltung an der Universität und in den kroatischen Kreisen offensichtlich. In dieser Zeit schrieb ich in meinem Tagebuch, dass ich hinaus in die Welt gehen will und dass ich bewusst als Fremder unter Fremden leben will, da ich in Šibenik zu einem Fremden unter den Menschen geworden bin, mit denen ich aufwuchs und unter denen ich meine Freunde zu haben glaubte. Alle diese Freunde sind mir fremd geworden, heute nenne ich sie nur noch Ehemalige und habe keinen Kontakt mehr mit ihnen. Sie haben sich zu armseligen kroatischen Faschisten entwickelt. Zehn Jahre nach Ende meines Studiums wurden dieser faschistische Nationalismus und ein nicht vorhergesehener Bürgerkrieg hässliche Realität, die unser aller Leben umkrempelte und alles zerstörte, was einst gut und schön in Kroatien und im ehemaligen Jugoslawien war. Der Bürgerkrieg machte aus vielen Menschen wilde Bestien und nirgendwo gab es einen Zoo, wo man diese hätte einsperren können. Leider sind die meisten dieser nichtsnutzigen Menschen noch immer in den Regierungen der heutigen Länder des ehemaligen Jugoslawiens und sitzen zum Teil in den Parlamenten aller neu gegründeten Staaten. Sie verschmutzen Raum und Demokratie dieser kleinen Staaten und haben es geschafft, aus der Mehrheit der jungen Menschen durch ein lügenhaftes und rechtsgerichtetes Bildungssystem junge, hasserfüllte Faschisten zu machen. Heute denke ich, dass fast alle Menschen dieser Staaten nichts Besseres verdient haben und dass sie noch lange wegen ihrer unverzeihlichen Fehler, die sie durch das Tolerieren und das Wählen der Nationalisten sowie das Akzeptieren ihrer wahnsinnigen faschistischen Ideen leiden werden. Diese Wähler waren es leider, die diesen nationalistischen Bastarden einen annähernd demokratischen Rahmen gaben.

Arbeit hat den Menschen erschaffen und Untätigkeit die Balkaner. Für immer bleibt mir das Bild im Gedächtnis eingeprägt, das Simo Matavulj, ein Serbe aus Šibenik, der einzige wirkliche Schriftsteller Šibeniks aus dem 19. Jahrhundert, beschrieben hat. Er wollte nicht im damals unter italienischer Herrschaft stehenden, katholischen Šibenik bleiben und so schlussendlich zu einem Katholiken werden. Deshalb zog er nach Montenegro, um als Serbe orthodox zu bleiben und in einem freien Land zu leben. In seinem Roman des 19. Jahrhunderts beschreibt er einen Mann, der in den Bergen auf seinem Pferd reitet, während seine Frau hinter ihm zu Fuß einen steilen Pfad hinaufsteigt und dabei eine Menge Sachen auf ihrem Rücken trägt. Sie haben diese Waren unten in der Stadt für den Haushalt eingekauft und sie muss nun die ganze Last auf ihrem Rücken tragen, während ihr Mann auf dem Pferd reitet. Seiner Überzeugung nach muss er immer ausgeruht und bereit sein, seinen Besitz, seine Frau und sein Pferd zu verteidigen. Also sitzt er oben auf dem Pferd, spart seine Kräfte und sie muss schleppen. Frauen wurden von den Männern auf dem Balkan immer als eine Art Arbeitskraft angesehen, zum Gebären bestimmt, aber keine echten menschlichen Wesen. Sie wurden als

Besitztum gehalten, eine Art Vieh, das sprechen kann, welches putzt, wäscht, gebärt, auf dem Feld arbeitet, kocht und sich um Haus und Kinder kümmert. Dieses Frauenbild ist auf dem Balkan vielfach bis zum heutigen Tag erhalten geblieben. Der Mann ist meistens ein dummer, heimtückischer Faulenzer, der sich als Krieger sieht, an seine Stärke, Waffen und Heldentum glaubt, immer bereit für jegliche Schurkerei, Raub, Mord und andere Untaten. Seiner tiefen Überzeugung nach kann er nur durch Diebstahl, Betrug und andere kriegerische Aktionen reicher werden und so seiner Familie ein besseres Leben bieten. Diese Überzeugung ist tief in seinem Unterbewusstsein verankert. Leider hat sich diese blutige Wahrheit in den letzten dreißig Jahren auf dem Balkan bestätigt. Solche Balkanwölfe gibt es heute noch zu etwa dreißig Prozent der Gesamtzahl der Männer und ich nenne sie blutrünstig. Gerade sie sind es, welche die ekelhaften Bürgerkriege führten, töteten und plünderten. Nachdem sie an die Macht gekommen waren, trugen sie ihre faschistische Ideologie in Justiz, Polizei und Militär und nach dem Waffenstillstand infiltrierten sie die junge Bevölkerung der neu gebildeten Balkanstaaten. Diese rücksichtslosen und blutrünstigen Wölfe sitzen noch heute in allen Parlamenten des Balkans und sind auf allen Ebenen der herrschenden Schichten anzutreffen. Heute haben sie sich demokratisch in verschiedene Parteien aufgespalten und sind so besser in der Lage, die Beute gleichmässig aufzuteilen. Um es mit den Worten eines berühmten kroatischen intellektuellen Chauffeurs, eines Parlamentariers, zu sagen: „Wer gestohlen, darf es behalten." Dieser Satz gilt für alle anderen Stämme des Balkans und ihre primitiven Banditen.

Der Rest der Balkanbevölkerung sind natürlich Schafe, die jeder Wolf säugt, tötet und zerstört, wann und wie es ihm passt. Sie sind wie eine gut abgestimmte dumme Maschinerie, die nie gelernt hat, selbständig zu denken, denn ehrlich gesagt haben sie in ihrem täglichen Überlebenskampf nicht viel Zeit nachzudenken. Die Tatsache, dass auf dem Balkan in letzter Zeit nur noch etwa fünfzig Prozent der Erwachsenen wählen gehen, zeigt vielleicht eine leichte Veränderung zum Besseren. Wenn man bedenkt, dass etwa zwanzig Prozent der Nichtwähler Analphabeten sind und intellektuell nicht in der Lage, zu verstehen, was um sie herum geschieht, ist die Zahl von rund dreißig Prozent bewusster Abstinenzler beeindruckend. Die Schafherde erwacht, aber leider nur sehr langsam.

Kroatische und serbische Faschisten wollen manchmal ihre dumme nationale Herde von den Slawen trennen und erwähnen den Iran oder die Perser als eine mögliche Quelle für die Bildung zweier Völker. Dies zeigt jedoch nur einmal mehr, wie krank diese miserablen Faschisten sind.

Ich begann in dem Unternehmen zu arbeiten, das in Šibenik die Elektrolyse gebaut und die Technologie für die Aluminiumherstellung und -verarbeitung verkauft hatte. Das Städtchen, in dem mein Arbeitsplatz war, hatte eine alte Industrietradition, da die Walliser Wasserkraftwerke relativ billigen Strom erzeugten, den jeder Industriezweig benötigt.

Das Städtchen liegt neben einem Fluss, Rotten oder im französischsprachigen Teil Rhone genannt, der in den Genfersee mündet und später weiter ins Mittelmeer mündet. Dieser Fluss durchströmt ein fruchtbares, schmales Tal, das von den nördlichen und südlichen Hängen der Alpen umringt wird. Die Südhänge kommen in den Genuss von viel Sonnenschein, die nach Norden gelegenen Hänge sind schneesicherer, aber schattiger, da der Sonnenstand im Winter niedrig ist und die nördlichen Hänge lange im Schatten bleiben. Mit Auto oder Seilbahn in ca. dreißig Minuten erreichbar, liegen auf 2500 Metern über Meer die Skigebiete. Das ist vor allem im Winter sehr praktisch. Diese wunderbare Walliser Bergwelt, die das Rhonetal umringt und beinahe verschließt, hat bei mir eine Xenophobie hervorgerufen. Die Berge sind nicht der Ort, wo ich dauerhaft leben möchte. Schöne Skigebiete, Langlaufloipen, viele gut ausgebaute Bergstraßen und Wanderwege, schöne Wälder, all das konnte mein dummes dalmatinisches Herz nicht erwärmen. Die ersten fünf Jahre im Wallis wohnten wir neben einem kleinen See. Wir waren froh, endlich zusammen zu leben, dass es den Kindern gut ging und wir als Familie endlich Frieden hatten.

Kanton Wallis

Ich begann als wissenschaftlicher Mitarbeiter im Hüttenlabor bzw. im Entwicklungslabor für die Aluminiumelektrolyse zu arbeiten. Meine Aufgabe war es, mich um die elektrolytischen Aluminium-Testöfen zu kümmern, die sich dort befanden. Es gab derer acht, ich war der technische Leiter und die Arbeit wurde von Schichtarbeitern ausgeführt. In diesen Öfen wurden verschiedene neue Verfahren für die elektrolytische Herstellung von Aluminium ausprobiert. Bei der Arbeit habe ich mich sehr angestrengt, obwohl ich nicht gut deutsch sprach. Ein weiteres Problem war, dass die meisten Arbeiter „Swissromantiker" waren, wie ich sie zu nennen pflege, nämlich Unterwalliser, die sehr stolz auf ihre französische Sprache waren und nicht Deutsch sprechen konnten oder wollten. Gleich zu Beginn wurde mir klar, wie dumm es von mir gewesen war, ein Studium zu absolvieren und wohl wissend, dass ich später in die Schweiz gehen würde, das Erlernen der deutschen Sprache zu vernachlässigen.

In der Stadt, in der wir lebten, wurde hauptsächlich französisch gesprochen und das Deutsche hatte einen geringeren Stellenwert. Fast die Hälfte der Ingenieure sprach meist Französisch, weil sie kleine Suisse-Romands-Chauvinisten waren, die zu Recht die Übermacht der deutschsprachigen Mehrheit fürchteten und deshalb nur ungern diese Sprache benutzten. Neben dem Englisch, das ich in der Schule gelernt hatte, und meinen schlechten Deutschkenntnissen begann ich alsbald, Französischlektionen zu nehmen, lernte diese Sprache aber nie zu beherrschen. Ich war zu faul, hatte nicht den Willen, fleißig zu lernen, und diese Faulheit würde sich in Zukunft rächen. Dieses Nichtbeherrschen der Sprachen beschränkte in gewisser Weise meine Aussichten auf eine Karriere als erfolgreicher Manager. Ich erkannte, dass das technische Know-how mein Vorteil war und dass ich meine Karriere auf Wissenschaft und Entwicklung aufbauen musste. Diese Entscheidung hat später meine Betätigung im Konzern, in dem ich praktisch bis zu meiner Pensionierung arbeitete, erleichtert. Die ersten fünf Monate meines Aufenthaltes in der Schweiz und während meiner Jobsuche wohnten wir bei der Mutter meiner Frau. In den Walliser Dörfern der

Talsohle begannen sich damals Gastarbeiter anzusiedeln, aber auch eine Menge Leute aus den umliegenden Bergdörfern, die Arbeit und ein besseres Leben im Tal suchten. In diesen Dörfern kannte jeder jeden und nach den regelmäßigen Messebesuchen in der großen katholischen Kirche wurden Klatsch und Gerüchte verbreitet. Meine Familie war eine kleine Sensation für diese kleinbürgerlichen Menschen. Ansonsten wurde ich von jüngeren Leuten, die ich durch meine Frau kennenlernte, gut aufgenommen. Mit diesen Schweizern hatten wir häufige Kontakte, wir trafen uns vor allem in Cafés.

Die meisten Walliser sind fleißige, fromme, korrekte und teilweise tolerante Menschen, die gerade seit den 1970er Jahren begannen, etwas besser zu leben als ihre Nachbarn in Frankreich und Italien. Gerade weil sich die älteren Walliser immer noch gut erinnern, dass das Wallis einst ein armer Bergkanton war, respektieren die Bewohner den sichtbaren wirtschaftlichen Fortschritt, den sie ihren Bemühungen, ihren Banken und Gottes Segen zuschreiben. In den Bergen und Tälern war das Leben hart und ohne großen Wohlstand. Während des Winters waren die Menschen in den Seitentälern manchmal tage- und wochenlang von der Welt abgeschnitten. Der karge Boden schaffte es nicht, die zahlreichen Mäuler zu füttern, und viele Walliser waren vor und nach dem Ersten Weltkrieg gezwungen, nach Südamerika, in die USA oder nach Australien auszuwandern. Somit erlebte ein Teil der Walliser ebenso ein Emigrantenleben.

Eine kleine Anzahl dieser Schweizer Auswanderer fand sich in der Fremde gut zurecht. Die meisten von ihnen blieben so arm, wie sie zuvor gewesen waren, aber sie assimilierten sich in der Regel sehr schnell in ihrer neuen Heimat. Nur wenige kehrten in die Schweiz zurück. Im Kanton Wallis begann nach dem Zweiten Weltkrieg eine rasante Entwicklung des Tourismus, die reichen Engländer kamen in die schönen und hohen Berge, um zu klettern und Ski zu fahren. Bergdörfer wie Zermatt, Saas Fee, Montana und Verbier wurden mondäne Treffpunkte reicher Europäer. Zahlreiche Luxushotels wurden gebaut, Skipisten und die notwendige Infrastruktur für den Winter- und

Sommertourismus in den Bergen entstanden, bereits damals von reichen Banken finanziert, mit riesigen Summen meist schwarzen Geldes. Die Schweiz wurde ein Paradies für Delinquenten, Politiker und andere verschiedenartige reiche Leute, die die Möglichkeit hatten, ihr Geld auf geheimen Bankkonten zu deponieren, und dies in der Regel ohne Zins. Das Geld wurde von den Banken dann auf den weltweiten Aktienmärkten gehandelt und vermehrt und die Schweiz wurde zusammen mit einigen ihrer Bewohner in dreister Art sehr reich. Durch eine föderale, demokratische politische Gesellschaft verbreitete sich jener Reichtum in der gesamten Schweiz, jedem fiel in irgendeiner Weise ein kleiner Teil dieses großen Kuchens zu. Im Kanton Wallis wie in der ganzen Schweiz fehlte es an Arbeitskräften, um eine Reihe von öffentlichen und privaten Investitionen realisieren zu können. Somit brauchte es mehr Leute, als in der Schweiz lebten. Darüber hinaus entstanden im Rhonetal zahlreiche Fabriken, da es hier reichlich billigen Strom gab. In diesen Fabriken fanden viele Bergbauern Arbeit, die sich neben ihrer Schichtarbeit auch noch um ihren landwirtschaftlichen Besitz, um ihre Kühe und Schafe, die sie an den Berghängen und auf den Alpen besaßen, kümmerten. So hatten sie zugleich ein regelmäßiges Einkommen mit allen Vorteilen der Arbeiterklasse in den Fabriken, blieben aber auch erfolgreiche Bergbauern. Aber sie waren zahlenmäßig nicht in der Lage, alle neu geschaffenen Arbeitsplätze zu besetzen. Somit fing man an, diese Lücken mit Ausländern zu füllen, zuerst mit Italienern, so genannten Grenzgängern aus Domodossola, und dann mit Saisonarbeitern aus Spanien, Portugal, Italien und Jugoslawien. Meiner Meinung nach war diese Saisonarbeit für beide Seiten, also für Ausländer sowie für Arbeitgeber, sehr wünschenswert und human, weil die ausländischen Arbeiter nicht gezwungen waren, immer in der Schweiz zu bleiben. Die Arbeitnehmer entfremdeten sich nicht vollständig von ihrem Heimatland, zugleich erleichterte dieses System den Kapitalisten, nur gute Arbeitskräfte zu wählen und nur die besten Mitarbeiter in die Schweiz zu holen, aber natürlich nur, wenn es ihnen passte. Diese Saisonarbeiter wurden vor allem in ärmlichen Notunterkünften untergebracht. Ihnen war es wichtig, in kurzer Zeit möglichst viel Geld zu sparen, um ihre Familien in der Heimat zu unterstützen. Die meisten kannten die fremde Sprache nicht, wollten sie auch nicht wirklich lernen, hatten keinen allzu großen Kontakt mit den Schweizern und waren bei diesen nicht besonders beliebt. Sie waren ein notwendiges Übel, eine Art moderne Sklaven. Die Saisoniers waren froh, dass sie in ein paar Monaten genug Geld verdienen konnten, das sie dann in ihren Heimatdörfern investierten. Nur wenige Walliser hatten damals durch Heirat einen Fremden in ihrer näheren oder erweiterten Familie. Erst nachdem ich begonnen hatte, ihren Dialekt zu verstehen, bekam ich die Chance, die Walliser als fleißige, korrekte, etwas verschlossene Menschen besser kennenzulernen. Dieser Dialekt ist auch für die übrigen Schweizer schwer zu verstehen, er ist speziell und dient als primäres Kommunikations- und eine Art Erkennungsmittel. Ich habe diesen Dialekt nie zu sprechen versucht, es genügt mir, ihn zu verstehen.

Der Walliser ist im Gegensatz zu den anderen Schweizern galant und immer bereit, etwas zu offerieren. Das Wallis ist als einer der letzten Kantone der Schweizerischen Eidgenossenschaft beigetreten und man nennt hier auch heute noch die übrigen Schweizer Außerschweizer, weil sie nur sich als wahre Schweizer betrachten. Sie haben nicht vergessen, dass sie einmal sehr arm waren, und auch heute noch haben sie keine so starke Industrie wie der Rest der Schweiz. Einer der Hauptgründe ist, dass die wenigen Hochschulabgänger nicht in ihren Heimatkanton zurückkehren, sondern in den wohlhabenden Schweizer Kantonen bleiben. Im Wallis herrscht eine Art negative Selektion: weil es nur eine starke Partei gibt, die praktisch alles entscheidet. Es sitzen jahrelang die gleichen Leute auf wichtigen Positionen, wie früher in einigen sozialistischen Ländern. Daher ist die Korruption im Wallis ein immerwährendes Thema. Wo es nur eine politische Meinung und eine relative Armut der Massen gibt, dort existiert Korruption. Ihre Frömmigkeit und ihre Hingabe an die katholische Kirche erlauben es dem Wallis nicht, sich wie die protestantischen Kantone zu entwickeln. Die Kirche ist im Wallis konservativ und allgegenwärtig, obwohl sie nicht versucht, direkt die lokale Politik zu beeinflussen. Die Menschen selbst sind mit wenig zufrieden, und wenn einer von ihnen viel hat und noch mehr will, gefällt das nicht und solche Leute werden schnell aus der Gesellschaft ausgeschlossen. Es wird erwartet, dass reiche Walliser soziale und faire Partner gegenüber ihren Landsleuten sind, aber wie sie Ausländer behandeln, kümmert niemand. Daher hat die sozialdemokratische Partei im Wallis keine große Anhängerschaft, denn es gibt keine tiefe und aufrichtige Menschlichkeit und kein soziales Engagement. Die tiefe Überzeugung ist, dass alles, was im Leben geschieht, ausschließlich Gottes Wille ist, der ihnen ein einfaches Leben ermöglicht, fokussiert auf sich und die unmittelbare Familie. Es gibt und wird nie ein großes, reiches globales Unternehmen mit Hauptsitz im Wallis geben. Die Walliser bleiben fromme, konservative, bescheidene und patriotisch orientierte Schweizer, die gleichzeitig auch ein wenig wie Dissidenten der restlichen reichen Schweiz sind. Es ist ein wahres Wunder, dass dieser zweisprachige Kanton mit solchen hartnäckigen Bewohnern, die eine Art Taliban-Katholizismus leben, ohne größere Probleme existiert.

Den Charakter der Schweizer kann ich an zwei Beispielen zeigen. Meine Frau lebt an der Grenze zu Deutschland, wo alle notwendigen Dinge für den Alltag viel billiger als in der Schweiz sind. Aber sie besteht hartnäckig darauf, in der Schweiz einzukaufen, weil sie sich als Patriotin sieht. Schon seit mehreren Jahren vermiete ich in meinem Haus zwei Wohnungen. Niemals würde ein richtiger Schweizer in mein Haus ziehen, weil er es nicht ertragen kann, dass ein Neuschweizer mehr als er besitzt.

Die ersten fünf Monate fuhr ich mit dem Bus zur Arbeit, der die Arbeiter praktisch vor ihrem Haus abholte, in die Fabrik und wieder zurückfuhr. In diesen ersten fünf Monaten meiner Arbeit in der Fabrik konnte ich etwas Geld für Möbel und die Kaution für eine Wohnung sparen und im Herbst 1980 zogen wir in unsere erste Wohnung. Da ich anfangs nicht viel verdiente, mietete ich eine kleine Dreizimmerwohnung im Erdgeschoss eines kleinen Wohnblocks mit Blick auf den daneben liegenden Tennisplatz. In der Schweiz sind die Wohnungen im Erdgeschoss billiger, weil die dort lebenden Personen den Lärm aller anderen Mitbewohner zu ertragen haben. Finanzielle Hilfe hat uns niemand angeboten und ich hätte sie wahrscheinlich auch nicht angenommen. Da ich weder Auto noch Führerschein hatte, war es für mich praktisch, in der Nähe der Fabrik, in der ich arbeitete, zu wohnen, und ich ging zu Fuß zur Arbeit. Von unseren nördlichen Fenstern aus sahen wir auf den firmeneigenen Tennisplatz. Bei der Arbeit lernte ich den Umgang mit Computer und Modem, hatte Telefonkontakte mit dem Rechenzentrum in Zürich, um der damaligen Computer-Datenverarbeitung und den damit verbundenen Innovationen gerecht zu werden. Bald fing ich an, mit einer österreichischen Intelligenzbestie zu arbeiten, die mein zweiter Chef wurde. Der erste direkte Chef war ein Schweizer, der während seines Studiums versucht hatte, bei sich zu Hause mit Dynamit zu experimentieren. Leider gelang ihm das, er verlor bei einer Explosion ein Auge und eine Hand und es blieb ein vernarbtes Gesicht zurück. Er war Physiker, voller Komplexe wegen seines Schicksals und meiner Meinung nach nur zum Teil arbeitsfähig. Als er sah, dass ich einige Dinge über Elektrolyse und elektrolytische Öfen besser wusste als er, war er froh dass ich andere Verpflichtungen übernahm und ihm keine wirkliche Konkurrenz war. Ich bekam mein erstes Projekt und begann langsam, mich mit der realen Entwicklungsarbeit zu beschäftigen. Wir begannen Tonerde automatisch in elektrolytischen Öfen zu dosieren. Meine Aufgabe war es, diese Dosierung so zu optimieren, dass die Öfen mit immer weniger Ausfallzeiten kontinuierlich arbeiteten.

Tatsache ist, dass in der Schweiz fast ein jeder von seiner Arbeit leben kann und so sein Leben an seine Möglichkeiten anpassen kann. Hier kann ein Straßenarbeiter ebenso einigermaßen gut leben wie einer, der Millionen geerbt oder erarbeitet hat. Die Tatsache, dass man mit einer Menge reicher Menschen leben kann, ohne dass diese mit arrogantem, unhöflichem Verhalten negativ auffallen, ist das Beste, was wahrscheinlich nur in der Schweiz existiert. Darüber hinaus rundet eine ziemlich faire und moderate Steuerpolitik, welche diejenigen, die mehr verdienen, mehr belastet, das schöne und angenehme Leben vieler in der Schweiz ab.

Mein wahres Leben begann nicht erst an dem Tag, an dem ich mein Studium beendet hatte und in die Schweiz kam, um zu arbeiten. Es entwickelte sich nur schneller und besser, als wenn ich in einem anderen Land gelebt hätte. Wenn ich heute über meinen Anfang in der Schweiz nachdenke, kann ich mich nur wegen einer Sache schelten, dass ich mich während meines Studiums und auch danach zu wenig bemüht hatte, Fremdsprachen zu erlernen. Es klingt paradox, dass ich mit aller Kraft versucht hatte, mein Studium abzuschließen, um den Balkan hinter mir zu lassen, aber gleichzeitig zu wenig in das Erlernen der deutschen, französischen und englischen Sprache investierte. Demzufolge war ich nicht in der Lage, mich schneller und schmerzlos in mein neues Leben zu integrieren. Ich muss zugeben, dass ich mich hier auf meine Frau verließ, die mir eine große Hilfe beim Abfassen offizieller Schreiben war. Nur mit perfekten Kenntnissen der Landessprache wird man ein voll akzeptierter Bürger eines Landes. Mir schien es lächerlich, mich im Schweizer Dialekt versuchen zu wollen, und ich hatte deshalb nie das Bedürfnis, ihn zu erlernen. Englischunterricht hatte ich von der Grundschule bis zur Universität, aber es gelang mir nie, diese Sprache perfekt zu sprechen. Deutsch begann ich erst während meines Spitalaufenthaltes in der Schweiz zu lernen. Das Problem der deutschen Sprache in der Schweiz ist, dass alle Schweizer ihren eigenen Dialekt sprechen, der von Kanton zu Kanton unterschiedlich ist. Für die Schweizer ist die hochdeutsche Sprache praktisch eine Fremdsprache, die sie nur ungern sprechen. Nur diejenigen, die eine höhere Ausbildung abgeschlossen haben, beherrschen sie souverän. Im Kanton Wallis, dem Heimatkanton meiner Frau und heute auch dem meinigen, wird ein besonderer Dialekt gesprochen mit einer Menge Wörter, die auch viele andere Schweizer nicht verstehen. Schon während meiner Aufenthalte als Student in der Schweiz hatte ich regen Kontakt mit Wallisern und so begann ich langsam, dieses seltsame Walliserdeutsch zu verstehen, aber ich habe nie versucht, es zu sprechen. Ich sprach mit allen hochdeutsch und die Schweizer antworteten in ihrem Dialekt. Einen solchen Sprachenmischmasch praktizieren wir auch heute noch in meiner Familie, jeder spricht die Sprache, die ihm am besten passt, die anderen Mitglieder der Familie müssen dich verstehen.

Mein Ratschlag an alle Leute aus dem Balkan, die in die weite Welt gehen wollen, ist, dass das Beherrschen der englischen Sprache und jede zusätzliche Kenntnis einer weiteren Fremdsprache von großem Vorteil sind. Heute spreche ich gut Deutsch, aber nicht so perfekt, wie es für einen denkenden Mensch sein sollte. Da fast alle Schweizer mehrere Sprachen sprechen, fällt diese Anomalie schnell auf. Vielleicht werde ich eines Tages diese Zeilen ins Deutsche übersetzen, das wäre eine echte Herausforderung für mich.

Gerade einige meiner ehemaligen deutschen Chefs waren über meine mangelnden Deutschkenntnisse unangenehm überrascht und deshalb verlor ich gleich am Anfang in ihren Augen an Wert. Sie konnten nicht glauben, dass jemand, der nicht perfekt deutsch spricht, in der Lage ist, eine Fakultät zu beenden und mit ihnen über technische Probleme zu diskutieren. Das verrät auch viel über die Deutschen selbst und ihre arrogante, nazistische geistige Verfassung. Aber im Arbeitsleben in der Schweiz gibt es und wird es wahrscheinlich auch in Zukunft einen anderen Umgang mit ausländischen Arbeitnehmern geben. Ich habe schon gesagt, dass Hochdeutsch für den Schweizer auch eine Fremdsprache ist, die sie nicht gerne benutzen. Sie sind mit ihren Dialekten aufgewachsen, durch die sie sich identifizieren und schätzen. In der Schweiz gab es Arbeiter und Angestellte. Die Arbeiter wurden pro Arbeitsstunde bezahlt und hatten früher kein festes Monatsgehalt im Gegensatz zu Angestellten mit einem fixen Monatslohn. Diese beiden Mitarbeitergruppen waren in verschiedenen Gewerkschaften organisiert. Die Vertreter der Arbeitnehmer und der Arbeitgeber einer Branche, in mei-

nem Fall der Metallindustrie, waren in der Lage, einen schrift-
lichen Rahmenvertrag für alle Arbeitnehmer auszuhandeln, in
dem Rechte und Pflichten beider Parteien festgehalten wurden.
Zu Streiks kam es wenig, weil man bei Problemen versuchte, in
Gesprächen einen Kompromiss zu finden, der beide Seiten zu-
friedenstellte, es gab keine Sieger und keine Verlierer.

Als ich 1980 anfing zu arbeiten, waren die großen Fabriken
und Unternehmen im Westen in gewisser Weise soziale Einrich-
tungen, die Sozialarbeiter angestellt hatten. Diese kümmerten
sich um Arbeiter, die private, soziale oder existentielle Probleme hatten. Diese Arbeiter konnten zu einem Sozialarbeiter gehen, der ihnen beratend zur Seite stand und sie gegenüber dem
Arbeitgeber oder externen Stellen vertrat. In den Fabriken wurden zu viele Arbeiter beschäftigt, Gewinnmaximierung war bis
anhin nicht die wichtigste Priorität gewesen. Damals wurden
die Arbeiter von den Kapitalisten geschützt und verwöhnt. Arbeiter waren überall gesucht und die Angst vor dem russischen
Kommunismus hatte die Kapitalisten in der Vergangenheit gelehrt und gezwungen, den Arbeitern entgegenzukommen. Ein
Beispiel: Als ich anfing zu arbeiten, waren mehr als sechshundert Arbeiter in meiner Firma beschäftig und der Jahresgewinn
betrug 1,5 Millionen Franken. Ich erinnere mich an üppige
Abendessen, zu denen auserwählte Arbeiter vor Weihnachten
geladen waren, und wie der damalige Direktor mit Stolz zu uns
allen über den erzielten großen Gewinn sprach. Ein paar Jahre später, als der Westen und Gorbatschow die UdSSR zerstört
hatten, veränderte sich das Verhalten der Kapitalisten gegenüber den Arbeitern und dem Gewinnstreben radikal. Die Angst
vor dem Kommunismus war nicht mehr real. Schnell beriefen
sie sich auf eine Wirtschaftskrise und nutzten die berechtigte
Angst der Leute um ihre Arbeitsplätze aus, um nach und nach
die Rechte der Arbeitnehmer abzubauen und mit Hilfe von skru-
pellosen Managern ihre Gewinne zu erhöhen. Zum Glück für
die Schweizer Arbeiter wurde durch die herrschenden guten Arbeitsbedingungen und die Ordnung im Land viel Kapital aus der
ganzen Welt wie ein Magnet angezogen und daraus resultierte

auch eine Konzentration bester Fachleute. Zudem trugen die politische Sicherheit in der Schweiz und ein moderates Steuersystem zur massenhaften Ansiedelung von Unternehmen bei. Gut ausgebildete Fachleute waren in der Lage, die besten Jobs zu wählen. Folglich wurden das Arbeitsverhalten und die Sicht der Schweizer auf die Probleme der Arbeiterklasse international. Die Globalisierung hat den Kommunismus aufgegessen und mit ihm eine Menge Vorteile der Arbeiterklasse, hat allerdings nicht nur dem Kapital, sondern auch den Fachkräften ermöglicht, zu profitieren. Mit Hilfe der starken deutschen und französischen Gewerkschaften sind die Rechte der Arbeitnehmer in der Europäischen Union fast unangetastet geblieben.

Der Konzern, in dem ich angefangen hatte zu arbeiten, stand bereits 1984 vor dem Bankrott, aber das war nicht meine Schuld. Schuldig waren einige unfähige Manager, die es geschafft hatten, einen Jahresverlust von mehr als 1,5 Milliarden Franken zu machen. Der Konzern war gezwungen, sich zu reorganisieren, und als Erstes wurde in der Entwicklung gespart. In unserem Entwicklungsinstitut, in dem mehr als 600 Mitarbeiter beschäftigt waren, wurde der Hälfte der Belegschaft gekündigt, mit Tendenz zu weiteren Entlassungen. Die Entwicklung und der Bau von Aluminium-Elektrolyt-Öfen waren in der Strategie des Konzerns nicht mehr vorgesehen und ich erkannte, dass ich schnell einen neuen Job suchen musste. Schon 1985 fand ich eine Stelle am Bodensee, aber auch dort machte sich bereits 1989 das hässliche Gesicht des Neokapitalismus bemerkbar. Der damalige Direktor weigerte sich, die Arbeit in der Fabrik zu rationalisieren, was in erster Linie bedeutet hätte, Arbeiter zu entlassen. Er ging mit neunundfünfzig frühzeitig in den Ruhestand und bekam eine gute Abfindung. Das Schicksal des Unternehmens und der Arbeitnehmer überließ er dem Konzern.

Bald kam ein neuer Direktor, der in den nächsten fünf Jahren jedes Jahr etwa fünf Prozent der Beschäftigten entließ. Natürlich stiegen dann die Gewinnzahlen des Unternehmens an, weil der gleiche Umsatz mit viel weniger Arbeitskräften realisiert wurde. Ich denke, dass wir schon Ende 1991 einen Jahresgewinn von rund 13 Millionen Franken erwirtschafteten. Unser neuer Direktor gab den Arbeitern von diesem Gewinn keinen Franken, auch bedankte er sich in der Fabrik nicht bei der Belegschaft für ihre erbrachten Anstrengungen. Die Boni gingen an ihn und an einige Manager um ihn herum, während der Rest des Geldes an den Konzern gezahlt wurde.

Nun zeigten die Kapitalisten durch Manager den Arbeitern den Meister. Einfach gesagt, nach dem Zusammenbruch der Sowjetunion bröckelten langsam die Arbeitsrechte aller Arbeitnehmer im Westen. Aber die Schweiz wäre nicht die Schweiz, wenn hier nicht alles anders als im Rest der Welt wäre. Hier arbeiten die politischen Parteien zusammen und diese Teilung der Macht nennt sich Konkordanz. Die Parteien schlagen sieben Bundesräte vor, die vom Parlament gewählt werden müssen. Dank dieser Kompromisse wird das Land schon seit Jahrzehnten erfolgreich regiert. Die Arbeitgeber treffen sich regelmäßig mit den Gewerkschaften, um Vereinbarungen über Rechte und Pflichten von Arbeitnehmern und Arbeitgebern auszuarbeiten. Diese Vereinbarung ist ein Rahmenvertrag für eine ganze Industriebranche. Also kennt jeder Arbeitgeber und jeder Arbeitnehmer seine Rechte und Pflichten und hält sich auch daran. Meiner Meinung nach ist die bestehende direkte Demokratie der Schweiz derzeit die beste Art von Demokratie, die man auf dieser Welt finden kann. Die Schweiz ist ein konservatives, stabiles, relativ tolerantes und reiches Land, offen für neue Technologien, intelligente Menschen und für alle anderen Aspekte der Maximierung des Kapitals, sodass sie sich auch einige Schwächen leisten kann. Anstatt sich untereinander zu streiten und korrupt gegeneinander zu arbeiten, versuchen die verschiedenen Regierungsparteien, einen gemeinsamen Nenner zu finden. Kurz gesagt, kann man die Konkordanz als gemeinsame Suche nach Lösungen für ein politisches Problem beschreiben. Diese Beschlüsse müssen dann im praktischen Leben umgesetzt werden. Wenn die Mehrheit der sieben regierenden Bundesräte für eine gemeinsame Lösung stimmt, gilt diese nach Bekanntgabe für alle politischen Optionen im Land und jeder muss mitarbeiten, um dieses Ziel zu erreichen. Niemand darf mehr bis zur nächsten Gelegenheit an dieser politischen Tatsache zweifeln oder sie gar sabotieren. Mit nur sieben Ministern funktioniert die Schweiz nach diesem Prinzip, das langfristig gesehen das Land erfolgreich in realen Wohlstand geführt hat.

In der Schweiz gibt es das Obligationsrecht – zwingendes Recht –, das in einem Buch zusammengefasst ist. Den Inhalt sollten alle, die eine höhere Schulbildung abgeschlossen haben, lesen und die Absätze, die für ihre künftige Arbeit wichtig sind, kennen. Dieses Gesetz beschreibt alle wichtigen Teile des gemeinsamen Arbeits- und Privatlebens in der Schweiz. Es ist einfach geschrieben, damit es jeder lesen und verstehen kann. Wie der Name schon sagt, steht es vor allen anderen Vereinbarungen. Für jeden sind die hier beschriebenen Rechte und Gesetze zwingend, niemand darf schlechtere Bedingungen anbieten. Wenn dort geschrieben steht, dass die Mitarbeiter 40 Stunden pro Woche arbeiten, hat niemand das Recht, den Arbeiter zu zwingen, 42 Stunden pro Woche zu arbeiten, aber er kann eine 35-Stunden-Woche einführen. Am Anfang des Berufslebens kann sich also ein jeder über seine Rechte und Pflichten an seinem künftigen Arbeitsplatz im Voraus informieren.

Natürlich ist auch in der Schweiz nicht alles perfekt, noch wird es das jemals sein, aber die überwiegende Mehrheit der Menschen akzeptiert diese Verhaltensregeln und sie leben danach. Die Schweizer sind pragmatisch. Daher profitiert die Schweiz kontinuierlich und das ist natürlich einer der Hauptgründe, warum ich hier lebe. Heute, im Jahr 2016, leben außer mir mehr als acht Millionen Einwohner in der Schweiz. Seit meiner ersten Einreise in die Schweiz 1972 ist die Bevölkerung um ein Drittel gewachsen und der Ausländeranteil beträgt mehr als fünfundzwanzig Prozent. Die armen Balkanländer verzeichnen ein negatives Bevölkerungswachstum, die Ratten verlassen die sinkenden Schiffe.

Die Mitarbeiter der Pharma- und Chemieindustrie produzieren anspruchsvolle Produkte und tragen somit zu größeren Gewinnergebnissen bei. Sie verdienen mehr und haben etwas bessere Arbeitsbedingungen als andere Sterbliche. Die Unterschiede sind nicht extrem, denn die Erwägung ist, dass in der Schweiz jeder von seiner Arbeit leben kann. Also müssen alle mit ihrem Lohn auskommen und alle nötigen Ausgaben, wie Miete, Versicherungen usw., sind so modelliert, dass jeder auf eigene Weise erfolgreich und relativ gut leben kann. Natürlich sind die Unterschiede zwischen Arbeitern und Managern riesig, aber das ist gerade das Wesen des Kapitalismus, dass diejenigen, die mehr wissen und mehr können, besser leben sollen als diejenigen, die schlecht ausgebildet sind und einen Job machen, den Millionen andere ohne Schulbildung auch ausüben können.

Schon am Ende meines ersten Arbeitsjahres in der Schweiz bat ich meinen Chef um eine Gehaltserhöhung, die er mir auch zugestand. Ich war ehrgeizig und wollte beweisen, dass ich mehr kann. Ich wollte einen besseren Job, einen höheren Status, Verantwortung und natürlich mehr Lohn. Auf eigene Initiative begann ich mit einem alten Gasmassenspektrometer, den ich am Bodensee aufgetrieben hatte, Gase aus elektrolytischen Öfen zu analysieren. Nachdem ich bewiesen hatte, dass dies möglich ist, bekam ich Geld für ein mobiles Labor, das ich in einem Container platzierte. In diesem Container konnte ich kontinuierlich Qualität und Quantität der Gase, die in den elektrolytischen Öfen entstehen, analysieren. In diesem roten Container, der auf einem Lastwagen oder per Bahn transportiert werden konnte, befanden sich das Massenspektrometer mit Datenerfassung und allen notwendigen Anschlüssen und Hilfsmitteln. Mit diesem mobilen Labor besuchte ich 1984 mehrere Elektrolysen in Europa und mit Hilfe eines qualifizierten Arbeiters führte ich unabhängig Analysen durch und verarbeitete die Ergebnisse. Es gelang mir, einige meiner Arbeiten als Co-Autor an renommierten metallurgischen Kongressen zu veröffentlichen.

In diesen ersten drei Jahren meiner Tätigkeit als wissenschaftlicher Mitarbeiter passierten drei Dinge, die auf ihre Weise mein zukünftiges Leben beeinflussten. Zuerst traf mich während eines Tennisspiels ein Tennisball am rechten Auge. Nach ein paar Tagen bemerkte ich einen Schatten im Sichtfeld des

Auges. Die aufgesuchte Augenärztin überwies mich sofort ans Inselspital in Bern. Eine Ablatio retinae, eine Netzhautablösung, wurde diagnostiziert und im Moment drohte der Verlust der Sehkraft auf diesem Auge. Ich wurde von einer jungen deutschen Oberärztin operiert, die mir sagte, dass bei meiner hohen Kurzsichtigkeit eine Netzhautablösung keine Seltenheit sei. Es gelang, das Auge zu retten, seitdem sehe ich auf diesem Auge nur noch etwa fünfzig Prozent. Heute arbeitet mein jüngerer Sohn in Bern in diesem Spital als Oberarzt. Zum Zeitpunkt der Operation, 1982, war er noch nicht geboren. Kurz nachdem ich mich von dieser Operation am rechten Auge etwas erholt hatte, bemerkte ich im Zentrum des linken Auges einen großen schwarzen Fleck. Im Inneren des Auges waren Blutungen aufgetreten, die die Netzhaut an dieser Stelle zerstört hatten, und von da an bin ich auf dem linken Auge de jure blind. Mit diesem Auge sehe ich nur in der Peripherie gut, aber im zentralen Teil nichts. In der Tat nehme ich seit dieser Zeit um 1983 praktisch nur noch mit einem Auge wahr. Heute sehe ich auch mit dem besseren rechten Auge weniger als fünfzig Prozent und der Augenarzt hat mir 2014 nahegelegt, mit dem Autofahren aufzuhören, was ich auch sofort tat.

1983 war ich jung und trotz der Probleme mit den Augen in der Lage, die Autofahrprüfung zu machen. Ich war ein wenig verunsichert, aber immer noch zuversichtlich, dass ich alles tun und machen kann, sofern ich mein Leben den neuen Gegebenheiten anpassen würde. Über meine Schwierigkeiten beim Sehen sprach ich nur mit meiner Augenärztin, einer Serbin aus Mazedonien, einer vornehmen und gütigen Frau, die erst im Alter von fünfundsechzig die Erlaubnis erhielt, selbständig in der Schweiz zu arbeiten. Bis dahin arbeitete sie in der Praxis eines Schweizer Augenarztes, die sie nach dessen Pensionierung dann schließlich übernehmen durfte. Diese Ärztin gab mir immer Hoffnung und weckte eine positive Energie in mir. Niemand in meinem Arbeits- und Familienumfeld konnte durch mein Verhalten mein wirklich großes Handicap bemerken. Ich begann, intensiv Sport zu treiben, und war überzeugt, dass ich trotz meiner Behinderung im Stande war, gut und aktiv an meiner weiteren Karriere zu arbeiten. Ein drittes, dieses Mal freudiges Ereignis war die Geburt meines zweiten Sohnes. Bei seiner Geburt war ich dabei und er war es, der mir allein durch seine Anwesenheit half, körperlich und geistig schwierige Zeiten in meinem weiteren Leben durchzustehen. Zu dieser Zeit war ich glücklich und zufrieden, einen interessanten Job, zwei gesunde Söhne und eine Frau zu haben und mit meinem Verdienst unser gemeinsames Leben finanzieren zu können. Ich hatte gelernt, dass der Mensch im Leben nicht immer Glück und Erfolg haben kann, sondern dass es viele sowohl gesundheitliche wie menschliche Probleme zu überwinden gilt.

Diese drei großen Ereignisse hatten einen direkten Einfluss auf mein zukünftiges Leben in der Schweiz. 1984 konnten wir in ein Vierfamilienhaus ziehen, das der Pensionskasse der Fabrik gehörte. Hier bekamen wir eine große Vierzimmerwohnung mit eigenem Garten. Das Haus lag in ruhiger Lage direkt neben dem Fluss Rhone und wir lebten dort sehr schön und friedlich. Aber Änderungen sind die einzige Konstante in unserem Leben und die Tatsache, dass alles, was schön ist, nicht ewig währt, hatte ich schon in meinem früheren Leben gelernt.

Ich fing an, etwas Kontakt mit Landsleuten aus dem Balkan zu haben, die hier einen jugoslawischen Verein gegründet hatten. Im Club waren Kroaten, Serben, Montenegriner, Bosnier, Albaner und Muslime. Das waren einfache, primitive Menschen, die sich damals anfreundeten und einander halfen, sich aber nicht allzu sehr mochten. Der Berater des Vereins war ein ehemaliger Fußballer aus Montenegro, schon um die sechzig und nicht sehr intelligent. Sie waren auf der Suche nach einem neuen Vereinspräsidenten. Als sie von dem jungen Ingenieur hörten, der in der Fabrik arbeitete, nahmen sie schnell Kontakt zu mir auf. Ein Kroate kam zu mir und fragte mich, ob ich Präsident des Clubs werden möchte. Sie suchten einen Intellektuellen, weil sie dachten, dass sie durch den Kontakt mit ihm selbst klüger, besser und zivilisierter aussehen werden. Ohne viel nachzudenken, nahm ich dieses Angebot an und wurde mit dreißig

Jahren Präsident dieses jugoslawischen Vereins. Nachdem ich mit ihnen mehrere Treffen und Unterhaltungsabende organisiert hatte, bekam ich nun die Gelegenheit, aus erster Hand zu sehen, wie es im Club zuging. Ich erkannte, dass alle sehr primitiv und aggressiv waren, bereits angesteckt vom wachsenden Nationalismus. Mir war schnell klar, dass ich nicht lange an der Spitze des Clubs bleiben würde, und ich hatte, wie bereits beschrieben, meine privaten Gesundheitsprobleme, die mir viel wichtiger waren als diese bedrückenden Begegnungen mit den rohen Balkanern. Eines Tages informierte ich den Vorstand, dass ich nicht mehr als Präsident zur Verfügung stehe, und zog mich so aus diesem Morast. Später versuchte ich, zum Verein und den Vereinsmitgliedern möglichst Abstand zu halten. Zum Glück zogen wir bald darauf an den Bodensee, so brach schließlich jeder Kontakt ab. Anfang der 1980er Jahre begann Jugoslawien an den nationalistischen Nähten auseinanderzubrechen und das war in dieser Zeit bereits zunehmend unter den jugoslawischen Gastarbeitern zu spüren. Es gab immer weniger Jugoslawen und immer mehr Balkannationalisten. Langsam begannen alle, bei den anderen die nationalen Blutkörperchen zu zählen, die Gesellschaft mit Jugoslawen wurde unbequem und für mich völlig unerträglich.

Damit der Konzern, in dem ich arbeitete, überleben konnte, mussten die Manager auf Geheiß der Banken in den Büchern einen Teil des inaktiven Kapitals einer Bauxitmine, die sich auf der Gove-Halbinsel in Australien befand, aktivieren. Im ganzen Konzern gab es große Veränderungen, zahlreiche Direktoren verloren ihre Positionen und es kamen neue Direktoren, die von Banken ausgewählt worden waren. Die Entwicklungsabteilung im Konzern wurde dezimiert, die Entwicklung von Aluminium-Elektrolysen und ihre Konstruktion waren nicht mehr strategisches Ziel des Konzerns. Alle Arbeitsplätze im Entwicklungslabor, wo ich arbeitete, waren direkt gefährdet.

In dieser dramatischen Zeit beging ich eine Dummheit. Ich wollte den Leuten in Šibenik in diesem kritischen Moment zeigen, dass aus mir ein guter Ingenieur geworden ist. Ich bat meine

Sekretärin, eine meiner Arbeiten nach Šibenik zu senden. Mein damaliger Chef, ein Deutscher, war selbst auch in Panik. Er betrachtete mein Vorgehen als Industriespionage und bat mich, baldmöglichst einen neuen Job zu suchen und die Arbeitsgruppe zu verlassen.

Um nicht eine Menge Geld meiner Pensionskasse zu verlieren, suchte ich konzernintern eine neue Arbeit. Zum Glück fand ich am Bodensee einen neuen Job in einer Firma, die sich mit Walzen und der Veredelung von Alufolie beschäftigte. Hier begann ich als Leiter des analytischen Labors zu arbeiten. Genau nach fünf Jahren im Wallis zog ich mit meiner Familie an den Bodensee, wo wir bis heute noch leben.

Ich bewarb mich schriftlich auf eine Anzeige in der Zeitung und wurde bald zu einem ersten Gespräch eingeladen. Zusammen mit meiner Frau ging ich dorthin, die Stadt und der See waren ganz in Nebel gehüllt. Man bezahlte uns das Hotel und offerierte uns ein Mittagessen. Wegen des dichten Nebels konnten wir nicht viel von der Umgebung sehen. Mich interessierte die Natur nicht allzu sehr, da ich schon früher in dieser Gegend auf Geschäftsreisen gewesen war, ich war vor allem an den Arbeitsbedingungen interessiert. Ich schloss einen Vertrag mit dem Unternehmen ab, bekam ein anständiges Gehalt und das Unternehmen bezahlte uns den Umzug in den Thurgau. Wir fanden eine schöne Vierzimmerwohnung und so begann unser Leben am Bodensee. Mein jüngerer Sohn war zwei, der ältere zwölf, meine Frau einunddreißig und ich zweiunddreißig Jahre alt. Bis zu meiner Frühpensionierung am 31. Dezember 2011 blieb ich in dieser Firma. Insgesamt habe ich in meinem Leben mehr als vierunddreißig Jahre gearbeitet, davon anderthalb Jahre in Kroatien, fast ein Jahr als Saisonier in der Schweiz und dazu sechs Jahre Studium in Split.

Schon immer war es mein Wunsch gewesen, etwas Eigenes zu besitzen. Nachdem der Mann meiner Schwester ein Baugrundstück von ca. 500 m2 an der Jadrija gefunden hatte, das für sie zu groß war, fragten sie mich, ob wir den Boden gemeinsam kaufen und ein Doppelhaus errichten wollten. Ich war einverstanden und schickte Geld zum Kauf des Grundstückes. Mein Vater war gerade in den Ruhestand gegangen. Da der Mann meiner Schwester als Matrose arbeitete, wurde mein Vater Bauleiter. Ich nahm einen Kredit auf und schickte Geld, damit nach meinen Plänen mit dem Bau meines Hausteils gestartet werden konnte. Das Geld reichte nicht aus, sodass ich etwas Geld von einem Vetter leihen musste. Mit diesem Geld konnte das Haus fertiggestellt werden, und das geliehene Geld konnte ich auf Ersuchen meines Vetters bald zurückzahlen und so meine Schulden begleichen.

Zum Glück teilten meine Schwester und ich auf mein Verlangen sofort das Grundstück auf und so wurde jeder Eigentümer seines Grund und Bodens. Vielleicht war diese Teilung der einzige sinnvolle Schritt, den ich in dieser Zeit beim Hausbau machte. 1986 wurde das Haus fertig und meine Eltern zogen sofort in meinem Hausteil ein, meine Schwester wohnte mit ihrer Familie in der anderen Haushälfte. Von da an begann der Terror meiner lieben Eltern. Meine Mutter wurde immer kränker, vollgestopft mit Beruhigungsmitteln war sie sichtbar mehr und mehr abwesend, manchmal wusste sie nicht einmal, was um sie herum vorging. Da ich mit meiner Familie jedes Jahr nur ein paar Wochen im Sommer in die Ferien kam, war das Haus von meinen Eltern besetzt und sie waren in der Tat die wirklichen Besitzer im und um das Haus. Meine instabile Mutter und mein gehorsamer Vater versuchten wissentlich in den folgenden schwierigen Jahren, mir mit den bekannten verabscheuungswürdigen Balkanmethoden mein Haus zu nehmen. Physisch hatten sie das bereits mit ihrem Einzug gemacht, aber rechtlich ist es fehlgeschlagen. Aber kehren wir zum Bodensee zurück.

Direkt an der Schweizer Grenze liegt die deutsche Stadt Konstanz, eine berühmte Universitätsstadt und die einzige Stadt in Europa, wo im 15. Jahrhundert außerhalb von Rom ein Papst gewählt wurde. Hier studieren mehr als 7000 Studenten und Studentinnen. Zoran Djindjic schrieb seine Doktorarbeit in Konstanz. Im Schweizer Städtchen auf der anderen Seite der Grenze leben 20 000 Einwohner, davon über sechzig Prozent Ausländer, nicht mit eingerechnet die große Anzahl der neu eingebürgerten Schweizer, vor allem Deutsche, Italiener und danach Leute aus dem Balkan, die ihre schlauen Stämme vertreten. Tatsache ist, dass hier Menschen aller Nationalitäten ziemlich ruhig nebeneinander leben.

Grüne, sanfte Hügel, gepflegte Äcker, weite Wiesen mit weidenden Kühen und Schafen, ausgedehnte Obstplantagen, Weinberge und Felder voller Kohl, Zwiebeln, Karotten, das ist der Thurgau, der das Städtchen von drei Seiten umgibt. Auf der Nordseite liegt der Bodensee mit dem Rhein, dem großen europäischen Strom, der bis in die Nordsee fließt. Der Rhein entspringt im Kanton Graubünden, durchfließt den Bodensee und mündet in den Niederlanden ins Meer. Im unteren Teil ab Basel ist er schiffbar. 40 km vom Bodensee stromabwärts liegt der Rheinfall, der schönste und wasserreichste Wasserfall Europas. Der Bodensee ist einer von Europas größten Seen und bietet Ruhe und Entspannung für die Anwohner der angrenzenden drei Länder Deutschland, Österreich und der Schweiz sowie für die zahlreichen Touristen.

Gute Verbindungen auf Schiene und Straße mit dem Rest der Schweiz, über Deutschland auch nach Nordeuropa, ist die Grundlage für die schnelle Entwicklung der Kleinstadt am Bodensee an der deutschen Grenze. Das milde Klima, ein geregelter Alltag, steuerliche, politische und wirtschaftliche Stabilität und das Gefühl, dass jeder gleich viel wert ist und die gleichen Rechte und Pflichten hat, sind weitere wichtige Pluspunkte, warum Menschen hier leben. Gut ausgebaute Straßen und Parkplätze, zahlreiche Radwege und eine relativ kleine Einwohnerzahl pro Quadratkilometer ergänzen dieses idyllische Bild. Zahlreiche Passagierschiffe verkehren im Sommer auf dem See, mehr als in einigen großen dalmatinischen Häfen. Die Schiffe sind nicht so groß wie auf dem Meer, aber im Sommer hat es viel mehr. Das Panorama auf der Südseite ist umgeben von den Alpen. Bei schönem Wetter kann man die ganze magische Schönheit dieser touristischen Perlen sehen. Der Bodensee wird in Deutschland auch „Schwäbisches Meer" genannt. Es gibt exklusive Restaurants, die relativ teuer, aber gut sind. Hier gehen die Menschen in ein Restaurant, um etwas Besseres als zu Hause zu essen.

Unser Leben am Bodensee war strukturiert, arbeitsintensiv, das Leben einer jungen Familie, die vor allem durch die Kinder, die Arbeit und den Familienalltag in Anspruch genommen wird. 1985 war der ältere Sohn zwölf Jahre alt. Da in der Schweiz jeder Kanton ein eigenes Schulsystem und eigene Lehrpläne hat, damals begann sogar das Schuljahr nicht überall zur gleichen Zeit, musste er eine Klasse wiederholen. Ihm fiel sicherlich der Wegzug aus dem Wallis am schwersten, aber wir hatten keine Zeit, uns groß mit diesen Problemen zu befassen. Er begann im Schwimmklub zu trainieren und befreundete sich schnell mit einigen Kindern aus seiner Klasse. Der jüngere Sohn war noch klein. Er musste manchmal die Kindertagesstätte besuchen, wenn meine Frau ein paar Stunden am Tag arbeitete. Er mochte es nicht allzu sehr, in die Krippe zu gehen, aber mit der Zeit gewöhnte er sich daran. Ich überzeugte meine Frau, arbeiten zu gehen, weil wir meiner Meinung nach immer noch mehr Geld haben sollten. Ich tat es auch um ihretwillen, damit sie das Gefühl hatte, etwas zum Lebensunterhalt beizutragen und nicht nur zu Hause zu sein. Sie war froh, etwas Geld nach Hause zu bringen, aber sie verstand nicht viel von Geld. Sie konnte meine Sparpläne, das Erstellen und Einhalten eines Budgets nicht immer verstehen. Für sie gab es nur das Heute, was morgen wäre, würde man sehen. Wir lebten in einem Wohnblock mit einer wunderbaren Spielwiese hinter dem Haus für die Kinder und mit einem schönen Grillplatz. Mit unseren Nachbarn kamen wir gut aus, größtenteils waren es Schweizer, aber auch einige Ausländer. Das war für mich wichtig, aber ich freundete mich mit niemandem an. Privat und im Geschäft vermied ich den Kontakt zu Leuten aus dem Balkan, in erster Linie wegen meiner schlechten Erfahrungen mit ihnen im Wallis.

Bis 1989 verbrachten wir unsere Sommerferien an der Jadrija. Dort schaffte ich es nicht, mit meiner Familie ein paar Tage allein zu sein, weil meine Eltern immer dabei waren und uns nie allein in unserem Haus wohnen ließen. Meine kranke Mutter wollte es so, es war ihr egal, was ich will und was meine Familie brauchte. Aus diesem Grund und wegen der schon zu dieser Zeit wachsenden nationalistischen Spannungen in Kroatien beschloss ich, das Haus zu verkaufen. Über meine Pläne diskutierte ich ernsthaft mit meinen Eltern und mit meinem Bruder, der mir beim Hausverkauf behilflich sein sollte. Der Fäulnisgestank des faschistischen Nationalismus verbreitete sich in Jugoslawien und in Kroatien, sodass ich schnellstmöglich aus dieser Balkanspelunke wegkommen wollte. Aber der gewählte Moment war leider schlecht geeignet, besser gesagt zu spät. In jenen Jahren bis 1991 begannen viele intelligente Serben, massenhaft ihre Ferienhäuser an der Adria zu verkaufen. Die Preise fielen und die Kroaten wollten nicht kaufen, was sie sowieso bald gratis bekommen sollten. Wie Krleza schrieb: Wenn in der Balkanspelunke die Lichter ausgehen, versucht der kluge Mann durch den erstmöglichen Ausgang zu entkommen. Das engstirnige Verhalten meiner Eltern verstärkte meinen Wunsch, das Haus zu verkaufen. Ich erkannte, dass ich relativ viel Geld in dieses Haus gesteckt hatte und dass es nicht die klügste Investition meines Lebens gewesen war.

Die ersten fünf bis sechs Jahren im Thurgau waren Zeiten der Normalität, der Arbeit und der Stabilisierung unseres Lebens. Der jüngere Sohn besuchte den Kindergarten und anschließend die Schule und der ältere stand bereits auf der Schwelle zur Mittelschule. Unsere Ehe funktionierte gut, in der Firma bemühte ich mich, einen guten Job zu machen, und alles war eigentlich perfekt. Ich versuchte, das Darlehen, das ich für den Hausbau in Kroatien erhalten hatte, so schnell wie möglich zurückzuzahlen.

In der Firma gab es auch Neuigkeiten. Kurz nachdem ich als Leiter des analytischen Labors im Entwicklungsbereich zu arbeiten angefangen hatte, stellte die Firma einen neuen Leiter des Entwicklungslabors ein, einen Deutschen, der auch mein Chef wurde. Er war etwa zehn Jahre älter als ich und etwas kleiner als ich. Von diesem Mann lernte ich indirekt viel über seine damalige Arbeit, über die Einstellung zur Arbeit und zu Arbeitern, Sorgfalt und Fleiß. Er hatte keinen Hochschulabschluss geschafft, was ihn noch lange schmerzen sollte. Wenn er aufgeregt war, begann er manchmal zu stottern, aber mit der Zeit gelang es ihm, dies zu überwinden. Er war pedantisch, fleißig und erinnerte sich an alles, was wichtig war für die Arbeit, und die meisten Menschen, die ihn kannten, schätzten ihn und vertrauten ihm. Er hatte ein Manko, das für mich in dieser Zeit sehr angenehm war: Er wollte alles selber machen. Er konnte nicht delegieren. Wahrscheinlich hatte er kein großes Vertrauen in uns alle, die um ihn herum arbeiteten. Einige Leute in der Produktion waren, angeführt vom technischen Direktor, seine wahren Feinde, sodass der Start für ihn nicht leicht war. Die älteren Schweizer Mitarbeiter waren überhaupt nicht zufrieden und glücklich, dass ein Deutscher und einer vom Balkan so wichtige Funktionen in der Fabrik innehatten. Unser neuer Chef machte aus unserem Entwicklungslabor im Laufe der Jahre ein gut funktionierendes Labor, in dem alle Testmethoden in Arbeitsheften schriftlich festgehalten wurden. Er lehrte uns, alle unsere Resultate in schriftlicher Form weiterzugeben. Unter ihm waren wir gezwungen, qualitativ viel besser zu arbeiten und dadurch bessere Forschungsresultate erzielen zu können. Zu dieser Zeit war die Computerisierung am Arbeitsplatz schon recht fortgeschritten und für denjenigen, der es wagte, damit zu arbeiten, eine große Hilfe. Mein Chef war kein Mann, der Computer liebte, und er betrachtete sie nie als eine Arbeitshilfe. Am Ende seines früh unterbrochenen Arbeitslebens hatte er auch keine Zeit dafür. An einem unserer jährlichen Mitarbeitergespräche beschwerte er sich über mein mangelndes selbständiges Arbeitsverhalten. Ich sagte ihm direkt, dass das seine Schuld sei, weil er mir nicht die Projekte gebe, für die eigentlich nur ich verantwortlich sei. Von da an begann er etwas von seinen Verpflichtungen zu delegieren. Er wurde ein wenig entlastet und ich war gezwungen, mich bei der Arbeit mehr anzustrengen. Meine damalige Arbeit, die notwendig war, um meine Familie zu ernähren, war für mich nicht attraktiv genug, ein bisschen langweilig und nicht in der Lage, mich zu motivieren. Erst viel später, als ich durch glücklichen Zufall Leiter des Labors wurde, war ich in der Lage, mich besser mit der Arbeit zu identifizieren. Ab 1989 bekam unser Direktor die Aufgabe, ein größeres EBIT zu erreichen, das heißt mehr Gewinn zu erwirtschaften als bisher.

Der neue Direktor, der bereit war, Arbeitsstellen zu reduzieren, schaffte kurzfristig ein deutlich besseres EBIT. Das Unternehmen wurde in kurzer Zeit umstrukturiert, fünfzehn Prozent der Arbeiter wurden in den Ruhestand geschickt oder entlassen. Bereits in den ersten Jahren machte das Unternehmen einen Gewinn von rund acht Millionen Franken. Natürlich verursachten diese Umwälzungen große Unruhe unter den Arbeitern in der Firma, denn über jedem Arbeitsplatz hing ständig ein Fragezeichen. In dieser Krisensituation erwies ich mich als stabiler als mein Chef und mit meiner Hilfe konnten wir erstens unsere Jobs und auch die Arbeitsplätze unserer Mitarbeiter verteidigen und zugleich konnten wir auf unsere Verdienste für die Firma aufmerksam machen.

Unser neuer Direktor war der Meinung, dass wir, die Entwicklungsmitarbeiter, nicht genügend kompetent waren. Das war der Beweis, dass er von Aluminiumveredelung nichts verstand. Bald darauf bekamen wir einen neuen Entwicklungsleiter. Es war ein Schweizer, ein arbeitsscheuer Angeber und ein mental belasteter Mann. Später, nach seinem Abgang, studierte er Arbeitspsychologie in Zürich und promovierte im Alter von mehr als zweiundfünfzig Jahren. In den Jahren seiner Tätigkeit in unserer Abteilung gelang es ihm mit seiner psychologischen Unwissenheit, uns das Leben schwer zu machen. Sein Nachfolger, eine andere für die Entwicklung inkompetente Person, war der ultimative Beweis für die schlechte Arbeit unseres damaligen Direktors, der technisch nicht versiert war. Aber genau diese beiden Menschen, die nicht kompetent genug waren, etwas in der Entwicklung und Produktion von veredelter Aluminiumfolie zu zeigen, stärkten meine Position und die meines Chefs, weil jetzt jeder in der Firma erkennen konnte, dass wir unterschätzt worden waren.

Etwa um seinen fünfzigsten Geburtstag erlitt mein Chef seinen ersten Herzinfarkt. Er wurde ins Krankenhaus gebracht und erhielt mehrere Herz-Bypässe. Er erzählte mir, dass sein Vater mit fünfzig gestorben war, dass er selber früher ein starker Raucher war, und wenn man sein tägliches Leben betrachtete, musste man feststellen, dass er sehr ungesund gelebt hatte. Er kam jeden Morgen nach einer halbstündigen Autofahrt um acht Uhr zur Arbeit und blieb dort bis zum Abend gegen sechs Uhr, das bedeutet, dass er den ganzen Tag im Sitzen verbrachte. Er war unsportlich, aß und trank während der Arbeit praktisch nichts.

Während seiner krankheitsbedingten Abwesenheit war ich ein paar Monate für das Entwicklungslabor zuständig. Nach seiner Rückkehr war er sehr froh, als er sah, dass alles planmäßig und ohne größere Probleme gelaufen war. Wir waren nie wirkliche Freunde, aber ich bewunderte seinen enormen Fleiß und die Mühe, die er in seine Arbeit investierte, und er schätzte meine Intelligenz, weil ich in den entscheidenden Momenten immer neue, innovative und richtige Ideen hatte. Mir war bei der Arbeit immer viel wichtiger, allen zu zeigen, dass ich klüger bin als sie, als eine wichtige Position einzunehmen. Wissen war für mich immer Macht.

Mein größter Wunsch war, reich zu werden, nicht ein Milliardär zu sein, aber genug Geld für mich selbst und die Bedürfnisse meiner Familie zu haben. In dieser Zeit manifestierte sich tief in mir die Balkan-Tendenz, sich zu zeigen. Einmal beschloss ich, mit meinem älteren Sohn in St. Moritz Ski zu fahren. Ich wollte diese reiche Welt sehen und wollte, dass auch mein Sohn diese Welt sieht. Wir kamen nach St. Moritz und suchten dort ein Hotelzimmer. Das billigste kostete 350 Franken. Obwohl ich genug Geld hatte, nahm ich es nicht. Wir schliefen beide im Auto auf einem Parkplatz bei Minustemperaturen von sicher zehn Grad. Ob mein Sohn am nächsten Tag doch noch Ski fahren ging, weiß ich nicht mehr, aber ich lernte eine Lektion, die mich bis heute begleitet. Nur durch Verzicht erreicht man Reichtum oder Wohlbefinden und nicht durch Verschwendung.

Diese Erkenntnis war ein wichtiger Schritt in meinem zukünftigen Leben.

Das größte Kompliment machte mir ein pensionierter Arbeitskollege, der etwas von unserer Arbeit im Entwicklungslabor verstand. Seiner Meinung nach war ich der einzige Mitarbeiter im Unternehmen, der nur das machte, was er wollte, und nicht das, was andere Leute von ihm erwarteten. In einem Konzern muss sich ein Mann diese Freiheit und das Verunmöglichen anderer, sich in deine Angelegenheit einzumischen, durch Arbeit und Klugheit hart erkämpfen.

Ich las die Biographie von Nikola Tesla. Es interessierte mich, wer dieser Mann gewesen war, der durch seine Erfindungen die gesamte technische Welt verblüfft hatte und schlussendlich in bitterer Armut starb. Als ich alles gelesen und mir meine Gedanken gemacht hatte, erkannte ich, dass Nikola Tesla im wahrsten Sinne des Wortes ein dummer Mann aus dem Balkan gewesen war und immer blieb. Für mich war er ein törichter Mensch. Was meine ich damit? Ein Tor ist jemand, der in bestimmten Situationen nicht unterscheiden kann, was wichtig und was unwichtig in seinem Leben ist, was gut und was schlecht ist für sein Wohlergehen. Ein solch törichter Mensch kann den Sinn des Lebens nicht erkennen und wählt für sich selbst fast immer den falschen Weg. Er umgibt sich mit falschen Leuten, trifft regelmäßig falsche lebenswichtige Entscheidungen, arbeitet auf der falschen Position, lebt in Armut und ist nicht in der Lage, seine aktuelle Situation realistisch zu beurteilen und daraus die richtigen Schritte für die Zukunft abzuleiten. Wie wir an diesem Beispiel sehen, war Tesla trotz seiner Intelligenz nicht fähig, zur richtigen Zeit die richtigen Entscheidungen zu treffen, die für ihn und für seine Nachkommen von Vorteil gewesen wären. Solche Menschen verlieren sich in Details und sind nicht in der Lage, wichtige aktuelle und natürlich auch komplizierte Lebenssituationen zu meistern. Andere intelligentere und realistischere Leute bedienen sich mit den Ergebnissen ihrer Arbeiten und sahnen ab. Meiner Meinung nach sollte man solche törichten Leute, wie es Tesla war, nicht in den Himmel loben.

Sie verdienen es nicht, bewundert zu werden, aber sie verdienen es, dass ihre Unfähigkeit, klug zu handeln und ihr Leben zu verbessern, aufgedeckt wird. Der finanzielle Misserfolg eines solchen Genies müsste allen zukünftigen Generationen des Balkans Augen und Ohren öffnen. Ein Mann, der im frühen 20. Jahrhundert verschiedene Patente besessen hatte, mit denen er Millionär und seine Nachkommen Milliardäre hätten werden können, verschacherte diese Patente in seinem Wahn und im Wunsch nach etwas Gewinn für mickriges Geld. Dieser Mann verdient weder Ruhm noch Bewunderung, sondern unsere Verachtung, Spott und Bedauern. Ein Mensch, dem es nicht gelang, einen guten Geschäftspartner zu finden, der ihm helfen konnte, sein Wissen und seine Patente zu vergolden, bleibt immer ein echter primitiver und armer Balkaner, was meiner Meinung nach nichts ist, mit dem sich ein kluger Mann rühmen sollte. Seine absolute Armut im Alter und sein Ersuchen um eine Rente in seiner Heimat, der er selbst in keiner Weise etwas gegeben hatte, ist der Beweis meiner Behauptung.

Glücklicherweise kannte ich nicht viele Leute in der Schweiz und hatte keine größeren Probleme mit Balkanern. Ende 1990 flogen mein Bruder und ich von Split nach Novi Sad, oder ich war schon dort und er kam später, ich erinnere mich nicht mehr. Auf jeden Fall kamen wir gemeinsam mit dem Flieger nach Split zurück. Er betonte immer wieder, er sei Kommunist und Jugoslawe, und von dem konnte ihn nichts abbringen. Später trat er in die Partei der Jugoslawen in Šibenik ein, und dieses politische Engagement zerstörte definitiv die Möglichkeit, mit seiner Familie weiterhin in dieser Stadt leben zu können. Im Gegensatz zu ihm wusste ich immer, was ich bin. Die Tatsache, dass ich ein Serbe bin, hat mich weder mit Begeisterung erfüllt, noch machte es mich zu etwas Besonderem. Es war die traurige Realität, der ich am liebsten entkommen wäre, wenn ich es denn gekonnt hätte. Zum Glück lebte ich nicht mehr auf dem Balkan und war nicht mehr abhängig von den politischen Entscheidungen der kranken und korrupten Politiker, die wie stinkender Unrat an der Oberfläche des Balkansumpfes aufgetaucht waren. Für mich war ein unabhängiger Staat Kroatien kein größeres Problem, weil ich instinktiv erkannt hatte, dass die Kroaten erstmals die historische Chance hatten, endlich einen eigenen Staat mit festgelegten Grenzen, die praktisch die gesamte Adriaküste beinhalteten, zu bekommen. Die Grenzen der jugoslawischen Republiken hatte nach dem Zweiten Weltkrieg der damalige Tito-Stellvertreter Djilas gezeichnet und diese wurden als einziges Erbe von Titos Jugoslawien von den Kroaten von ganzem Herzen angenommen. Natürlich durften sie einen solchen historischen Moment nicht verpassen. Leider wählten die damaligen slowenischen, serbischen, kroatischen, muslimischen und albanischen Politiker den Krieg als schlechteste politische Option, diese neuen Miniatur-Nationalstaaten zu schaffen. Krieg als Fortsetzung einer völlig falschen Politik konnte ich selbst nie akzeptieren, aber ich wurde ja auch nicht gefragt. Von Titos Sozialismus akzeptierten die faschistischen und nationalistisch orientierten slowenischen und kroatischen politischen Kräfte einzig die Republikgrenzen und die Waffen der territorialen Verteidigung. Ein Blick auf die Landkarte Kroatiens zeigt, dass diese Grenzen unlogisch und strategisch nicht haltbar sind. Aber Djilas kam bei der Grenzziehung wohl nie in den Sinn, dass die Republiken Jugoslawiens eines Tages unabhängig sein würden, und deshalb zeichnete er so leichtfertig die Grenzen auf der Karte ein. Die kroatische Grenze zu Bosnien von Neum bis zur montenegrinischen Grenze betrachtend, wird jedem klar, dass kein kluger Kopf diese, so wie sie ist, festgelegt hätte. Kroatien erhielt nach Djilas Festlegung fast das gesamte Meer, aber für das bosnische und das serbische Volk war das Meer praktisch für immer verloren. Denn die historische Tatsache darf nicht vergessen werden, dass die serbische Armee zweimal im 20. Jahrhundert die westlichen Regionen des Balkans befreite. Schlussendlich ging ihr legitimer Einfluss auf die von ihnen befreiten slawischen Gebiete durch die dumme serbische größenwahnsinnige Politik, zuerst des Königreichs und dann durch die taktische Entscheidung Titos nach dem Zweiten Weltkrieg, verloren. Einzig Serbien war am Anfang des 20.

Jahrhunderts ein autonomer Staat, der freiwillig in das Königreich der Serben, Kroaten und Slowenen eintrat. Den meisten nationalen politischen Parteien aus den westlichen Regionen des Balkans blieb nichts anderes übrig, als sich Serbien im neu geschaffenen Königreich anzuschließen, da sie weder militärische noch intellektuelle Kräfte hatten, um bereits damals unabhängige Staaten zu schaffen. Die Slowenen waren noch unter österreichisch-ungarischem Einfluss und die Kroaten haben auch heute noch, also nach hundert Jahren, keine fähigen Leute, die in der Lage sind, ein Land vernünftig zu führen. Leider versuchten serbische Politiker, ihre westlichen Brüder mit unvernünftiger Gewalt ständig in ihre Nation zu überführen, um schließlich durch ihre hegemoniale Politik ihr eigenes Königreich zu zerstören. Am Ende des letzten blutigen Bürgerkrieges profitierten alle anderen Republiken des ehemaligen Jugoslawien, nur Serbien ging als Verlierer hervor. Der Kosovo ging verloren, ebenso der ehemalige große politische Einfluss, den die serbischen Minderheiten in Mazedonien, Kroatien und Montenegro innehatten.

Milosevics Politik der Gewalt versagte in dem Moment, als die europäischen Länder unter der Führung Deutschlands Kroatien anerkannten. Milosevic realisierte diese Tatsache erst, als es um den Kosovo ging und Flugzeuge der NATO Bomben abwarfen, aber dann war alles schon vorbei. Auf ausdrücklichen Wunsch der USA und der EU und dank ihrer großzügigen finanziellen Unterstützung wurde ein neuer Balkanstaat Kosovo geschaffen, der mit seiner Existenz bis heute allen seinen Schöpfern gezeigt hat, dass er nicht selbständig funktionieren kann. Weder haben die Albaner die geistige Kraft noch genügend gut ausgebildete Menschen, um ihr Land selbständig zu führen. Das Überleben des Staates Kosovo ist nur möglich mit der enormen finanziellen, logistischen und technischen Unterstützung der Europäischen Union und der USA. Die USA schufen den Staat Kosovo mit der Absicht, um mir reichlicher Hilfe der EU endlich eine Militärbasis auf dem Balkan zu erhalten, damit der Balkan auch in Zukunft ein Pulverfass in Europa bleibt. Amerikas verabscheuungswürdige Absicht ist, dass der Balkan mit seiner Hilfe in spätestens fünfzig Jahren die ganze Welt wiederum mit neuen Bürgerkriegen angenehm überraschen und die EU destabilisieren wird.

Nebst schrecklicher chauvinistischer Rhetorik, die ich teilweise in den kroatischen Medien, TV und Zeitungen verfolgte, war eines der schlimmsten Beispiele faschistischer Rhetorik die Zeitung „Šibenski list", die ich leider regelmäßig zugeschickt bekam und die ich während des ganzen Krieges las. Die Verbreitung von so viel Hass, Faschismus und Chauvinismus gegen Serben und Serbien, wofür sich nicht einmal „Der Stürmer" zu schämen bräuchte, machte mir klar, dass in Zukunft kein einziger Serbe mehr in Kroatien sicher sein würde. Außer dieser Zeitung gab es noch viele andere gefährliche Schriften und diese widerlichen niedergeschrieben Worte breiteten sich von 1991 an in ganz Kroatien wie eine Kloake aus und so ist es bis heute geblieben. Die Rechten beherrschten die Straße, verbrannten Bücher, verminten Häuser, zerstörten in ganz Kroatien Symbole des Staates Jugoslawien, verfolgten und töteten Serben in fast allen kroatischen Städten.

Natürlich ertrug mein Bruder diese ekelhafte faschistische Propaganda nicht. Im Frühjahr 1991 bekamen er und seine Familie fast täglich telefonische Anrufe mit Drohungen und Aufforderungen, Šibenik und Kroatien schnellstmöglich zu verlassen. Er hatte kein Vertrauen mehr, weder in die kroatische Polizei noch in die Mitbürger, und mit zwei kleinen Kindern war es ihm unmöglich geworden, in einer solchen schizophrenen Mitte zu leben. Irgendein Zahnarzt griff sogar seinen kleinen Sohn in der Zahnarztpraxis verbal so niederträchtig an, dass der kroatische Opa zu Hilfe kam und seinen Enkelsohn vor diesem kroatischen Schuft verteidigen musste. Außerdem hatte mein Bruder Angst, dass er in die kroatische Armee eingezogen werden könnte, falls er in Šibenik bleiben würde. An seinem Arbeitsplatz kommunizierten seine chauvinistischen kroatischen Kollegen nicht mehr mit ihm, sie gaben ihm auch keine Arbeit mehr. So begann er sich mit den hier arbeitenden Orthodoxen anzufreunden, die wie er ebenfalls geächtet und schikaniert wurden. Anfang August 1991 verließ er seinen Job, ohne gekündigt zu haben, und floh zu mir in die Schweiz. Auf dem Wege nach Banja Luka sah er seine ehemaligen Freunde, die jetzt als bewaffnete faschistische Freiwillige in der Nähe von Drniš die Verkehrswege von Knin nach Šibenik bewachten. Sie entdeckten ihn nicht im Bus und so konnte seine Reise weitergehen. Der Verkehr nach Zagreb wurde entweder über Rijeka oder über Banja Luka geleitet. Seine Familie blieb in der Wohnung unserer Eltern in Šibenik zurück. Als er zu mir kam, musste ich Geld auftreiben, um seine Reise nach Südafrika zu finanzieren. Dort hatte er eine Chance, eine Aufenthaltsgenehmigung für sich und später auch für seine Familie zu bekommen. In der Schweiz konnte er nur als Asylbewerber bleiben und das wollte er nicht. Meine Frau fand bei ihrem damaligen Chef einen Job für meinen Bruder und für mich. Wir mussten Werbekataloge für Arbeitsschuhe neu sortieren und am Ende war diese Arbeit sehr gut bezahlt. Ich war der Motor dieser anstrengenden Tätigkeit, obwohl ich daneben regelmäßig meiner Arbeit in der Fabrik nachging. Mein Bruder war mein Assistent und wie immer, wenn er arbeiten musste, war ihm alles zu viel. Mit Hilfe eines Bekannten aus Šibenik bekam mein Bruder ein Visum für Südafrika. Kurz bevor er abreiste, kamen seine Frau und seine zwei Kinder ebenfalls zu uns in die Schweiz, um hier auf ihr Einreisevisum für Südafrika zu warten. Sie verließen Šibenik am 16. September 1991, also in der Nacht, bevor der Stabschef der Stadt Šibenik den Angriff auf die Kasernen der jugoslawischen Armee befahl. Auf diese Weise versuchte er seine Garde zu bewaffnen. Der Versuch scheiterte, die Kasernen blieben weiter unter Belagerung und so kam der Krieg nach Šibenik. Einzelheiten dieser ersten Kriegswochen in Šibenik sind gut bekannt, obwohl die wirkliche Wahrheit nur Tropfen für Tropfen ans Licht kam. Am Telefon riet ich meiner Schwester, mit ihren Kindern von Šibenik weg an die Jadrija zu gehen. Das ersparte ihnen eine Menge Unannehmlichkeiten und gewährte ihnen ein ruhigeres Leben, dazu waren meine Eltern auch dort. Ihr Mann arbeitete zu dieser Zeit auf einem Schiff.

Die Frau meines Bruders und ihre Kinder schliefen in einem Zimmer, meine Söhne im zweiten und meine Frau und ich im dritten. Ich gewährte ihnen Gastfreundschaft, aber daneben passte ich gut auf, dass unser Familienleben nicht zu Schaden kam. Wir mussten arbeiten gehen, die Kinder die Schule und ihr Training besuchen. Meine Söhne waren damals achtzehn und acht Jahre alt, ich achtunddreißig. Im Oktober 1991 verließen auch meine Eltern die Jadrija und flüchteten zu mir in die Schweiz. Der Krieg und die begründete Furcht vor bewaffneten kroatischen Freischärlern jagten sie fort. Zu dieser Zeit herrschte in Kroatien Anarchie und viele Faschisten nutzten diese Gesetzlosigkeit aus, um in Städten und Dörfern nach Belieben zu agieren. Prügel, Mord und Folter an der serbischen Bevölkerung waren in vielen Städten in ganz Kroatien an der Tagesordnung. Da mein Bruder mit seiner Familie bis anhin zusammen mit meinen Eltern unter einem Dach gewohnt hatte, gab es wegen einiger offener Rechnungen immer Streitigkeiten. Das war nicht schwierig, weil niemand mit meiner psychisch labilen Mutter eine gemeinsame Sprache finden konnte. Als meine Eltern zu mir kamen, wollten sie nach alter Gewohnheit mit der Frau meines Bruders weiterhin streiten. Ich befahl ihnen, sofort damit aufzuhören, und machte klar, dass ich in meinem Haus keine Streitigkeiten dulden werde und dass sie sich daran halten müssen, wenn sie bleiben wollen. Für meine Eltern mietete ich ein Zimmer bei einer guten älteren Dame, die in der Wohnung unter uns lebte.

Mein Bruder hatte die Schweiz verlassen und überließ es mir, für seine Familie und später auch für Mutter und Vater zu sorgen. Nach etwa zwei Monaten hatte er es geschafft, ein Visum für seine Frau und seine Kinder zu bekommen. Ende November 1991 flog seine Familie über Luxemburg nach Südafrika. Das war eine große Erleichterung für mich und meine Familie. Die Eltern zogen dann zu uns in unsere Wohnung und blieben bis Februar 1992. Dann hatten sie das Gefühl, dass sich die Situation in Šibenik etwas beruhigt hatte. Gleichzeitig fürchteten sie zu Recht um ihr Hab und Gut in Kroatien. Die Angst, dass etwas mit ihrem Eigentum geschehen würde, bewahrheitete sich leider. Ihre Wohnung in Šibenik wurde während ihrer Abwesenheit ausgeraubt. Sie lebten dann weiterhin an der Jadrija, wo es viel ruhiger und sicherer war als in der Stadt. Damals hatte ich noch nicht viel Geld, weil ich das Ersparte in mein Haus an der Jadrija investiert hatte. Der Krieg und das Verhalten meiner Eltern waren für mich und meine Familie sehr anstrengend, sodass wir alle froh waren, als sie schließlich nach Šibenik zurückkehrten.

Im Spätsommer 1992 fuhr ich mit dem Auto an die Jadrija in mein Haus, in dem meine Eltern jetzt ständig lebten. In Šibenik gab es immer wieder Alarm und die Bewohner mussten sich in Schutzräume begeben. Für Nichtkroaten war der Aufenthalt in diesen Schutzräumen überhaupt nicht angenehm. Damals ging ich ans Gericht und beantragte einen kroatischen Pass. Meine Eltern bekamen ihre kleinen Renten, und ich gab ihnen so viel, wie es mir möglich war, damit sie überleben konnten. Was den Bürgerkrieg und die Ereignisse während des Krieges betraf, waren meine Eltern wie gewöhnlich in ihrem Leben nicht imstande, klar zu sehen, was in Kroatien tatsächlich passierte. Ich sagte ihnen damals, dass eines der Hauptziele der kroatischen nationalistischen Brüder die Vertreibung der kroatischen Serben sei. Sie glaubten es nicht. Meiner Meinung nach war das eines der Hauptziele Tudjmans und seiner faschistischen Gefolgsleute, um den Bürgerkrieg zu beginnen. Meine Eltern schauten während des Krieges TV Krajina und lebten praktisch in einem anderen Film. Aus Angst wollten sie die Realität um sich herum nicht zur Kenntnis nehmen. Leider zeigten die Ereignisse, dass ich mit meinen Prognosen richtig lag. Als ich von Šibenik in die Schweiz zurückgekommen war, meldeten mir meine Eltern, dass ihr Haus und eine Holzbaracke auf ihrem Anwesen an der Martinska von Nachbarn angezündet worden waren und alles abgebrannt war. Während ich also den kranken und faschistischen Kroaten zeigen wollte, dass ich für den kroatischen Staat bin und mir einen kroatischen Pass machen ließ, zeigten diese Unmenschen durch die Tat unserer Nachbarn, dass sie uns dort nicht haben wollten, und verbrannten unser Haus. Das Haus war ohne Bewilligung gebaut worden und in dieser hitzigen Zeit wäre es unklug gewesen, den Vorfall der Polizei zu melden. Als Serbe konnte man nur noch mehr Probleme bekommen. In fast ganz Kroatien herrschte von 1991 bis 1993 völlige Gesetzlosigkeit, bewaffnete Faschisten patrouillierten in entwendeten Autos ohne Nummernschilder in den Städten und mordeten diejenigen, die ihrer Ansicht nach ermordet werden mussten. Die Polizei, die Justiz und die Rechtsstaatlichkeit waren mit ethnischen Säuberungen beschäftigt, also in erster Linie mit dem Kampf um Positionen, Bürgerkrieg und Diebstahl von Eigentum und Rechten der verbannten serbischen Bevölkerung. Der Staat Kroatien war zu Beginn des Bürgerkrieges eine chaotische, kriminelle, verbrecherische und faschistische Organisation, in der jeder Verbrecher und Mörder nach Belieben walten konnte, wenn er schrie, dass er ein Kroate war. In einigen Städten waren damals zukünftige Kriegsverbrecher Herrscher über Leben und Tod, sie bedrohten das Leben normaler serbischer Mitbürger und zwangen sie, massenhaft nach Serbien und in die Krajina zu fliehen. In Herceg-Bosna und in Kroatien wurden die Gefängnisse geleert, die Kriminellen in Ustascha-Uniformen gesteckt, bewaffnet und für den Kampf um ein heiliges Kroatien in den Krieg geschickt. In die Häuser der geflohenen Serben zogen bewaffnete Faschisten ein, deren Aufgabe es war, legal das Eigentum den rechtmäßigen Besitzern wegzunehmen. An die Jadrija fuhr ich im Sommer 1993 und 1994, aber nach Šibenik ging ich nicht, weil es an der Jadrija viel sicherer war. Dort gab es keine Armee und keine Polizei, auch lebten dort nicht so viele Leute, weil die Mehrheit der Kroaten mobilisiert wurde. Während meines Aufenthalts in meinem Haus an der Jadrija hatte ich keine große Angst, aber mein Verstand sagte mir, wie ich mich zu verhalten hatte, und befal mir, auf diesem feindlichen Terrain sehr vorsichtig zu sein.

Später erfuhr ich, dass im Spätherbst 1991 ein Mitglied des Krisenstabes in Šibenik vorgeschlagen hatte, dass Kroaten jeden alteingesessenen orthodoxen Bewohner der Stadt Šibenik töten und die Leichen anschließend auf den Poljana-Platz „Marschall Tito" ausstellen sollten. So würde allen ehrenwerten Bürgern von Šibenik klar, dass die kroatischen Faschisten es ernst meinten mit der aktiven Säuberung der verhassten Serben in ganz Kroatien. Um das zu verhindern, brachten einige Mitglieder des gleichen Stabes auf eigene Initiative mehrere prominente orthodoxe Einwohner der Stadt ans Lokalfernsehen von Šibenik. Diese mussten vor Ort sich und die anderen Serben als Patrioten deklarieren, bereit für ein unabhängiges Kroatien zu kämpfen. Das war die Zeit, als die faschistischen Nationalisten das letzte Wort und leider auch die Waffen in ihren Händen hatten. In ganz Kroatien wurde die nichtkroatische Bevölkerung geschlagen, gefoltert und getötet. Die meisten dieser Faschisten, die sich heute als Verteidiger ihres Landes und als Freiwillige ausgeben, sind immer noch als graue Eminenzen an der Macht, eine viel schlechtere Kopie als Titos Partisanen. Sie bilden die öffentliche Meinung in ihrem schönen Kroatien. Sie verhalten sich damals wie heute in Kroatien wie ein Haufen Desperados im wilden Westen. Diese Desperados kamen in eine Stadt und besetzten sie, töteten ehrenwerte Bürger, festigten ihre Macht und begannen, langsam und systematisch die einheimische Bevölkerung auszurauben. Ein guter Teil der kroatischen Kriegsveteranen haben, wie einst die Desperados, vom kroatischen Staat Renten, Wohnungen, Häuser und zahlreiche andere Privilegien erhalten. Dadurch höhlen sie den heutigen Staat langsam aus und zerstören ihn systematisch. Sie verteidigen krampfhaft ihre erhaltenen Privilegien und wollen immer noch ein Stück mehr vom Kuchen, der ihrer Meinung nach ihnen gehört. Wie man aus schlechtem Mehl kein gutes Brot machen kann, so kann mit schlechten Menschen kein gutes, demokratisches und wohlhabendes Land entstehen. Dieses Axiom gilt für alle neu entstandenen Balkanstaaten.

Einer der glücklicheren Momente in dieser traurigen Zeit unseres Lebens war, als ich im Februar 1992 die schweizerische Staatsbürgerschaft erhielt, das heißt, ich wurde Schweizer, bevor ich einen kroatischen Pass bekam. Ich fühlte mich wie wiedergeboren. Plötzlich konnte ich reisen, wohin ich wollte und musste auf Dienstreisen keine Angst mehr vor Staatsgrenzen haben. Ich wurde ein freier Europäer, ein Schweizerbürger. Die kroatischen Papiere hatte ich damals beantragt, weil ich immer noch dachte, dass die Demokratie den faschistischen Abschaum besiegen würde und weil ich immer noch einige Immobilien in Kroatien besaß, die ich so schnell wie möglich verkaufen wollte.

Mich persönlich störte der kroatische Staat nicht, aber bis heute stören mich die verklemmten, unfähigen, bösartigen kroatischen Nationalisten und Chauvinisten und die zahlreichen faschistisch orientierten Verbrecher, die Kroatien in jenen Jahren regierten, die sich heute Freiwillige des vaterländischen Krieges nennen und den kroatischen Raum verpesten. Sie wurden nie bestraft, und ich glaube nicht, dass sie im heutigen und auch im künftigen Kroatien jemals für ihre während des Bürgerkrieges begangenen Verbrechen verurteilt werden. Es gefiel mir nicht und gefällt mir auch heute nicht, dass es viele Kriegsverbrecher geschafft haben, ins Parlament gewählt zu werden, an die Spitze der Polizei und der Justiz zu gelangen oder in diplomatischen Vertretungen zu sitzen. Leute wie sie können die Demokratie nicht besiegen, nach ihrem endgültigen Abschied aus der Politik wird wieder blaues kroatisches Blut fließen. Wir haben aus der Geschichte gelernt, dass der Faschismus sich selbst physisch nicht ausrotten kann. Diese Faschisten sind schuld an Massentötungen, Verfolgungen und Vertreibungen von Menschen aus ihren Häusern.

Erst etwa zehn Jahre nach Ende des Bürgerkrieges konnte man erkennen, dass nicht die gesamte kroatische Gesellschaft verbrecherisch, chauvinistisch, nationalsozialistisch oder faschistisch ist, aber dass bis zu zwei Dritteln der heutigen Kroaten genau das sind. Die kroatische politische Gesellschaft von Abschaum zu säubern, wird die Pflicht aller kroatischen Parteien in den nächsten fünfzig Jahren sein, obwohl ich persönlich nicht glaube, dass das auf eine saubere, demokratische Art und Weise möglich sein wird. Der primäre Lebenszweck all dieser Menschen ist, Serben zu hassen und durch das kontinuierliche Ausrauben Kroatiens sich einen persönliche Vorteil und ein besseres Leben für sich und ihre Nachkommen zu schaffen. Hass hat niemals jemandem etwas Gutes gebracht. Diese Menschen verstehen sich sehr gut mit den Gleichgesinnten auf der serbischen Seite, zusammen bilden sie einen unerträglichen Abschaum.

Natürlich bin ich sehr kritisch gegenüber Kroatien, weil dort direkt meine Existenz gefährdet war und noch immer ist, konkret mein Leben und mein Überleben. Aber ich bin durchaus auch kritisch gegenüber den dummen kroatischen Serben, den Serben aus Serbien, ihrer falschen und kriminellen faschistischen Politik und ihren Grausamkeiten, die sie im Namen der Serben in Kroatien, Bosnien und im Kosovo begangen haben. In Serbien und der Republik Serbien ist die Schar korrupter Politiker und uniformierter Schläger offensichtlich, teilweise prozessiert, aber nicht ausgerottet worden. Serbien und Kosovo sind die einzigen Länder in der Region, welche mehrheitlich Polizeikräfte aus kriminellen Banden rekrutieren, die in den Kriegsgebieten geplündert und gebrandschatzt haben, wo die Regierungen offen mit Kriminellen, Mördern und Drogenhändlern zusammenarbeiten. Für die Bevölkerung sind die Drogendealer wie Helden, weil die westliche Jugend durch Drogenschmuggel vergiftet wird. Montenegro, Serbien und Kosovo sind Staaten, in denen Kriminelle mit Polizei und Politik gut zusammenarbeiten. Diese Länder werden meiner Meinung nach noch einen viel längeren Heilungsprozess als Kroatien brauchen. Es ist eine beschämende Tatsache, dass heute in Serbien sowohl der Totengräber Nikolic als Präsident als auch die Marionette Vucic als Premierminister demokratisch gewählt wurden. Diese Tatsache ist die Bestätigung meiner These, dass die letzten Balkanbürgerkriege von verschiedenen Faschisten angezettelt wurden. Danach haben sie mit nationalistischer Propaganda schnell die dummen Volksmassen infiziert. Es kann offen gesagt werden, dass in allen Balkanländern über fünfzig Prozent der Bevölkerung Kriminelle unterschiedlicher Profile sind. Nur vielleicht die Vorschulkinder sind noch unschuldig geblieben. All diese anderen Nichtsnutze leben auf Staatskosten. Durch gezielte faschistische Erziehung wurde in allen Schwellenländern auf dem Balkan seit über zwanzig Jahren die Jugend vergiftet, und diese jetzt aufwachsende Verlierergeneration wird nie in der Lage sein, etwas zum Positiven zu ändern. Deshalb beherrschen in diesen Ländern auch heute noch weitgehend die gleichen negativen Kräfte die politische Szene wie in den neunziger Jahren des vergangenen Jahrhunderts und werden bleiben, bis sie aussterben. Junge linke, progressive Strukturen gibt es in diesen faschistischen Gebilden einfach nicht. Nach der Ermordung von Djindjic gelang es Serbien glücklicherweise, sich eines Teils des kriminellen Abschaums in und um die Regierung zu entledigen, aber der Weg zur vollständigen Genesung ist noch sehr lang und auch fraglich. Demzufolge sind diese inkompetenten, praktisch reaktionären Balkankleinstaaten nichts anderes als anarchische Untergrundgesellschaften mit zerstörter Justiz und zivilgesellschaftlichen Strukturen, die infiltriert sind durch unterschiedlichste krankhafte Schwachsinnige, Spione und durch die kriminalisierte Polizei, also eine Polizei, die durchsetzt ist von Kriminellen, Mördern, Dieben und Drogenschmugglern. All diese Kleinstaaten brauchen eine blutige Revolution, um in den Zustand vor 1989 zu kommen. Die Mitgliedschaft in der Europäischen Union ist keine Garantie für ein besseres Leben, weil es keine positiven intellektuellen Kräfte gibt, die aus armen Ländern reiche Länder macht. Slowenien, Bulgarien, Rumänien und Kroatien sind ein gutes Beispiel für diese These.

Völlig enttäuscht vom Balkan und von meinen früheren Landsleuten, begann ich 1993 die Welt zu bereisen, um ein Land weit weg von Europa zu suchen, wo ich mit meiner Familie in Zukunft leben könnte. Es waren interessante Reisen und für mich persönlich sehr nützlich, weil ich nach dem negativen Schock des Bürgerkrieges zu mir selbst kommen, neue Erkenntnisse finden und neue Horizonte suchen musste. Vielleicht werde ich später mehr über diese teuren Reisen schreiben. Diese Ausflüge in die große, weite Welt erlebte ich wie die Öffnung eines neuen Kapitels in meinem Leben. Ich ging nach Südafrika, Mexiko, Ka-

nada, Belize, in die Dominikanische Republik und in die USA.
Ich suchte ein Land möglichst weit weg von Europa, weil Europa dem Balkan zu nahe war, von dem ich dringend weg wollte.
Nachdem ich all diese Länder bereist und die Lebensumstände in diesen Ländern etwas kennengelernt hatte, erkannte ich, dass die Schweiz für mich und meine Familie der beste Ort zu leben auf der ganzen Welt ist. Dieses Wissen war eine große Erleichterung für mich. Ich begann aktiv nach einem Haus Ausschau zu halten, wo ich mit meiner Familie schön und ruhig für eine längere Zeit leben konnte. Ich suchte kein Einfamilienhaus, sondern ein größeres Haus mit zwei oder drei Wohnungen, da ich zwei fast erwachsene Söhne hatte. In dieser Zeit waren genug Immobilien auf dem Markt und viele wurden versteigert, weil es eine Zeit der Immobilienkrise war, die sich im Westen etwa alle zwanzig Jahre wiederholt. Die Besitzer dieser Häuser waren meist Spekulanten, die von Banken leicht Kredite erhalten hatten und später, als die Zinsen stiegen, nicht mehr in der Lage waren, diese Kredite zurückzuzahlen. Während meiner Fahrradtouren durch die Stadt suchte ich intensiv ein Haus, das meiner Ansicht nach geeignet für uns als Familie war.

Nach der Operation Sturm (Oluja) von 1995 ging ich für mehrere Jahre nicht mehr nach Kroatien. Ich wollte die kroatischen Sieger, die sich in Mörder und Räuber gewandelt hatten und die ich leider kannte, nicht sehen. Meine Eltern nutzten meine Abwesenheit und nahmen mein Haus an der Jadrija ganz in ihren Besitz. Jetzt, nachdem sie es – wie sie selbst erzählten – vor Plünderung und Brandstiftung seitens kroatischer Störenfriede gerettet hatten, fühlten sie sich als rechtmäßige Besitzer. Sie machten im und ums Haus, was ihnen gerade in den Sinn kam, und hielten es nicht mehr für notwendig, mich zu fragen. Sie sahen in dem Haus tatsächlich ihre Kriegsbeute. Im Sommer 1997 kaufte ich einen BMW 520, den ich bis 2014 fuhr. Die letzten drei Jahre war das Auto auf meinem Anwesen in Kroatien und ich fuhr es nur noch dort. Es war das teuerste Auto, das ich je gekauft hatte. Als ich das erste Mal nach dem Krieg mit meinem jüngeren Sohn und meiner Frau mit diesem

BMW nach Šibenik fuhr, hatten wir auf der Rückreise einen Motorschaden. Nach einer weiteren Panne, diesmal etwas später auf einer Fahrt ins Wallis, brachte ich das Auto in die Werkstatt. wo der komplette Motor ausgewechselt wurde. Insgesamt kostete mich dieses Auto fast 30.000 Franken. Weil ich so viel investiert hatte, musste ich es so lange Zeit fahren.

In der Schweiz suchte ich in den Zeitungsanzeigen nach Häusern, die zum Verkauf standen, und bald stieß ich auf ein herrschaftliches Haus. Im Herbst 1998 kaufte ich schließlich dieses Haus in der Stadt, wo wir wohnen, wo meine Söhne das Gymnasium abschlossen und wo jetzt meine Enkelkinder in die Schule gehen. Dieses Haus ist für mich und meine Familie unser neues Zuhause geworden. Es war beruhigend zu wissen, dass meine neue Heimat und unser neues Zuhause sich in diesem lieblichen Schweizer Kulturstädtchen befanden, wo die Menschen auch lächeln, wenn sie arbeiten müssen, wo man sagen kann, dass hier vor allem gute und zufriedene Menschen leben und nur wenig Abschaum. In meiner alten Heimat ist dieses Verhältnis genau das Gegenteil. Wer es nicht glaubt, sollte einmal auf den Markt in Šibenik oder in einer anderen dalmatinischen Stadt gehen, dort die Leute sehen und hören, wie sie Lebensmittel verkaufen und kaufen, danach an den Bodensee kommen und das Gleiche tun. Wer nicht blind und taub ist, wird verstehen, wovon ich spreche.

Mein Haus liegt an der Grenze zu Deutschland, neben dem Hauptzoll und der Hauptstraße, hat einen Keller, ein Erdgeschoss und zwei Stockwerke. Es wurde im Jahr 1890 gebaut. Ein schwedischer Architekt kaufte später das Haus und renovierte es 1988 komplett. Nach zehn Jahren ging ihm das Geld aus, er konnte seiner Bank die Schulden nicht mehr zurückzahlen und das Haus kam zur Versteigerung. Ich nahm Kontakt mit den Beamten des Konkursamtes auf und erhielt einen Besichtigungstermin. Ich sah sofort, dass es genau das war, wonach ich gesucht hatte. Das Haus liegt an der Grenze zu Deutschland und ist in der Tat im Zentrum von Konstanz. Darüber hinaus sind der deutsche und der Schweizer Bahnhof in nur fünf Minuten zu Fuß erreichbar und die Autobahn ist weniger als einen Kilometer vom Haus entfernt. Das Wichtigste war, dass ich in diesem Hause mit meiner Familie leben und zugleich mindestens eine Wohnung und/oder den Gewerberaum im Erdgeschoss vermieten konnte. Auf diese Weise dachte ich an die Zukunft, das Haus abzuzahlen und mit der Zeit zu versuchen, einen Gewinn zu machen.

Am Anfang war meine Frau mit dem Hauskauf nicht einverstanden, weil sie es noch nicht gesehen hatte und auch der Meinung war, wir seien nicht in der Lage, ein solches Haus zu finanzieren. Sie nahm mit unserem älteren Sohn einen zweiten Besichtigungstermin wahr und war danach nicht mehr abgeneigt. Ich hatte mich bereits entschieden und nahm Verhandlungen mit mehreren Banken wegen einer Hypothek auf. Meine Frau ist immer skeptisch gegenüber etwas Neuem in unserem Leben gewesen, vom Teppichkauf bis zur größten bisherigen Investition, dem Erwerb eines Hauses. Meinem Sohn war das Haus zu alt und lag im falschen Stadtteil. Ich muss noch erwähnen, dass er zu dieser Zeit Student war, schon fünfundzwanzig und kurz vor Beendigung seines Studiums.

Es interessierte mich, welchen Kredit mir die Banken für den Erwerb der Immobilie geben würden. Eine Bank war bereit, mir einen Kredit bis 400.000 Franken zu gewähren, wenn ich einen Teil meiner Pensionskassengelder investierte. Andere Banken waren nicht so kooperativ, sie verlangten zwanzig Prozent als Anzahlung und die ganze Summe der Pensionskasse. Zum Glück hatten wir Ersparnisse in Höhe von 50.000 Franken. Um an der Versteigerung teilzunehmen, kaufte ich einen Scheck für diesen Betrag und ging zusammen mit meiner Frau zur Versteigerung. Sie erkannte schließlich, dass ich, wenn ich mir etwas vornehme und danach strebe, dies auch zu Ende führen würde. Auf der Auktion waren relativ viele Leute, aber zum Glück nur wenige, die bereit waren, genug Geld für dieses Haus zu bieten. Ein Vertreter der Bank war ebenso anwesend. Er musste aufpassen, dass die Immobilie nicht unter 400.000 Franken wegging. Das erste Gebot von 100.000 Franken kam von einem Asiaten. Später meldete er sich nicht mehr, ich denke sein Limit war erreicht. Ich überbot sein Angebot um tausend Franken, was für das Bieten akzeptiert war. Bald war allen klar, dass ich das Haus wirklich kaufen wollte. Wir kamen auf 380.000 Franken und ich bot tausend Franken mehr. Es blieb noch ein Mitbieter, ein Mann, an den ich mich heute überhaupt nicht mehr erinnern kann. Er war kein Freund, eher ein Gegner und ich wollte ihn auch nicht kennenlernen. Der Narr erhöhte auf 400.000 Franken, ich wieder tausend mehr. So ging es weiter bis 420.000 Franken. Dann bot ich 421.000 Franken und zum Glück erhöhte er nicht mehr. Ich wäre bereit gewesen bis 451.000 Franken zu gehen.

Ich kaufte dieses Haus für 421.000 Franken, gab dem Beamten den Scheck über 50.000 Franken und unterzeichnete den Vertrag. Jetzt gehörte das Haus je zur Hälfte meiner Frau und mir. Von der Bank bekam ich später einen Kredit über 441.000 Franken. Meine ersparten 50.000 Franken erhielt ich zurück, also kaufte ich das Haus ohne einen Franken Eigenkapital. Die Bank saß zwar zur Sicherung auf 100.000 Franken meiner Vorsorgegelder, aber nach Rückzahlung dieses Schuldenbetrages wurden die Pensionskassengelder automatisch wieder freigegeben.

In den nächsten zehn Jahren schaffte ich es, der Bank diese 100.000 Franken zurückzuzahlen. Heute beträgt die gesamte Hypothek auf das Haus etwa 280.000 Franken. Das Haus wurde jetzt auf über 1 Million Franken bewertet, aber ich würde es nicht unter 1,5 Millionen Franken verkaufen, da es in der Stadt praktisch keine freistehenden Häuser und leeren Wohnungen gibt, die zum Verkauf angeboten werden. Mein reicher, unhöflicher und unüberlegter Nachbar wird es nicht unter zwei Millionen Franken bekommen, weil ihm mein Haus am meisten dienen könnte. Mit dem Erwerb meines Hauses könnte er beide Grundstücke zusammenlegen, die bestehenden Gebäude abreißen und ein neues Gebäude mit zehn Stockwerken erstellen. Auf diese Weise käme er zu einer Menge Wohnungen und Geschäften, die er verkaufen oder vermieten könnte.

Am 11.11.1998 zog ich in mein Haus ein. Ich veranstaltete ein kleines Fest, zu dem ich Freunde, Bekannte und Mitarbeiter einlud. Auch meine Eltern aus Šibenik waren gekommen. Sie wussten nicht, dass ich ein Haus gekauft hatte, die Überraschung war gelungen. Mein Vater half mir in den nächsten Monaten, das Haus etwas zu renovieren. Meine Mutter, wie üblich in Zeit und Raum verloren, lebte ständig unter Sedativa und Injektionen für ihren Diabetes. Mein Vater war mit seinen neunundsechzig Jahren noch fähig körperlich zu arbeiten. Diese Arbeiten an meinem Haus waren das Letzte, was er an physischen Arbeiten in seinem Leben gemacht hat. Später widmete er sich der Pflege seiner Frau. Die Gewerbefläche im Erdgeschoss konnte ich einer Journalistengemeinschaft vermieten und in der Wohnung im ersten Stock lebte mein jüngerer Sohn mit einem französischen Arbeitskollegen in einer Wohngemeinschaft. Seit dieser Zeit wohnen meine Frau und ich allein in der Dachwohnung von ca. achtzig Quadratmetern. Das mittlere Zimmer der Wohnung im ersten Stock war zuerst für Gäste reserviert. Bald zog der ältere Sohn wieder bei uns ein und lebte für ein paar Monate in diesem Zimmer. Später zog er mit seiner zukünftigen Frau zusammen und sie wohnten mehrere Jahre in einer Mietwohnung.

Bereits vor dem Bürgerkrieg auf dem Balkan war ich fest entschlossen, das Haus an der Jadrija zu verkaufen, und ich wartete nur ab, bis sich die Situation in Kroatien leicht stabilisiert hatte, um meine Pläne umzusetzen. Nach dem Krieg hatte Kroatien Darlehen von einer Vielzahl befreundeter Banken aus ganz Europa bekommen und darauf begann an der Adria eine rege Bautätigkeit. Mit Hilfe von ausländischen Banken begannen Kriegsprofiteure Häuser und Wohnungen zu bauen. Da ich das Haus schnellstmöglich verkaufen wollte, bot ich es zu einem moderaten Preis an. Am schwierigsten war es, meine Eltern zu überzeugen, mein Haus zu verlassen, nach Šibenik zurückzukehren und mir damit die Gelegenheit zu geben, das Haus zum Verkauf vorzubereiten.

Obwohl ich eine Agentur mit dem Verkauf beauftragt hatte, fand ich den Käufer praktisch allein. Da ich aber in Kroatien niemandem traute, wickelte ich die Formalitäten des Hausverkaufs schließlich doch über die Agentur ab. Nach Vertragsabschluss fühlte ich eine große Erleichterung und war glücklich wie bei einem großen Lottogewinn. Ich gab meiner Schwester und meinen Eltern etwas Geld und entledigte mich somit dieses Elends. Den Erlös aus dem Hausverkauf benötigte ich, um eine gewisse finanzielle Sicherheit für unser Leben in der Schweiz zu gewährleisten. Den Kauf eines neuen Zuhauses in der Schweiz und den Verkauf des Hauses der Zwietracht an der Jadrija betrachtete ich als den größten Fortschritt für mich und meine Familie. Ich war sehr zufrieden mit der Verwirklichung meiner intelligenten und wichtigen Entscheidungen. Die Mitglieder meiner engeren und weiteren Familie dachten nicht so, weil sie wie immer in der Vergangenheit weilten und nur an ihre eigenen Interessen dachten und nicht an meine. Durch den Verkauf des Hauses machte ich mich praktisch frei vom Balkan und seinen Einwohnern, weil meine dalmatinische Familie mich nicht mehr erpressen konnte. Leider hinterließ mir später meine Mutter etwas karstiges Land an der Martinska und ich wurde von neuem Geisel meiner Verwandtschaft.

Es ist an der Zeit, mein wirkliches Leben von Beginn der letzten Balkanbürgerkriege an zu beschreiben. 1992 wurde ich Schweizer und diese Tatsache erfüllte mich und erfüllt mich heute noch mit Stolz. Um die schweizerische Staatsbürgerschaft zu erhalten, musste ich mich nicht allzu sehr anstrengen. In jenem Jahr trat das Gleichberechtigungsgesetz von Mann und Frau in der Schweiz in Kraft und aufgrund dieses Gesetzes wurde ich dank meiner Ehe mit meiner Schweizer Frau erleichtert eingebürgert. Noch bevor das Gesetz angewendet wurde, schickte ich schon meine Bewerbung ab, weil der Wunsch, Schweizer zu werden, riesig war. Endlich konnte ich als ein ehrenwerter Mann durch die Welt reisen und nicht wie ein mieser Balkaner. An den Grenzen dauerte fortan die Überprüfung meiner Papiere nur ein paar Sekunden. Alle normalen Menschen im Westen

waren entsetzt von den blutigen und unzivilisierten Grausamkeiten, die täglich auf dem Balkan stattfanden, wo der Nachbar
seinen Nachbarn umbrachte. Ermüdet von den schrecklichen
Nachrichten und Bildern, die von den Medien jeden Tag über-
liefert wurden, wuchs das Misstrauen gegen diese wilden und
blutrünstigen Balkaner und die Schweizer suchten einen sicheren Abstand zu ihnen. Man mied sie in der Firma, auf der Straße, bei der Arbeit, im Zuge, überall, wo es möglich war. Es war
ihnen nicht zu verdenken, denn schnell war zu erkennen, dass
es bei diesem zivilen Abschlachten auf dem gebirgigen Balkan
kein Gut oder Schlecht gab, obwohl manche Medien vom Gegenteil überzeugen wollten. Das Wissen über diese üblen, bösen, blutrünstigen und rücksichtslosen Menschen wird in der
Erinnerung aller normal denkenden Menschen im Westen bleiben. Seitdem gilt „Jugo" als Synonym für den kriminellen, un-
erwünschten Menschen vom Balkan, auch wenn er heute eine
andere Nationalität seine eigene nennt. Diese verheerenden Fak-
ten sind tief im Gedächtnis der Menschen im Westen eingra-
viert und sie werden ihre Meinung über die wilden Jugos noch
lange nicht ändern.

Als ich vor vierzig Jahren in den Westen und somit in die
kapitalistische Welt kam, waren wir damalige Jugoslawen elo-
quent, gut aussehend, fleißig, freundlich, aufmerksam, manchmal sogar charmant. Von diesen Eigenschaften ist bei der Mehrheit dieser von Krieg und Nationalismus betroffenen Menschen
absolut nichts mehr übrig geblieben. Heute sind die Balkaner
ein Haufen Mörder und Verlierer, die sich gegenseitig verbal
und körperlich angreifen. Einige von ihnen gingen sogar über
das Wochenende oder während des Urlaubs in die Schlacht in
ihr eigenes Land, um andere zu erschießen und zu töten, andere unterstützten finanziell stark ihre Balkanbrüder und ein
Teil hat etwas sehr Kluges für den Westen gemacht. Sie halfen
dem Westen sauberer zu werden, weniger Balkanabschaum auf
den Straßen zu haben. Diese Neandertaler gingen zum Glück
für immer in ihre neu geschaffenen kleinen Staaten zurück,
um dort weiterhin ihr elendes Dasein zu leben. Viele von ihnen

machten eine politische Karriere und wurden in ihrer Heimat vermögend, weil unter den Blinden der Einäugige König ist. Ich versuchte im Alltag und bei der Arbeit besser und sympathischer zu sein als der typische Balkaner. Ich war fleißig, verhielt mich korrekt und höflich, sprach und diskutierte fast mit niemandem über die dreckigen Balkankriege. Schließlich war ich jetzt Schweizer und als solcher sah ich mich auch. Nachdem ich 1993 Johannesburg, Belgrad, Novi Sad und Šibenik besuchte hatte, hatte ich für immer und ewig genug vom Balkan und seinen Bewohnern, war überdrüssig des Elends, der Trauer und der Gewalt. Am liebsten hätte ich jeden Kontakt mit dem Balkan, diesem unzivilisierten Teil Europas, abgebrochen. Aber die wenigen Verwandten und das bisschen Eigentum, das ich immer noch auf dem Balkan hatte, zwangen mich, weiteren Kontakt zu unterhalten.

Ich gab mir viel Mühe, möglichst wenige Leute vom Balkan in der Schweiz zu treffen, und nur das hat mir geholfen, normal zu funktionieren. Also war mein erster großer Sieg, den ich während und nach dem Bürgerkrieg erkämpft hatte, ein Sieg über die Balkanseele in mir. Es war ein harter Kampf, den ich leider tagtäglich für den Rest meines Lebens fortsetzen muss. Den Balkan aus sich herauszureißen ist wie die Befreiung von einer Sucht, die täglich bekämpft werden muss, um schließlich von ihr loszukommen.

Die Kroaten erwiesen sich als sehr schlechte und langfristig gesehen als schwachköpfige Gewinner des Bürgerkriegs in Kroatien. Nachdem der Krieg gewonnen war und die Serben aus ihren jahrhundertealten Heimstätten vertrieben worden waren, bestand ihre einzige Aktivität darin, die unversehrt gebliebenen Gebiete der Krajina zu plündern. Viele alte Leute, die in ihren Dörfern geblieben waren und den falschen Versprechungen des ersten kroatischen Präsidenten glaubten, die über das Radio verbreitet worden waren, wurden getötet und ihre Häuser abgebrannt. Nach Raub, Brandstiftung und Totschlag wurden die verlassenen und zerstörten Städte und Dörfer der Krajina von der kroatischen Regierung in Besitz genommen. Das

Wichtigste für sie war, diese verlassenen Gebiete jetzt mit irgendwelchen Leuten, die mit zahlreichen Versprechungen angelockt wurden und die sich nun als Kroaten erklärten, zu besiedeln und so endlich das Gebiet in Kroatien zu integrieren. Sie brachten Kosovaren dorthin, danach wütende, arbeitsscheue und bedürftige Kroaten aus Bosnien und zornige Menschen auf der Suche nach Beute aus ganz Kroatien. Diese neu angesiedelten Menschen waren und sind von einem tiefen Hass auf die alteingesessenen Serben durchdrungen, weil sie zum Teil selbst von anderen Serben oder Muslimen aus ihren Häusern vertrieben worden waren. Das Parlament verabschiedete massenhaft Okkupationsgesetze, mit denen die vertriebenen Serben ihrer verlassenen Häuser, Wohnungen und landwirtschaftlichen Betriebe beraubt wurden und diese an kroatische Kriegsgewinner verteilt wurden. Die kroatische Okkupationsmacht verteilte die Staatsstellen und machte den neu angesiedelten Kroaten, wie es sich heute zeigt, viele leere Versprechung. Natürlich waren es die serbischen Verräter, welche die kroatische Besatzungspolitik in der Krajina mitlegalisierten. Die kroatische Administration hatte damals wie heute nur ein Ziel, das restliche serbische Eigentum vollends zu plündern und aktiv die mögliche Rückkehr der Serben in ihre ursprüngliche Heimat zu verhindern. Die wenigen Rückkehrer werden rund um die Uhr belästigt, durch Hassreden, nationalistische Lieder und tägliche administrative Schikanen provoziert, sodass sie erkennen mussten, dass es am besten war, unsichtbar und unhörbar zu bleiben, um die Sieger nicht zu stören und nicht zu verärgern. Heute, sechsundzwanzig Jahre nach Ausbruch des Krieges, herrscht in den besetzten Gebieten der Region Šibenik-Knin wahre Apartheid. Die zahlenmäßig unterlegene serbische Population ist dem Druck der überwiegend kroatischen Bevölkerung ausgesetzt. Sie können keine Arbeit finden, kein Gewerbe eröffnen, ihre Produkte nicht in der Küstenregion verkaufen, es wird ihnen sogar verboten, ans Meer zu gehen und dort zu baden. Sie können als Straßenkehrer arbeiten und die meisten Kroaten würden eigentlich wünschen, dass diese von ihren eigenen Landsleuten in Serbien wegen ihrer Rückkehr nach Kroatien verachteten Armen echte Sklaven ohne Menschenrechte sind. Die Mächtigen und die kroatische Bevölkerung stehen hinter dem kriminellen Verhalten der Mehrheit gegenüber der Minderheit in der Krajina. Diese kroatische Apartheid ist die Grundlage und der Zweck der kroatischen Besatzungspolitik in den letzten zwanzig Jahren seit dem Ende des Bürgerkrieges. Leider befinden sich Gebiete wie Ostslawonien, die von den kroatischen Streitkräften niemals befreit wurden, in der gleichen Situation wie die Krajina, weil die kroatische Verfassung und zahlreiche unterzeichnete Staatsverträge von den lokalen kroatischen Behörden einfach nicht respektiert werden. Wer heute in Kroatien einem Serben irgendeinen Schaden zufügt, befindet sich in einer gesetzfreien Zone, weil niemand in der korrupten kroatischen Justiz die bestehenden Gesetze durchsetzen will. Durch Verzögerungstaktik wird abgewartet, bis die Streitigkeiten erst nach Beerdigungen enden. Meiner Meinung nach ist der Faschismus in Kroatien Realität. Für die aktuelle nationalsozialistische Regierung in Kroatien existiert das Problem der nationalen Minderheiten nicht, in Kroatien fließen Milch und Honig und somit ist alles in Ordnung. Ein Staat, der nicht in der Lage ist, realistisch und wahrhaftig seine jüngere Vergangenheit zu interpretieren, ist inkompetent und zum Scheitern verurteilt. Heute ist in der Europäischen Union niemand bereit, mit Lügnern und dummen Ignoranten der kroatischen Politik seine Zeit zu verlieren. Die inoffiziell eingeführte Apartheid in Kroatien ist auf lange Sicht gesehen nicht intelligent und ich bin zutiefst davon überzeugt, dass sich das eines Tages rächen wird. Einige neue kroatische Serben aus Australien, den USA, Serbien und Bosnien, welche in zwanzig Jahren in ihre Häuser, die die Kroaten nicht in der Lage zu rauben waren, werden völlig verständlich wieder große Feinde Kroatiens sein. Falls sie einmal die kritische Grenze von fünf Prozent der Bevölkerung in Kroatien übersteigen werden und falls sich die Kräfte in der Weltpolitik nur etwas verändern sollten, dann wird Kroatien nie mehr Frieden haben.

In der kroatischen Regierung sind zurzeit der Präsident, der Vizepräsident des Parlaments, der Minister für Kultur, um nur einige zu nennen, erklärte Ustaschas. In Zagreb ist es normal geworden, dass die Ustaschas ihre Parteimitglieder in schwarzen Uniformen aufmarschieren lassen. Der gleichzeitig stark aufkommende Faschismus in Serbien und der Einzug neuer faschistischer, von Seselj angeführter Kräfte im serbischen Parlament sind ein Zeichen dafür, dass die kroatischen und serbischen Faschisten sich für eine große Abrechnung vorbereiten.

Kroatien als Sieger des Bürgerkrieges hätte nach zehn Jahren versuchen sollen, ehrlich die Hand zur Versöhnung auszustrecken, um die besiegten Krajinaserben davon zu überzeugen, dass Kroatien auch ihre Heimat ist und man nun in Frieden und Demokratie den Wiederaufbau versuchen will. Aber die hasserfüllten kroatischen Faschisten begannen gerade den Bürgerkrieg mit dem Ziel, die Serben endgültig aus Kroatien zu vertreiben und ihre kroatischen faschistischen Massen zu homogenisieren. Alles, was das kroatische Verhandlungsteam mit der Europäischen Union in Bezug auf die serbische Minderheit und deren Integration vertraglich festgelegt hatte, wurde nach dem Beitritt Kroatiens zur Europäischen Union augenblicklich vergessen. Die Europäische Union hat derzeit andere Probleme, aber soviel ich weiß, haben die Bürokraten in Brüssel ein gutes Gedächtnis und diese Fragen werden bei erster Gelegenheit wieder auf die Tagesordnung kommen.

Für Kroatien selbst ist es nicht gut, dass jemand von außen Demokratie, Toleranz und nationale Versöhnung lehren muss. Das sollte und müsste die Priorität der staatlichen Politik sein. Die Faschisten, die im Bürgerkrieg leider Legitimität und eine Reihe von politischen und administrativen Positionen in allen Segmenten der kroatischen Gesellschaft erhalten haben, werden darum besorgt sein, dass über die Rückkehr der kroatischen Serben im Parlament nicht mehr gesprochen wird. Die neue kroatische Präsidentin, die Blondine mit ihrem begrenzten geistigen Rahmen, sagte vor kurzem, dass es sowieso keine Serben mehr in Kroatien gibt, dass alles Kroaten sind, weil sie alle kroatische Pässe haben und ihre Religion ihre private Angelegenheit sei. Die schleimige linke Partei in Kroatien hat noch nicht erkannt, dass es sich mit Faschisten in einem Staat nicht in Frieden leben lässt. Faschisten mögen und stärken den Totalitarismus und sind dafür bereit, jede Niederträchtigkeit machen.

Die soziale und wirtschaftliche Apartheid der Kroaten gegenüber dem Rest der Serben in Kroatien ist für serbische Rückkehrer katastrophal. Die totale Faschistisierung des gesamten kroatischen Korpus und insbesondere der Jugendlichen ist das Ergebnis negativer Selektionen von Lehrpersonal, Bildungsprogrammen und Büchern voller Lügen. Wenn ich sage, dass in Serbien der gleiche Fehler gemacht wird, dann ist das nichts Neues. In diesen beiden Ländern gibt es weder Kapitalismus noch Sozialismus, es existieren nur Faschismus und Nationalsozialismus. In beiden Ländern sind demokratisch gewählte miserable Faschisten an der Macht und erhalten dadurch, wie in Deutschland 1933, eine faschistische Legitimität. Das Einzige, was sie daran hindern kann, sind westliches Kapital und die Europäische Gemeinschaft. Die Herden der wählenden Balkanschafe haben für so etwas weder Sensibilität noch Verständnis. Auf der einen Seite hat Kroatien mit dem Beitritt zur Europäischen Union gezeigt, dass es zum Kreis der europäischen Länder gehören will. Wie eines Tages dem Volk erklärt wird, warum es in den Bürgerkrieg geführt wurde, wenn auch Serbien, Bosnien und Herzegowina einst in die Europäische Union aufgenommen werden, ist eine Unbekannte. Wie das Blut und das Schlachten rechtfertigen, wenn man bald wieder in einer gleichen Staatengemeinschaft mit dem verhassten Feind leben wird? Dann werden Lügen und halbnackte Wahrheiten auf dem Balkan wieder eine neue Geschichte schreiben.

Natürlich wird dieser friedliche Verlauf den Faschisten auf dem Balkan nicht passen, weil sie nicht mehr im Trüben fischen können. Es ist zu hoffen, dass eines Tages der mündige Bürger tatsächlich ein Subjekt und Souverän der Balkanstaaten wird. Der Kapitalismus ist eine Selektion zwischen jenen, die wissen, und jenen, die nicht wissen, zwischen denen, die können, und jenen, die nicht können. Der faschistische Nationalismus ist eine selektive Plünderung des öffentlichen Eigentums und das Geldauffüllen in den Taschen der auserwählten Nationalisten sowohl in Kroatien als auch in Serbien. Mir tun weder die heutigen Kroaten noch Serben leid, beide dummen Nationen werden am Ende bekommen, was sie tatsächlich verdienen. Derjenige, der klüger, intelligenter, geschäftstüchtiger und schneller ist, schafft etwas oder flüchtet ins Ausland. Die übrigen Bürger sind Abstimmungsmaschinen, Hohlköpfe, die den Wohlstand von morgen nicht verdienen, sondern nur seine dunkle Seite. Die riesige Verschuldung der Balkanländer, der Mangel an eigenen Banken und die Unfähigkeit der geistlosen Balkankreaturen, etwas Sinnvolles zu schaffen, das sind die Balkankleinstaaten, leblose Marionetten von meist ausländischem Kapital gemacht. Gerade hier sehe ich ein wenig Licht am Ende des Tunnels, weil das Kapital und der globale Kapitalismus sich immer zu schützen und die Schuldner zu disziplinieren wussten. Bankrotte Staaten müssen nach der Pfeife tanzen und die dumme Balkan-Schafsherde wird am Ende den heißen Brei schlucken müssen.

Im heutigen kroatischen sowie im serbischen Staat gelten Toleranz, Demokratie und Respekt gegenüber anderen nicht als allgemeine Lebensgrundlage. Hier wird darauf geachtet, wie viele nationale Blutzellen jemand hat und ob er wenigstens den Worten nach der größte Kroate oder Serbe auf der Welt ist. Diese negative Kaderauswahl hat auf dem Balkan schon nach dem Zweiten Weltkrieg begonnen, also vor mehr als siebzig Jahren. Dadurch befinden sich nicht nur der kroatische und der serbische Staat in einer Art Gesamtstagnation und Zerfall, sondern ebenso alle anderen neu entstandenen Balkankleinstaaten. Junge Menschen, die ihre Illusionen verloren haben, ergreifen die Gelegenheit und verlassen den faschistischen Morast. Für die Faschisten ist es das Paradies, es bleibt ihnen noch ein größerer strategischer Raum, den sie übernehmen können. Nicht nur die Serben in Kroatien werden diskriminiert, sondern auch zahlreiche Minderheiten in Serbien wie Roma, Ungarn, Albaner, Kroaten usw. Ich kann nur sagen, dass in Serbien noch keine Apartheid wie in Kroatien herrscht – aber die Betonung liegt auf „noch".

Das schmutzige Spiel der Apartheid der kroatischen Gesellschaft gegenüber den Serben, die in Kroatien geblieben sind, spielt auch der heutige Staat Serbien mit. Dieses Land wäre in der Lage, durch Verhandlungen mit Kroatien das Leben der Serben in Kroatien zu verbessern. Aber selbst die miserablen serbischen Politiker haben erkannt, dass die Serben, die aus der Diaspora gekommen sind und die heute in der Serbischen Republik und in Serbien leben, gut ausgebildete, aufmerksame und initiative Menschen sind. Sie halten jetzt in vielen Segmenten die serbische Wirtschaft am Leben. Auf lange Sicht gesehen wäre das Klügste, was die kroatischen Serben tun könnten, um die kroatische Wirtschaft noch weiter zu schwächen, ihren letzten verbleibenden Besitz in Kroatien schnell zu verkaufen und nach Serbien zurückzugehen oder auszuwandern. Auf diese Weise würde sich die Wirtschaft des ungeliebten Landes weiter abschwächen, diejenige Serbiens oder eines anderen, neuen Landes verstärken. Ein weiterer Ausweg für die in Kroatien verbliebenen Serben wäre der Übertritt zum katholischen Glauben, um endlich in der idyllischen kroatischen Masse zu versinken, was die kroatische katholische Kirche bereits seit fünfundzwanzig Jahren im Stillen tut. Wann werden die Balkaner verstehen, dass Menschen nach wie vor das größte und beste Potenzial eines jeden Landes sind? Dieses Axiom gilt auch für die dummen Balkaner.

Das Zusammenleben, wie es die Kroaten praktizieren, bedeutet Apartheid und als solche muss es auf der europäischen Bühne aufgedeckt werden. Ich für mich persönlich habe dieses Balkanproblem gelöst. Wenn ich es geschafft habe, meinen Besitz und mein künftiges Erbe in Kroatien zu verkaufen, werde ich nicht mehr nach Šibenik gehen. Dort gibt es sowieso niemanden mehr, den ich gerne sehen möchte. Ich werde den kroatischen Pass zurückgeben und mich bei den Kroaten für die Staatsbürgerschaft bedanken. Ich will künftig auch auf dem Papier kein Teil dieser kriminellen Organisation mehr sein.

Die Vertreibung aus Kroatien war für die meisten Serben eine menschliche und materielle Katastrophe. Sie verloren ihre Heimat und ihren meist bescheidenen Besitz, kamen zu Menschen, die sie nicht sehen wollten, eher wünschten, dass sie in ihren angestammten Gebieten bleiben und dort weiterhin Unruhe verbreiten. Serbien wollte mit Hilfe der Serben aus Kroatien und der Serbischen Republik sein Territorium erweitern und ein Großserbien schaffen. Jetzt, fünfundzwanzig Jahre nach dem Krieg, beginnen die vertriebenen Krajinaserben langsam ihren noch verbliebenen Besitz, also alles, was ihnen von den Kroaten nicht gewaltsam genommen wurde, zu verkaufen. Die Generation vertriebener Serben wird nie mehr nach Kroatien zurückkehren, und das ist gut so. Es kehrten wenige Ältere zurück, die nicht mehr lange zu leben haben, oder Jüngere, die zum Katholizismus übergetreten sind. Die Serben in Kroatien sind Geschichte geworden. Im Internet sah ich die Daten einer Volkszählung der Stadt Šibenik von 1991, 2001 und 2011. 1991 zählte man 65 000 Einwohner, davon zwölf Prozent Serben, also fast 8000. 2001 und 2011 war die Einwohnerzahl auf 45 000 gesunken, darunter drei Prozent Serben, das bedeutet 1350. Ähnliche Statistiken gelten für ganz Kroatien. In zwanzig Jahren, also um 2031, wird es in Šibenik keine Serben mehr geben. Wer dann leben wird, soll das prüfen!

In letzter Zeit wird darüber diskutiert, wer die schlimmsten Serben sind. Für mich sind die schlimmsten Serben immer noch Muslime, die während Jahrhunderten die Privilegien des Osmanischen Reiches genossen und es dann als einzige Anhänger der Türken geschafft haben, weil sie Slawen waren, in ihren Territorien auf dem Balkan zu bleiben. Sie passten sich den Türken an, nahmen den muslimischen Glauben an, behielten aber gleichzeitig die serbische Sprache und viele andere Sitten und schafften es so, in den wilden Gebieten von Bosnien zu überleben. Sie sind wahrscheinlich die einzigen echten Slawen, weil sich andere Untertanen viel mehr mit den Türken vermischt hatten. Sogar die Möglichkeit, Jugoslawen zu werden, hat nicht geholfen, dass sie sich vom muslimischen Glauben abwenden.

Durch die ständige Unterstützung seitens der Türken und anderer islamischer Staaten wuchs in ihnen der Hass auf ihre ehemaligen Brüder und alle Arten von Christentum. Heute sind sie zusammen mit den Albanern sicherlich die größten Feinde des serbischen Volkes auf dem Balkan. Das Problem der Muslime auf dem Balkan kann nur durch die Ansiedlung der Muslime in der modernen Türkei gelöst werden, so wie die Kroaten ihr Problem mit den Serben gelöst haben. Die Kroaten rangieren auf der Skala des Hasses gegen die Serben sofort hinter den Muslimen und den Albanern, weil sie sich schon vor langer Zeit der italienischen katholischen Kirche gebeugt hatten und somit ewige Feinde von Byzanz wurden. Zahlreiche katholische Oberhäupter nährten schon seit Jahrhunderten bewusst das tiefe Misstrauen der Katholiken auf dem Balkan gegen die byzantinischen orthodoxen Christen. Dass sie einst zur gleichen Kirche gehörten, interessiert die Gläubigen heute nicht mehr. Von der Kanzel wird heute noch immer der Unterschied gegenüber einer anderen Kirche gepredigt und so die Abneigung geschürt. Nach jahrhundertelangem Zusammenleben in Symbiose mit dem serbischen Brudervolk begannen die Kroaten, bis anhin immer unter fremder Herrschaft, erst Anfang des 20. Jahrhunderts, intensiv über eine eigene Nation nachzudenken und entstand Zwietracht mit den ehemaligen Brüdern. Mit Hilfe der katholischen Kirche wurden sie bewusst nationalistisch und zugleich misstrauisch gegenüber anderen. Die Serben in Kroatien und in der serbischen Republik sahen die Kroaten immer als ihre slawischen Brüder, die ihren Glauben verraten hatten, und deshalb verachteten sie diese zutiefst. Die Kroaten wünschten, dass sich auch der Rest der orthodoxen Serben zu Katholiken klont. Schließlich begannen sie die Serben zu fürchten, weil das imaginäre Kroatien zu Zeiten der österreichisch-ungarischen Monarchie und im späteren Königreich einfach nie eigenständig gewesen war. Denn zu dieser Zeit lebten in der Gegend viele Serben, die unter der Türkenherrschaft geflüchtet waren, und hatten in der Monarchie führende Positionen in Politik, Militär und Polizei inne. Den meisten Kroaten muss damals bewusst gewesen sein, dass Kroaten und Serben Brüder sind, wie in den Werken von Stjepan Radic glaubhaft nachzulesen ist. Dennoch waren sie begierig ihren eigenen Staat zu haben, was ich persönlich als eine normale Tendenz einer Nation betrachte. Als abnormal betrachte ich die kroatischen Methoden, die im Zweiten Weltkrieg und im letzten Bürgerkrieg angewandt wurden, auf welche Weise sie sich ihrer serbischen Nachbarn entledigen wollten, nämlich durch Massentötungen, Vertreibungen und Bekehrungen. Die Kroaten sollten Genosse Tito und nicht Jesus Christus ein Denkmal setzen, weil die heutigen Grenzen Kroatiens von Hand des Kommunisten Djilas unter Anweisung von Tito gezeichnet wurden. Das ist das Einzige, was heute sogar die kroatischen Nationalisten aus der Ära Jugoslawiens akzeptieren. Wegen ihrer Gräueltaten hätte Kroatien nach dem Zweiten Weltkrieg nie Republik im neuen Jugoslawien werden dürfen. Aber die Kroaten hatten ihren großen Schutzpatron und Erneuerer – Tito! Einen großen und dummen Verdienst an der Schaffung der Volksrepublik Kroatien hatten damals die törichten serbischen Partisanen aus Kroatien. Sie dachten, dass ihre momentane Vormachtstellung in Kroatien für immer Bestand haben würde. Später gingen sie in Massen nach Belgrad, wo sie wichtige Positionen einnahmen, um näher bei der kommunistischen Führung zu sein. Dadurch schufen sie in Kroatien Leerräume und Positionen, die schließlich vor allem von kroatischen Nationalisten besetzt wurden. Somit gruben sich die kroatischen Serben wegen ihrer Gier nach Spitzenpositionen im Staate selbst eine Grube.

Meiner Meinung nach sind die Serben aus Zentralserbien weder die wahren Serben noch Serben, die Vorbilder des echten Serbentums sein sollten und könnten. Sie waren während Jahrhunderten türkische Sklaven, hatten keinen Zugang zu Schulen und Bildung. Die Türken vergewaltigten ihre Frauen und sie hatten das zu erdulden. Einfach gesagt waren sie zu lange unterwürfige Diener der Osmanen, mit deren Blut sie sich stark vermischten. Die Nachkommen der Serben aus der Diaspora, also Serben, die unter Österreich-Ungarn und den Venezianern frei lebten, eigenes Land erhielten, um mitzuhelfen, Europa gegen die Türken zu verteidigen, waren meiner Meinung nach die richtigen Serben. So lebten auch die Krajinaserben immer das freie und stolze Serbentum, das leider einige ihrer Anführer leichtsinnig verließen, indem sie den katholischen Glauben annahmen oder für immer nach Serbien zurückkehrten.

In der dritten Kategorie der schlimmsten Serben sehe ich Montenegriner und Mazedonier. Sie sind relativ kleine und unbedeutende serbische Stämme, die ausreichend weit von Belgrad entfernt waren und nun zu unabhängigen Staaten geworden sind. Erst wenn sie eines Tages mit der großen albanischen Assimilation konfrontiert werden, werden sie sich ihres Serbentums erinnern, aber vielleicht wird es dann für sie zu spät sein.

Nach 1970 und 1971 gewann in Jugoslawien der Nationalismus in Kroatien und Serbien zunehmend an Kraft. In den Köpfen der jungen Menschen genügte ein kleines Saatkorn, um zu einem großen nationalen Traum zu werden. Kroaten, Muslime, Slowenen, Montenegriner, Albaner und Mazedonier träumten den jahrhundertealten Traum ihres unabhängigen Staates.

Mit Titos Tod im Jahr 1980 im damals praktisch konföderalen Staat Jugoslawien spürten plötzlich alle faschistischen Nationalisten auf dem Balkan, dass ihre Träume von einem eigenen Saat in naher Zukunft wahr werden könnten. Gerade deswegen wurden die Serben in Kroatien und in Bosnien zu größten Feinden der kroatischen Faschisten. Die kroatischen Serben wollten im Gegensatz zum Traum eines jeden kroatischen Chauvinisten in Jugoslawien bleiben. Meine früheren Freunde und ehemaligen Schulkameraden in Šibenik waren praktisch alles Kroaten. Die Ablehnung der Serben war bereits damals in ihren Kreisen klar definiert, aber wurde erfolgreich und heimtückisch verborgen. Ich begann diese wachsende Intoleranz zu spüren und hörte langsam auf, mit einigen Leuten um mich herum zu kommunizieren. Für mich war immer klar, dass ich in Kroatien geboren, aber zum Glück kein Kroate bin. Ich musste mich mit dem Schicksal abfinden, dass ich als Serbe von den Kroaten niemals als wahrer Freund angenommen werden würde. Die einzige Möglichkeit, als solcher akzeptiert zu werden, wäre die Konvertierung gewesen, wie es eine Menge schäbiger Vorfahren gemacht haben, aber das hätte mein Charakter nicht verdaut. Schlussendlich bin ich nicht gläubig, aber ich unterstütze heute regelmäßig finanziell die serbisch-orthodoxe Kirche in der Schweiz. Es ist ein krankhaftes Merkmal der Kroaten, dass sie alle konfessionellen Überläufer relativ einfach und schnell akzeptieren, aber alle ursprünglichen Serben von ganzem Herzen hassen und sie aus ihrer Mitte vertreiben wollen. Vielleicht ist das so, weil sie meist selbst Überläufer sind oder ihre Großeltern oder Urgroßeltern es waren. Im 19. Jahrhundert wechselte durchschnittlich ein Dalmatiner, der in Städten oder stadtnahen Dörfern wohnte, mindestens dreimal in seinem Leben seinen Glauben. Die kroatische katholische Kirche führt ein Buch über Katholiken und sie bestimmt schlussendlich, ob ein Kroate Katholik ist oder nicht. Mir ist aufgefallen, dass die hartherzigsten Kroaten die gleichen Nachnamen wie Serben tragen, also Stojanović, Petrovic, Pavlovic, Popovic, Milosevic, Guberina, Ninić usw.

Der Zerfall Jugoslawiens begann eigentlich schon 1965, als der Bund der Kommunisten Jugoslawiens seinen Bürgern erlaubte, ins Ausland zu gehen, dort als Gastarbeiter zu arbeiten und so ihr Heimatland und ihre Familien finanziell zu unterstützen. In Deutschland, Österreich, Frankreich, in der Schweiz und in Übersee war die Nachfrage nach Arbeitskräften groß. Es wurde dort in erster Linie in Infrastruktur, den Bau von Häusern und Industrieanlagen investiert. Arbeitslose Leute verließen in Massen Jugoslawien, selbständig oder über das Arbeitsamt organisiert. Das war eine echte soziale und politische Revolution für Jugoslawien, das sich plötzlich der Welt öffnete. Die hungrigen, arbeitslosen Jugoslawen aller Nationen und Nationalitäten erhielten plötzlich die Möglichkeit, ins Ausland zu gehen, und begannen sich schnell an diese unverhoffte Freiheit anzupassen. Zuvor konnte man in Jugoslawien kaum einen Pass bekommen und die Menschen flohen meist illegal aus dem Land. Damals verließen unter anderem viele verbitterte Nationalisten Jugoslawien, fanden ihre faschistischen Brüder im Ausland, die nach dem Krieg in Europa und auf der ganzen Welt verstreut waren. Diese Faschisten planten nach Jugoslawien zurückzukehren – allerdings nur mit Waffen in der Hand – was sie manchmal ohne Erfolg taten. Die bekannteste bewaffnete Aktion von kroatischen, im Ausland ausgebildeten Faschisten, war 1971, als zwanzig von ihnen sogar bis Bugojno vorstießen, die meisten aber von der Armee und der Territorialverteidigung liquidiert wurden.

Diese ersten Jahre, nachdem die Grenzen geöffnet waren, gab es zwischen den Gastarbeitern viele Mitglieder der Geheimdienste, Maulwürfe, einfach gesagt Spione, die Informationen über die Balkanfaschisten und die neu eingetroffenen Gastarbeiter in ganz Europa sammelten. Sicherlich waren zehn bis fünfzehn Prozent der Gastarbeiter politisch Unzufriedene. In erster Linie wurden sie von der deutschen Geheimpolizei unterstützt, die verschiedene Balkanfaschisten finanzierte und dabei half, allerlei schmutzige Aktionen gegen Jugoslawien auszuführen. Als Student habe ich die Zeitschriften der kroatischen Emigranten gelesen, die ich in der Schweiz kaufen konnte. Ich wollte wissen, was Faschisten denken und schreiben. Diejenigen, die in diesen Zeitungen schrieben, haben bei mir keinen großen intellektuellen Eindruck hinterlassen. Es waren provinzielle, chauvinistische, faschistische, antijugoslawische Zeitungen für zornige Ustaschas, die auf allen Kontinenten lebten.

1971 war ich in Deutschland an einem Konzert von Vice Vukov, der damals aus Kroatien weggegangen war und für Emigranten in ganz Europa sang. Mich interessierte dieser kroatische faschistische Nationalismus, der im Westen angeboten wurde, weil ich irgendwie ahnte, dass er eine große negative Rolle in meinem zukünftigen Leben spielen würde. Damals war ich jung und alle politischen Optionen und Strömungen waren für mich interessant.

Ich möchte etwas über die Rolle von Nachkriegsdeutschland bei der Zerstörung Jugoslawiens sagen und über die großzügige Unterstützung und die perfide Nazipolitik des heutigen

Deutschland gegen alle europäischen Trabanten Hitlers, Türken, Österreicher, Ungarn, Kroaten, Ukrainer, Bewohner der baltischen Länder, welche kurz nach dem Krieg begann, sich während des kalten Krieges beschleunigte und bis zu den gegenwärtigen Ereignissen dauert.

Während des Kalten Krieges gab es in Deutschland Dienststellen und Leute, die sich direkt mit einigen möglichen Szenarien zur Zerstörung des Sozialismus bzw. des Kommunismus in der Sowjetunion und bei anderen Mitgliedern des Warschauer Paktes und insbesondere im blockfreien sozialistischen Jugoslawien befassten. Ein weiteres Ziel dieser deutschen Nachrichtendienste, die notabene wie die deutsche Justiz und der Staatsapparat überhaupt nie entnazifiziert wurden und wo der Rest von Hitlers Monstren weiterhin saßen, war die langfristige Unterstützung für all jene Kollaborateurnationen, die während des Nationalsozialismus personell und materiell Hitlers Unrechtsstaat unterstützt hatten. Der Wunsch Nachkriegsdeutschlands war, diese erwiesenen faschistischen Nationen über ihre emigrierten faschistischen Exponenten in Deutschland, vor allem Kroaten, Esten, Letten, Litauer, Ukrainer, Türken usw. materiell und logistisch zu unterstützen, damit diese aktiv am Umsturz der legitimen Behörden in ihren Herkunftsländern arbeiten konnten. Das Ziel war, neue gehorsame Kleinstaaten zu schaffen, die für immer treu zu den deutschen hegemonialen Plänen stehen würden. Zahlreiche Soldaten aus diesen faschistischen Nationen hatten direkt und aktiv für Nazideutschland gekämpft und mit ihren Gräueltaten und Massakern an der Zivilbevölkerung übertrafen sie meistens sogar ihre deutschen Meister. Diese elenden Faschisten, hauptsächlich Bürger kleiner und niederträchtiger Nationen, waren im Dritten Reich als künftige Wächter, Exekutoren und Diener der deutschen Arier vorgesehen. Die Geschichte der kroatischen Ustascha im Zweiten Weltkrieg ist ein exemplarisches Beispiele für die Ergebenheit gegenüber den deutschen Nazis, die ihnen zusammen mit Mussolini an die Macht halfen. Pavelic schickte freiwillig eines seiner Ustascha-Bataillone mit etwa 1500 Soldaten nach Stalingrad, um eventuell einen Teil der russischen Beute zu erhalten. Dieses Ustascha-Bataillon war am Ende fast vollständig zerstört. Hunderte überlebende Ustaschas wurden gezwungen, am Ende des Krieges mit den Russen gegen die Nazis zu kämpfen. Die deutsche Nachkriegspolitik und ihre aktiven Spione bewiesen fast täglich, dass sie ihre Nazi-Freunde nicht vergessen haben, weder im Guten noch im Schlechten, dass sie in ihnen ihre ewig treuen, gleichgesinnten und willigen Diener haben.

Das Szenario der Trennung und Teilung Jugoslawiens wurde bereits in den 1970er Jahren vom Spionageteam ausgearbeitet. Es wurde geführt vom zukünftigen Außenminister, einem Mitglied der Freien Demokraten, die in Deutschland nach dem Zusammenbruch des Dritten Reiches in der Tat meist verdeckte Salonnazis geblieben waren. Dieser damalige aktive Spion, ein so genannter „Schattenkrieger" koordinierte alle Kontakte mit verschiedenen faschistischen Emigrantenorganisationen vom Balkan (Ustascha, Tschetniks, Muslime, Albaner, Bulgaren) und schuf Szenarien zur Zerstörung Jugoslawiens. Der Bundesnachrichtendienst (BND) genehmigte und finanzierte ebenfalls all jene schmutzigen terroristischen Aktionen, die auf dem Balkan durchgeführt wurden. Auf diese Weise hielten sie diesen politischen Abschaum unter Kontrolle. Als die Rolle dieses Spions in diesen schmutzigen Aktivitäten von einem Journalisten öffentlich gemacht wurde, verschwand er von der öffentlichen politischen Bühne. Heute lebt er als angesehener provinzieller Rechtsanwalt und ist immer noch graue Eminenz der Nazi-Spionagebrüder. Das Szenario vom Zerfall Jugoslawiens begann sich schon 1980, also nach dem Tod von Josip Broz Tito, aktiv zu realisieren. Die finanziellen Zuwendungen und zahlreichen Aktivitäten aller bekannten Balkanfaschisten erhöhten sich von diesem Zeitpunkt an radikal. Mit Hilfe faschistischer Nationalisten kam es auch zum beschleunigten politischen Zerfall der UdSSR und zu der von Gorbatschow hastig genehmigten Vereinigung der beiden deutschen Staaten. Diesen politischen Unsinn machte dieser dumme Russe, der mit diesem Akt den Faschisten des ehemaligen Jugoslawien alle Türen geöffnet hat,

damit auch diese ihr Land sehr bald verheerend politisch destabilisieren konnten. Mit der Vereinigung von Deutschland und
dem Zusammenbruch der Sowjetunion begann die Kriegshöl-
le auf dem Balkan. Für die deutschen Strategen war und ist der
Balkan das „Pulverfass Europas", das sie in relativ kurzer Zeit
anzünden können, wenn Sie die Fäden in der Hand halten und
die bekannten Zentripetalkräfte auf dem Balkan großzügig unterstützen. Zugleich benötigte das wiedervereinte Deutschland
einen neuen Krieg in Europa, damit sich alle negative journa-
listische Energie auf dieses Ereignis konzentrieren konnte und
weniger über die deutsche Wiedervereinigung, die hohen Kosten und andere negativen Folgen dieser Vereinigung geschrieben wurde. Auch nach der von ihnen so begehrten Wiedervereinigung hörten die deutschen Nazis nicht auf, der böse Geist
des Faschismus zu sein. Mit der großzügigen Hilfe der einheimischen Balkanfaschisten, die zum Teil angeblich Mitglieder der
Kommunistischen Partei waren, arbeiteten sie sorgfältig an der
Zerstörung Jugoslawiens. Es stimmt, dass es ab 1990 von außen
nicht mehr viel zu tun gab, weil verschiedene verborgene Faschisten schon auf ihren wichtigen Positionen in ganz Jugoslawien
waren und unter dem Schutzschild der Versprechungen einer
zukünftigen Demokratie ihre schmutzige Arbeit verrichteten.

Nach dem Zweiten Weltkrieg unterhielt Deutschland offiziell relativ gute Beziehungen zum blockfreien Jugoslawien,
gewährte großzügige Kredite und war einer der aktiven Helfer
beim Aufbau der Kriegsindustrie. Jugoslawien sollte für den
Westen der erste Schutzschild zur Verteidigung gegen den so-
wjetischen Expansionismus sein. Gerade dieses gut bewaffnete, unabhängige Jugoslawien war seit 1980 deutschen und europäischen Politikern ein Dorn im Auge, weil sie befürchteten,
jede Kontrolle zu verlieren. Dieses Land mit seinen zweiundzwanzig Millionen Einwohnern war Deutschland und Europa
nicht freundlich gesinnt und diese betrachteten es als eine ständige Bedrohung für die Expansion des Kapitals. So waren diese zweiundzwanzig Millionen Jugoslawen, gut bewaffnet und
historisch gesehen immer bereit für einen neuen Konflikt, eine

direkte Bedrohung für die Nachbarn und das Kapital. Nach dem Zerfall Jugoslawiens und insbesondere nach der Auflösung der Jugoslawischen Volksarmee haben die europäischen Kapitalisten wieder ihre gehorsamen Trabanten auf dem Balkan erhalten.

Mein heutiges Haus liegt direkt an der Grenze zwischen der Schweiz und Deutschland und ich wohne, wann immer ich zu Hause bin, beinahe in Konstanz. Die Verbindung der Schweizer mit den Deutschen ist nebst der deutschen Schriftsprache und einer ähnlichen Weltanschauung historisch bedingt. Die Schweizer haben Angst vor dem großen Nachbarn und gerade deshalb haben sie seit Jahrhunderten geschafft, ihre Neutralität zu wahren und dadurch auch die wirtschaftliche Unabhängigkeit. Ich habe viel über die Verbrechen der Deutschen im Zweiten Weltkrieg gelesen, die sie nicht nur auf dem Balkan, sondern auch in ganz Europa verübten. Nebst dem Holocaust begingen sie zahlreiche abscheuliche Verbrechen, in erster Linie gegenüber Slawen, die sie zu ihren Sklaven machen wollten. Darum denke ich oft über das Leben in Deutschland von heute nach und insbesondere das Leben der Deutschen. Wenn man heute, mehr als siebzig Jahre nach dem Zweiten Weltkrieg, sieht, wie Sieger und Besiegte dieses schrecklichen Krieges leben, könnte man denken, dass es klüger war, Nazis zu sein, also Räuber, Mörder, Plünderer und Kriegsverlierer, als ehrenvoller Sieger und Befreier Europas. Nazideutschland beging den Genozid an den Juden, Slawen und Zigeunern, die systematische Plünderung aller besetzten Länder, bombardierte Großbritannien, benutzte Kriegsgefangene als Arbeitskräfte, fügte den Alliierten und der Roten Armee große Verluste zu und kämpfte fast bis zur letzten Patrone. Das heutige Deutschland ist praktisch der Nachfolger von Nazideutschland und alle Deutschen leben heute meiner Meinung nach zu Unrecht in großem Wohlstand, Frieden, Arbeit und Ordnung. Seine heutigen Bürger haben einen der höchsten Lebensstandards der Welt, ihre Dörfer sind wohlgeordnet, ihre Exportindustrie boomt und die Deutschen sind aufgrund dessen national wieder arrogant geworden und zutiefst davon überzeugt, dass sie die beste Nation in der Welt sind. Alle Schrecken des Krieges und alle Verbrechen, die damals alle Deutschen kollektiv und bereitwillig begangen hatten, wurden am Ende des Krieges einem einzigen Mann zugeschrieben, Adolf Hitler, und somit für immer aus ihrem Gedächtnis gelöscht. Millionen deutsche Verbrecher konnten ohne Verurteilung und Entnazifizierung weiterhin ruhig arbeiten und in ihren Dörfern und Städten leben. Einer der wichtigsten Gründe, warum das so war, ist die Tatsache, dass es nach der Niederlage nicht der Wille der Deutschen war, ihre SS-Mörder zu verurteilen, weil das Nachkriegsdeutschland ohne Männer geblieben wäre. Alle deutschen Soldaten schworen auf Hitler und für sie war, wie auch für alle deutschen Frauen „Heil Hitler" jahrelang der tägliche Gruß. Die zivile deutsche Bevölkerung, vor allem die Frauen, hat durch ihr Engagement und ihre Bemühungen in der Kriegsindustrie von ganzem Herzen und aktiv die Nazis in ihrem Traum von der Versklavung der ganzen Welt unterstützt und sie alle haben durch ihre engagierte Arbeit geholfen, den Krieg zu verlängern. Die heuchlerische deutsche Nazibevölkerung fuhr nach der Niederlage fort, ihr kleinbürgerliches Dasein zu leben, aus Naziintellektuellen, die nicht an die Front geschickt worden waren, wurden plötzlich reiche Kapitalisten, die Naziindustrie wechselte ohne größere Probleme von der Waffenproduktion zur Herstellung von Alltagsgegenständen und ihre Besitzer wurden wegen der Finanzierung und materiellen Unterstützung des Hitlerregimes nicht angemessen bestraft. Fast alle überlebenden, in Deutschland gebliebenen Nazis sprangen auf den Zug der allgemeinen Euphorie des Wiederaufbaus des zerstörten Deutschlands auf, sodass die deutsche Bevölkerung bald völlig vergaß, welche elende Verbrecher sie alle zusammen tatsächlich sind und hinter welchen Grausamkeiten, die in ganz Europa begangen wurden, sie eigentlich stehen. Sie kümmerten sich nicht um die zweitklassigen Resteuropäer. Alle Nachbarn Deutschlands erlaubten mit Zustimmung der Vereinigten Staaten von Amerika und der Sowjetunion, dass sich die deutsche Industrie sehr schnell erholte. So stellte es sich heraus, dass die Nazipolitik des Krieges und der

Zerstörung sowie zahlreiche im Namen von Hitler begangene Verbrechen sich am Ende für die Deutschen sehr wohl ausgezahlt haben. Die Gewinner haben den Deutschen erlaubt, viel in den Wiederaufbau zu investieren, und ihnen somit ermöglicht, viel besser als jemals zuvor in ihrer Geschichte zu leben. Meiner Meinung nach wurde in der Mitte Europas ein Präzedenzfall geschaffen, der historisch gesehen sehr gefährlich ist und der täglich den Beweis erbringt, dass sich nationale Verbrechen bezahlt machen. Die Verbrecher von Nazideutschland, also eine große Mehrheit der heutigen Deutschen, wurden mit einem angenehmen und sehr guten Leben belohnt. Diese moralische Ungerechtigkeit muss meiner Meinung nach materiell und ethisch sehr schnell korrigiert werden.

Nicht nur, dass die Deutschen heute anderen in Europa Lektionen im wirtschaftlichen und moralischen Verhalten erteilen, sondern sie urteilen nachlässig und böswillig über die verschiedenen heutigen Verbrechen und qualifizieren bewusst jedes größere Verbrechen in der Welt als Völkermord, zum Beispiel die grausamen Verbrechen, die von Serben gegenüber Muslimen in Srebrenica begangen wurden. Deutsche nationalistische Neu-intellektuelle verharmlosen bewusst den Genozid der Nazis an den Juden, Slawen und Zigeunern und relativieren durch diese leichtsinnige Verbreitung des Begriffs Völkermord gefährlich und historisch unverschämt den deutschen Völkermord. Viele niederträchtige nazistische deutsche Intellektuelle und politischen Abschaum beruhigt nicht nur ihr unreines historisches Gewissen, sondern auch das aller anderen Deutschen, indem sie wenn möglich diesen Begriff relativieren. Ihr Motto an die Welt lautet: Seht, wir sind nicht die einzige Genozid-Nation, andere sind vielleicht noch schlimmer als wir. Plötzlich wird der deutsche Völkermord und Holocaust an über fünf Millionen Juden, dreißig Millionen Slawen und einer Million Zigeuner gleichgestellt mit dem unsinnigen, für normale Menschen unverständlichen und durch nichts zu rechtfertigenden grausamen Verbrechen der Serben an mehreren tausend gefangenen Muslimen. Sicherlich ist schon die Tötung einer Person für einen normalen Menschen ein undenkbares Verbrechen, aber der Begriff „Völkermord" sollte in der Geschichte nicht leichtfertig verwendet werden, gerade um den Genozid der Nazis nicht zu relativieren. Der Begriff „Genozid" muss für immer mit den Deutschen und ihre durch Gesetze geregelte systematische Vernichtung der jüdischen Bevölkerung und anderer nicht arischer Nationen verbunden bleiben. Die deutschen Faschisten haben im Gegensatz zu den bosnischen Serben weder Alte noch Frauen oder Kinder verschont.

Die ehemaligen Henker, Mörder oder einfach gesagt armseligen Diener Hitlers und ihre heutigen zahlreichen Nachkommen wissen sehr gut, warum ihre Großeltern im Jahr 1939, also vor fast achtzig Jahren, den blutigen Krieg begonnen haben. Sie taten dies für das heutige reiche und prosperierende Deutschland, wo es sich jetzt leider viel besser leben lässt als in allen anderen europäischen Siegerstaaten des Zweiten Weltkrieges. Die meisten SS-Verbrecher und pathologischen Mörder und ihre zahlreichen schwachsinnigen Komplizen wurden in keinem deutschen Bundesland nach Kriegsende von der noch immer nazistischen deutschen Justiz verurteilt. Die meisten dieser Mörder starben eines natürlichen Todes und wurden noch im Tod von ihren zahlreichen Gleichgesinnten gefeiert. Also wurde das heutige Deutschland mit Hilfe der Nazis gebaut und wieder aufgebaut, das wurde politisch vollkommen bewusst getan, weil es natürlich keine andersgesinnten Menschen gab. Alle diese Nazi-Übeltäter wurden ihr ganzes Leben lang von der staatlichen Verwaltung und einer Reihe von Gleichgesinnten geschützt und übten im Nachkriegsdeutschland zentrale politische, staatliche, parlamentarische und andere wichtige Funktionen aus. All diese Übeltäter bauten gemeinsam mit den anderen Deutschen ein gutes Fundament dieses heute demokratischen Landes. Also stünde Deutschland ohne diese Grundlagen heute nicht da, wo es jetzt ist. Auf diesem soliden Fundament wurde der Wohlstand von Deutschland aufgebaut. Deutschland muss heute, siebzig Jahre nach dem Krieg, nachdem ihm die Sieger großzügig erlaubt haben, sich zu bereichern, stark zu werden, sich zu vereinigen, Fortschritte zu machen, sich zu modernisieren und zum Teil zu demokratisieren, seine ethischen, moralischen und vor allem menschlichen Pflichten erfüllen. Einen Teil seines realen Wohlstandes sollte es mit allen ehemaligen europäischen Siegern und mit den Nachkommen der Millionen Opfer des Naziregimes teilen.

Allen Ländern, die von Hitlerdeutschland während des Zweiten Weltkrieges besetzt waren oder bombardiert wurden, sollten die gegenwärtigen und künftigen Einwohner Deutschlands für die nächsten hundert Jahre Entschädigungen zahlen. Diese Zahlungen würden aus einem Fonds, in den alle Einwohner, die in Deutschland leben, und ebenso alle zukünftigen dort lebenden Generationen zehn Prozent ihres Bruttoeinkommens einzahlen. Ebenso müssten alle Unternehmen in Deutschland dreißig Prozent des Nettogewinns in den Fonds zahlen. Diese gesetzlich regulierten und vom Bundestag genehmigten freiwilligen Beiträge der Menschen in Deutschland sollten Teil einer Wiedergutmachung der großen historischen Ungerechtigkeiten ihrer Vorfahren sein. Diese Abgaben sollten so hoch sein, dass es für jeden Deutschen jetzt und auch in Zukunft spürbar ist, aber dass er jeden Monat bewusst diesen Solidaritätsbeitrag einzahlt und stolz sein kann, dass sein Beitrag den Nachkommen der Opfer seiner Vorfahren zugutekommt.

Aus diesem Fonds sollte mittels eines Verteilschlüssels jedem Bürger eines durch den Genozid und durch die schmutzige Nazi-Kriegsmaschinerie betroffenen Landes das gesammelte Geld zugeteilt werden. So würden die Nachkommen der Siegermächte persönlich eine Entschädigung erhalten. Einige europäische Staaten, die Nazihelfer und Teilnehmer der Kriegsverbrechen waren, sollten selbst in den Fonds einzahlen, aber daraus nichts erhalten. Ich denke vor allem an Italien, Österreich, Kroatien, Ungarn, Skandinavien, die baltischen Länder, die Ukraine, Rumänien, die Türkei und dergleichen. Die Historiker der Siegermächte werden schon die Möglichkeit finden, zu beurteilen, welche dieser Nationen größtenteils Opfer und welche Nazi-Kollaborateure und Mörder waren. Durch diese Abgaben sollte in den Deutschen endlich das Gefühl der kollektiven und persönlichen Schuld für den von ihren Vorfahren begangenen Völkermord, den Krieg und all die Zerstörungen geweckt werden und ihr guter Wille, mit diesem Geld zumindest teilweise diese Ungerechtigkeiten zu sühnen.

Die Deutschen würden mit diesen Rückzahlungen einen Teil ihrer persönlichen und kollektiven Schuld lindern und endlich das wunderschöne Gefühl christlicher Großzügigkeit und Güte erhalten, das ihnen in der Vergangenheit leider völlig abhandengekommen ist. Sie würden sehen, dass sie mit einem kleinen Teil ihres Privatvermögens vielen unbekannten Menschen in ihrer Not helfen können, und spüren, dass sie bessere Menschen geworden sind. Ihre heutige wirtschaftliche Okkupation Europas würde leicht verringert und viele ärmere Länder würden die Chance bekommen, sich zu erholen und ihren gebeutelten Menschen ein etwas besseres Leben zu bieten. In einer demokratischen Gesellschaft darf es nie mehr passieren, dass jemand anderen absichtlich einen großen menschlichen und materiellen Schaden zufügt, um am Ende statt durch gesetzliche Sanktionen mit einem guten Lebensstandard und einem langfristigen Leben belohnt zu werden. Dieser deutsche Nonsens muss so schnell wie möglich sanktioniert werden, in erster Linie um ihrer selbst willen, aber auch für die mentale Gesundung in ganz Europa.

Alle Bürgerkriege in Slowenien, Kroatien, Bosnien und im Kosovo zettelten die aus allen Volksgruppen des ehemaligen Jugoslawiens rekrutierten Faschisten an, das bedeutet, faschistische Slowenen, Kroaten, Serben, Albaner, Montenegriner, Mazedonier und Muslime haben den Krieg begonnen. Diese Faschisten gaben sich natürlich nicht öffentlich als solche zu erkennen, sondern zeigten sich als patriotische Nationalisten und Demokraten. Die Faschisten waren also diejenigen, die als Erste auf dem Balkan zu den Waffen griffen und mit der enthusiastischen Hilfe faschistischer Journalisten, Zeitungsverleger und aller vorhandenen TV- und Radiostationen schnell den Boden für Gehirnwäsche und allmähliche Faschisierung der meist ziemlich dummen Landsleute vorbereiteten. Das dauerte nicht allzu lange, da alle diese Faschisten täglich zu Konflikten, Plünderungen und Krieg aufriefen, um so schnell ihre dunklen Ideen verwirklichen zu können. Durch das Zusammentreiben der überwiegenden Mehrheit der Leute in nationale Gehege und durch konstante „Goebbels-Propaganda" der Medien schafften sie es, die meisten Menschen davon zu überzeugen, dass ihre Nation in Gefahr ist und dass Bürgerkriege unvermeidlich sind. So gewannen die Faschisten gleich am Anfang die erste große Medienschlacht und bereiteten so ihre eigenen und andere dumme Schafsherden zum allgemeinen Schlachten vor. Die ersten Aufständischen in der Krajina waren Trottel, die sich damals als neue Tschetniks sahen und die sich mit bald mit verschiedenen Ustascha-Gruppierungen wie HSP und HOS bekämpften. Kroatische und serbische faschistische Emigranten aus Deutschland, Europa und aus den Überseestaaten wurden großzügig und ohne Kontrolle mit gefälschten Pässen nach Kroatien und Serbien gelassen, wo sie mit legal eingeführten Waffen auf ausgetretenen, neu geschaffenen Pfaden, teils sogar ohne Wissen der Behörden in Ustascha- und Tschetnikuniformen die gegnerischen Barrikaden stürmten. Die Ustascha griffen die Krajinaserben an und homogenisierten und radikalisierten diese dadurch noch mehr. Diese kroatischen Serben haben, werden und sollten die blutigen Schandtaten der Ustascha im Zweiten Weltkrieg niemals vergessen. Auf der anderen Seite einigten die ersten Opfer der Ustascha, die beim Versuch, die Krajina anzugreifen, gefallen waren, schnell die kroatische schweigende Mehrheit. So begann schleichend der Faschismus in Kroatien. Die gerechtfertigte große serbische Angst vor der Ustascha haben diese faschistischen Kräfte vollständig und langfristig homogenisiert und haben den jahrzehntelangen Hass fast aller Serben auf diese vertieft. Jeder Serbe wurde Tschetnik und jeder Kroate Ustascha. In Zadar und Šibenik veranstalteten Faschisten wahre Kristallnächte in Nachahmung Nazideutschlands, in denen sie alles zertrümmerten, was serbisch und jugoslawisch war. In Teilen Dalmatiens begann man ungeeignete, meist in kyrillischer Schrift gedruckte Bücher zu verbrennen. Die kroatischen Faschisten übten in den Firmen, Banken und den staatlichen Institutionen in Dalmatien und wahrscheinlich auch im übrigen Kroatien enormen Druck auf die serbischen Mitarbeiter und die Krajinaserben aus, damit sie Kroatien verließen, und zwangen sie, ihre Arbeitsplätze und Häuser aufzugeben und mit ihren Familien in die Krajina oder nach Serbien zu fliehen. Das war in der Zeit von 1990 bis September1991, als Kroatien auf der politischen Bühne mit allen Mitteln um die Anerkennung kämpfte und der Bürgerkrieg noch nicht offen begonnen hatte. Kroatien rüstete schon längere Zeit auf und war politisch gesehen noch im Entstehen begriffen. Gleiches geschah in Slowenien und auch in Bosnien, wo die Faschisten dreier Nationen einen Bürgerkrieg begannen. Dem kroatischen Präsidenten gelang es erst 1993, alle seine teils illegalen Ustascha-Kräfte in seinen Stab zu integrieren. Die serbischen Faschisten blieben leider während des ganzen Krieges unabhängig, was sie 1994 deutlich manifestierten, als sie Milosevic und der Welt klar „NEIN" zum russisch-amerikanischen Plan Z4 sagten. Dieser unintelligente Zug besiegelte ihr Schicksal, damit hatten sie sich praktisch selbst zur Vertreibung verurteilt. Gleichzeitig machten diese politischen Dilettanten damit Tudjman und seinen kroatischen Faschisten ein großes Geschenk. Der kroatische Sturm diente dem Zusammenrücken des kroatischen Korpus und dass fast jedem erwachsenen Kroaten vergönnt war, an der Befreiung, an Plünderungen und an der Besetzung der Krajina teilzunehmen und somit Mitglied dieses kriminellen Unternehmens zu werden. Gleichzeitig waren die Kroaten nach dem gewonnenen Bürgerkrieg zutiefst überzeugt, dass sie nicht nur die Krajinaserben, sondern alle Serben und am Ende auch den Staat Serbien besiegt hatten. So benimmt sich die Gesellschaft auch heute, aber die Geschichte wird zeigen, welcher der beiden dummen slawischen Stämme am Ende überleben wird. Hätte sich Milosevic, durch welchen Zufall auch immer, entschlossen, den Krajinaserben weiterhin zu helfen, wäre Kroatien die Entscheidung, militärisch in der Krajina zu intervenieren, schwer gefallen. Es sollte vielleicht erwähnt werden, dass ohne die direkte personelle Hilfe Amerikas in Spionage, ohne die enorme logistische und materielle Unterstützung der von der Europäischen Union und den USA großzügig genehmigten Operation „Oluja" es Kroatien alleine noch für Jahrzehnte nicht gelungen wäre, die Krajina zu erobern. Die direkte amerikanische Unterstützung durch faschistische Kreise in den USA organisierte ein deklarierter Ustascha, der damalige kroatische Kriegsminister. Im „Sturm" kämpften rund 30 000 bewaffnete Krajinaserben, denen von Belgrad bezahlte Offiziere im Voraus alle Geschütze und andere Kriegswaffen inaktiviert hatten, und auf der kroatischen Seite waren etwa 300 000 gut bewaffnete, von pensionierten amerikanischen Offizieren und Legionären ausgebildete Soldaten.

Dieser faschistische Trend, der vor dem Bürgerkrieg und zu dessen Beginn in Kroatien entstanden ist, hat im heutigen Nachkriegskroatien tiefe Wurzeln geschlagen und natürlich auch im heutigen Serbien. Meiner Meinung nach wird es noch lange dauern und es wird noch viel Blut fließen, um diese faschistische Seuche vollständig auszurotten, weil der Balkan ohne Blut nicht atmen kann. Verängstigte linke faschistische Politiker der beiden Länder haben nicht den Mut, sich offen den heutigen Ustascha- und Tschetniktätern entgegenzustellen, die ihnen aus dem Schatten, dem Parlament und dem Abgeordnetenhaus den Alltag dirigieren.

Die Unabhängigkeit Kroatiens wurde 1991 Tatsache. Nach dem gewonnenen Bürgerkrieg war es Tudjman und seinem Siegerteam vollumfänglich gelungen, ihren ursprünglichen Kriegsplan umzusetzen, der in erster Linie nur aus drei Punkten bestand:

A. Die Gründung eines unabhängigen kroatischen Staates.
B. Die gründliche Ausraubung Kroatiens zugunsten einiger verdorbener kroatischer Kapitalisten.
C. Die endgültige Vertreibung des historischen Störfaktors, der dort sesshaften Serben aus Kroatien.

Somit ging für die kroatische Kriegsführung und all ihre faschistischen Bruderschaften mit der uneingeschränkten Unterstützung von Deutschland und den Vereinigten Staaten der alte Ustascha-Traum des Ante Pavelic, eines vom störenden serbischen Volk befreiten Kroatiens, in Erfüllung. Ehre sei ihnen!

Ich persönlich halte es heute nicht für falsch, dass die Serben aus Kroatien vertrieben wurden. Diese Menschen hatten dort fast sechshundert Jahre gelebt, und vor allem dank der serbisch-orthodoxen Kirche und ihrer Hartnäckigkeit gelang es ihnen, ihre Religion, ihre Sitten und ihre serbische Identität zu bewahren. Das ist gut so. Leider hielten sich die Serben in der Krajina für unbesiegbare Krieger des himmlischen, also toten serbischen Volkes. Sie betrachteten die Kroaten seit Jahrhunderten als mindere Wesen, da die Mehrheit dieser Kroaten, wenigstens in Dalmatien, Konvertiten waren und somit in den Augen der kroatischen Serben Verräter und Schurken, die ihre Bräuche, Lieder und alles Kulturerbe in den anderen Glauben mitgenommen hatten. Die kroatischen Serben haben und werden nie ein unabhängiges Kroatien akzeptieren, in dem sie im Rahmen der Verfassung nicht die gleichen oder mehr Rechte als die Kroaten haben. Die größten historischen Fehler machten sie selber, als sie nach dem Zweiten Weltkrieg als Sieger und Titos Partisanen die Volksrepublik Kroatien in ihren heutigen Grenzen schufen und akzeptierten, dass im Namen der kroatischen kommunistischen Partei zusammen mit einigen der seltenen kroatischen Kommunisten die Republik verwaltet und regiert wurde. Damals, nach dem Kriege, hatte niemand von den Kommunisten den Mut, Tito entgegenzutreten, so auch die kroatischen Serben. Sie verlangten für sich selbst keine autonome Provinz aller serbischen Regionen in Kroatien. Als Kriegsgewinner waren die kroatischen Serben fünfundvierzig Jahre in Kroatien praktisch an der Macht, führend in allen politischen, polizeilichen, militärischen und wirtschaftlichen Ressourcen. Sie erkannten die real existierende kroatische faschistische Gefahr nicht und stellten sich schließlich so dumm an, dass sie alles verloren. Törichterweise glaubten sie an ihr Kämpfertum, an die Vielzahl der Waffen zur territorialen Verteidigung, die meist in der Krajina stationiert war, und natürlich an die brüderliche Militärhilfe aller Serben und der Republik Serbien. Sie hatten weder einen strategischen Plan, noch wussten sie, welche Gebiete sie von Kroatien für sich selbst beanspruchen wollten. Am Ende haben sie es verdient, was ihnen die Kroaten mit Hilfe der faschistischen Verbündeten angetan haben. Sie wurden vertrieben und nahmen nur ihre vollgeschissenen Unterhosen mit, wie nach dem Sturm der erste kroatische Präsident so schön jubelte.

Kroatien ist heute ein klerikaler faschistischer Staat, in dem es fast keine Säkularität mehr gibt. Zwanzig Jahre nach dem Krieg wurden zahlreiche kroatische Faschisten auf alle wichtigen Posten in Armee, Justiz, Polizei, Diplomatie, Kultur, Fernsehen, Zeitungen und natürlich in der Politik gehievt, die einfach keine Demokraten sind. Sie suchen ständig eine Möglichkeit, einen Umsturz im Land zu inszenieren, um, wie bereits im Zweiten Weltkrieg geschehen, die absolute Macht zu übernehmen und die faschistische Diktatur wiederherzustellen. Mit Faschisten gibt es keine Demokratie, und das wird einst die Mehrheit der Kroatinnen und Kroaten, die sich gefährlich vom faschistischen Infekt anstecken ließen, erkennen müssen, besser früher als später.

Die Situation in Serbien ist praktisch die Gleiche. Ein solch armseliger, primitiver und wilder Faschismus existiert sicherlich in keinem anderen Land auf dem Balkan. Man kann es mit dem Kosovo vergleichen, der unter den Augen seiner europäischen Schöpfer noch einen anderen kriminellen, terroristischen, islamischen Staat im Herzen des Balkans errichtet. Serbien ist in Kriminalität, Blut, Anarchie und Faschismus versunken. Durch immer öfter angesetzte Wahlen versucht die faschistische Regierung, rechtmäßig eine Mehrheit im Land zu erreichen und ihre Macht auf diese Weise definitiv zu stärken. Glücklicherweise sind die Serben in erster Linie zerstrittene, halbintellektuelle, primitive Menschen, alle sehr gierig nach Macht und Geld, sodass es leicht passieren kann, dass ihnen das längerfristig nicht gelingen wird bzw. der faschistische Sieg nicht ganz erreicht werden kann, weil sie ähnlich wie die Kroaten wegen Europa heute gezwungen sind, Demokraten zu spielen.

Jugoslawien war ein gut bewaffnetes Land und immer bereit für den Krieg. So wollte es Josip Broz Tito und so wurden Generationen von Jugoslawen erzogen. Jugoslawien wurde bewaffnet und das Geld für die Waffen kam vor allem aus westlichen Ländern, weil dieses Land die erste Verteidigungslinie gegen die kommunistische Sowjetunion sein sollte. Darüber hinaus ermöglichten diese Länder Jugoslawien, ihre eigenen Waffenfabriken zu bauen und ihre eigenen Waffen zu produzieren, Gewehre, Kanonen, Haubitzen, Panzer, Raketen und sogar Flugzeuge. Nach einem nationalen Verteilschlüssel wurden Fabriken für die Herstellung der Waffen in allen Republiken Jugoslawiens gebaut. Die Gebiete in den Bergen und in zerstreuten, aber geografisch zentral gelegenen Regionen waren für solche Fabriken besonders geeignet. Seit Jugoslawien Teil der blockfreien Staaten geworden war, wurde es zu einem größeren Exporteur von konventionellen Waffen auf der ganzen Welt. Darüber hinaus schuf Jugoslawien ein neues Verwaltungssystem in den Fabriken und in der Produktion, die Selbstverwaltung. Soziales Eigentum gehörte rechtlich betrachtet den Arbeitern, war aber in Wirklichkeit unter Kontrolle des Bundes der Kommunisten oder der Republik. Der qualitativ gut organisierten territorialen Verteidigung standen massenhaft Waffen zur Verfügung, weil jeder Erwachsene im Falle eines Verteidigungskrieges eine Waffe in die Hand bekommen sollte. Mit diesen Waffen wurden in den 1990er Jahren vor allem die Bürgerkriege im ganzen ehemaligen Jugoslawien geführt.

Diese totale Militarisierung des jugoslawischen Staates, die Selbstverwaltung und die Blockfreiheit waren ein Dorn im Auge der europäischen Länder. Deutschland und andere ausländische Geheimdienste fanden in Jugoslawien genug bezahlte Verräter, die nach dem Tode von Tito bereit waren, Jugoslawien von innen zu zerstören. Durch Ausnutzung des schwachsinnigen, aber leicht zu verwirklichenden Bestrebens der Faschisten auf dem Balkan, dazu die sich beginnende Auflösung der Sowjetunion nutzend, begann der heimtückische, systematische Angriff auf die Integrität Jugoslawiens. Die dümmste und schmutzigste Rolle zu Beginn der politischen Unruhen hatte die Jugoslawische Volksarmee, die sich als klassischer Papiertiger erwies. Diese Armee war weder jugoslawisch noch Volksarmee, wie sie es sein sollte, sondern es zeigte sich eine Herde von dummen nationalistischen Offizieren in schönen Uniformen, aber mit totalem Durchzug in den Köpfen. Ihre primäre Aufgabe war es gerade, Jugoslawien vor allen äußeren und inneren Feinden zu schützen, und dafür hatten sie einen Eid geleistet. Diese Eide wurden leichtsinnig mit Füßen getreten, die heilige Pflicht der Verteidigung Jugoslawiens vergaßen diese hirnlosen, unintelligenten und dazu noch unmoralischen Offiziere einfach und ordneten sich schnell in das nationale Gehege ein. Ihre moralische und patriotische Pflicht wäre es gewesen, bereits nach den ersten politischen Auseinandersetzungen in Jugoslawien, also kurz nach Titos Tod, die Armee in totale Kriegsbereitschaft zu versetzen, die politische Entwicklung im Lande genau zu beobachten, die faschistischen ausländischen Spione ausfindig zu machen und baldmöglichst alle bekannten Nationalisten in ganz Jugoslawien zu verhaften und nach militärischem Kurzverfahren zu verurteilen. Wären damals rechtzeitig tausend unmoralische Menschen und ausländische Spione aus dem Weg geräumt worden, wäre es zu keinem Bürgerkrieg gekommen. So haben das südamerikanische Armeen gemacht. Die Jugoslawische Volksarmee bekam von Tito und der Partei die Aufgabe, die Integrität von Jugoslawien zu verteidigen. Diese Aufgabe hätte sie unter allen Umständen erfüllen müssen. Dann hätte ein jugoslawisches Referendum abgehalten werden sollen mit einer einzigen Frage: „Wollen Sie, dass Jugoslawien ein Bundesstaat bleibt?" Sollte die mehrheitliche Antwort aller Bürger Jugoslawiens auf diese Frage „ja" gewesen sein, dann hätte man den Pluralismus auf Bundesebene ermöglichen und alle nationalen Parteien verbieten sollen. Die Jugoslawische Armee sollte die gleiche Rolle übernehmen, wie sie Atatürks Armee seit Jahrzehnten in der Türkei innehatte und so den heutigen Türken ein großes und reiches Land hinterließ, das heute von Erdogan leider in einen islamischen Staat verwandelt wird. Die ehrlosen und meist halbintelligenten Offiziere der Jugoslawischen Armee kamen durch einen nationalen Verteilschlüssel zu ihrem Rang und in ihre Positionen, und durch diese negative Selektion wurde die Armee völlig geschwächt.

Die Serben in Kroatien schätzten zu Beginn des Jahres 1991 ihre realen Möglichkeiten und ihre wirkliche militärische Macht völlig falsch ein. Sie hatten weder konkrete politische noch territoriale Ziele, gingen in den Krieg wie Esel in den Nebel. Wenn man weiß, wer sie politisch geführt hat, dann gewinnt dieser Vergleich an Bedeutung. Der Waffenbesitz aus den Lagern der territorialen Verteidigung blendete sie und aus Serbien kamen falsche Signale in die Krajina über die Existenz eines neuen Jugoslawiens. Aus Serbien flossen zunächst Gelder, die vor allem den Offizieren, den leitenden Angestellten und verschiedenen, hauptsächlich faschistischen Freiwilligen zugutekamen, aber nur so lange, wie die Krajina gehorsam war. Die herrschenden Krajina-Esel brauchten sehr lange, um die lange Grenze der Krajina zu Kroatien und Bosnien zu sehen und ebenso ihre geringe Einwohneranzahl zu erkennen. Sie wollten die Tatsache, dass der Westen Kroatien in Titos Grenzen relativ früh anerkannt hatte, nicht akzeptieren. Statt ihren Status mit Kroatien zu verhandeln, überschätzten sie ihre Kräfte und haben am Ende gerechtfertigt bekommen, was sie verdient haben.

Milosevics gefährliche Politik der Gewalt hatte in diesem damaligen historischen Moment keine Chance. Europa brauchte kein Großserbien, aber vorzugsweise eine Reihe von wirtschaftlich schwachen und nach langer Kriegsdauer fast unbewaffneten kleinen Staaten, mit denen politisch und militärisch leicht umzugehen war. Diese armseligen Kleinstaaten sind heute Europa und der Welt so unbedeutend geworden, dass sie nicht mehr der Rede wert sind. Das Einzige, wozu diese neuen faschistischen Kreationen im Stande sind, ist die Aufrechterhaltung der Flamme des Hasses gegen alle ihre Nachbarn. Dadurch entziehen sie bewusst ihren eigenen jungen Generationen jede Perspektive.

Mit dem Beitritt zur NATO nimmt die Bedeutungslosigkeit dieser Länder noch zu, sodass eines Tages ihre Soldaten mit fremden Waffen in den Händen sich an Konflikten anderer Leute beteiligen werden. Für mich hat das Balkanvieh nichts anderes verdient.

Bodensee

Während und nach dem Bürgerkrieg in Kroatien ging ich meiner Arbeit in der Firma nach. Dort gab es in jenen Jahren, wie zu erwarten war, Probleme bei der Arbeit. Wieder kam ein neuer Direktor in unser Unternehmen und begann Arbeitsplätze abzubauen, um schnell höhere Gewinne einzufahren. Er spielte einfach den großen Chef. Seine Aufgabe war es, das Aluminiumwalzwerk zu verkaufen, hundert Arbeiter zu entlassen und unsere Arbeit noch mehr auf die Folienproduktion für die Pharmaindustrie zu fokussieren. Er war ein typischer Secondo mit einem ausgeprägten Minderwertigkeitskomplex. Wie die meisten Secondos in der Schweiz wollte er allen zeigen, was für ein intelligenter und wichtiger Direktor er war. In seiner Präsentation unseres Unternehmens, das notabene schon mehr als hundert Jahre alt war, klang es, als ob er seit seiner nicht allzu langen Ankunft praktisch die Firma erschaffen und mit Hilfe seines Zauberstabes am Leben gehalten hat. Er war unberechenbar und kam irgendwie auf die glänzende Idee, auch mich zu entlassen. Ich hatte ihm, wie auch jedem anderen Manager in der Firma, zu wenig Respekt erwiesen, von dem er normalerweise lebte. Mehrere gescheite Leute erklärten ihm, dass Experten wie ich nicht auf den Bäumen wachsen und nicht so schnell ein Ersatz zu finden sei. Zwei Jahre lang wurde in Europa nach einem adäquaten Ersatz für mich gesucht, aber natürlich niemand gefunden. Als nach zwei Jahren klar wurde, dass sie keinen Ersatz finden konnten, verlangte ich die Aufhebung meiner temporären Chefstelle und die offizielle Ernennung zum Leiter des Entwicklungslabors, eine Arbeit, die ich ad interim schon mehr als zwei Jahre gemacht hatte. Mein Begehren war erfolgreich, aber natürlich konnte ich all die Schikanen, denen ich ausgesetzt war, nicht vergessen und von da an – welch Wunder – engagierte ich mich nicht mehr allzu sehr bei der Arbeit. Ich sorgte dafür, dass alles Nötige nach Vorschrift gemacht wurde und dass, wenn möglich, ich persönlich ein Minimum in die Arbeit investieren musste. Ich begann die Gelegenheit zu nutzen, häufiger offiziell auf Kosten der Firma zu reisen, prüfte in so genannten Audits zahlreiche Firmen in ganz Europa und verfolgte aktiv nur jene Projekte, die mich persönlich interessierten. Das gelang mir meistens auch in den letzten sieben Jahren meiner Berufstätigkeit, d. h. bis zu meiner Frühpensionierung Ende 2011. Am Ende meines Arbeitslebens war ich sehr zufrieden mit mir und meiner gesamten Rolle in der Firma, in der ich fast zweiunddreißig Jahre meines Berufslebens verbracht hatte. Der kranke „Secondo" musste in der Zwischenzeit, was zu erwarten war, die Firma verlassen und seine Nachfolger mussten sich mächtig anstrengen, seine Fehler wiedergutzumachen. Ich habe es mir ermöglicht, das Unternehmen zu einem Zeitpunkt zu verlassen, als es mir passte, und dabei schaffte ich es, meine Betriebszugehörigkeit ordentlich in Geld zu verwandeln. Viele Male habe ich ältere Kollegen gesehen, die in diesen letzten Arbeitsjahren im Unternehmen schikaniert und erniedrigt wurden. Ich ging wirklich auf dem Höhepunkt meiner Karriere und das war jedem in der Firma zu diesem Zeitpunkt bewusst. Eine große Zufriedenheit bei meinem Austritt war, dass meine Frau und ich genug Geld verdient und gespart hatten, damit ich mir den Luxus leisten konnte, mit weniger als neunundfünfzig Jahren mit der Arbeit aufzuhören. Bei einem Jahresverdienst von brutto 120.000 Franken, wie es bei mir der Fall war, muss jemand gute private und materielle Gründe haben, um freiwillig zu kündigen. Für mich war die Entscheidung, in Rente zu gehen, ein großer moralischer Sieg. Relativ jung die Chance zu haben, in Zukunft nur das zu tun, was man will, und dazu sein ganzes zukünftiges Leben selbst finanzieren zu können, ist meiner bescheidenen Meinung nach die reine und völlige Freiheit. Ich hatte einen Plan, welche privaten Projekte ich den nächsten Jahren angehen und welche Wünsche ich mir erfüllen will. Das Schreiben dieser Zeilen ist eines dieser Projekte. Ein weiteres Mal in meinem Leben habe ich nicht die einfachste Lösung gewählt, aber ich fasste bewusst den Entschluss, in Zukunft mein finanzielles Schicksal selbst in die Hand zu nehmen und das Beste daraus zu machen. In die Vorbereitung des Ruhestandes investierte ich alle meine intellektuellen Fähigkeiten und trat gut vorbereitet schließlich in den Ruhestand. Endlich wurde ich ein freier denkender Mensch, ein Rentier.

Aber drehen wir das Rad der Zeit ein wenig zurück. 2002 kam unerwartet mein Bruder aus Südafrika (RSA) mich besuchen. Er hatte seine Frau und seine Kinder verlassen und wollte in der Schweiz bei mir bleiben und ein neues Leben ohne seine Familie beginnen. Zuvor hatte ich ihn 1993 und 2000 zweimal in Südafrika besucht. Ich sah seine Lebensumstände und musste erkennen, dass aus meinem Bruder ein charakterschwacher Spieler und Schürzenjäger geworden war und dass seine ganze Familie in irgendeiner spielsüchtigen anormalen Atmosphäre lebte. Sie wollten alle gut leben und alles kaufen, was sie sich realistischerweise nicht leisten konnten. Harte Arbeit, Lernen und Sparsamkeit, um möglicherweise langsam zu Wohlstand zu gelangen, war für sie keine logische Lösung für ihr Leben. Jeder von ihnen wollte auf irgendeine Art und Weise vorzugsweise über Nacht reich werden. Der Hauptschuldige für ihre chronische Finanzknappheit war sicher mein spielsüchtiger Bruder, was ihm alle Mitglieder seiner lieben Familie tagtäglich unter die Nase rieben. Seine Frau ist eine wahre Šibenka, die selber in ihrem Leben nichts Kluges und Großes zustande gebracht hat, aber von ihrem Mann dreist erwartet, dass er ihr Reichtum und Luxus schafft. Realistisch gesehen ist sie die Einzige, die mit etwas Klugheit ihre finanzielle Situation hätte verbessern können. Mit Köpfchen und Mut hätte sie ihr eigenes Geschäft in Südafrika eröffnen können. Auf diese Weise wäre sie zur Kapitalistin geworden und hätte für sich selbst und ihre Familie gearbeitet.

Mein Bruder ist schon damals nicht in der Lage dazu gewesen, unabhängig zu atmen und zu leben oder für seine Frau irgendeine Art von Reichtum zu verdienen. Instabil, wie er immer gewesen ist, wurde er ein Spieler und so gelang es ihm relativ schnell, seine Familie zu zerstören. Als er in die Schweiz kam, war er wie immer voller Emotionen, aber weder körperlich noch geistig fähig, ein neues Leben wo auch immer zu beginnen. Ein Computer war für ihn eine schreckliche Kiste voller Geheimnis-

se und er war nicht in der Lage, normal zu überlegen und irgendeine sinnvolle Arbeit zu leisten. Er dachte, er habe das Recht,
volle Unterstützung von anderen zu fordern, aber selbst nichts
dazu beizutragen. Mein Bruder ist leider auch im Kapitalismus
Kommunist geblieben. Er war weder bereit, seine krankhafte Lebensweise zu ändern, noch ernsthaft und hart an sich zu
arbeiten, um möglicherweise zwölf Jahre der Untätigkeit und
Stagnation zu kompensieren. Schließlich erkannte ich, dass es
für einen Mann wie ihn in der Schweiz keine Arbeit gab. Ent-
nervt und irritiert von seiner Untätigkeit, Trägheit, Inkompe-
tenz, begleitet von bewusstem Nichtstun, schickte ich ihn nach
anderthalb Monaten fort. Er ging für einen Monat nach Šibenik
zu den Eltern. Es scheint, dass er diesen Schock gebraucht hatte,
denn nach drei Monaten in Europa, in denen er keinen Franken
verdient und stets auf Kosten anderer gelebt hatte, entschied
er sich, zu seiner geliebten Familie nach Südafrika zurückzukehren. Das Flugticket nach Südafrika wurde ihm von unseren
Eltern bezahlt. Dort hatten in der Zwischenzeit seine Frau und
sein Sohn die Führung eines Restaurants übernommen. Welche
Übereinkunft er am Ende mit ihnen hatte, weiß ich nicht, aber
ich fühlte, dass ich schlussendlich wieder derjenige sein werde,
der ihre Rechnungen bezahlt. Während seines Aufenthalts bei
mir sah ich, dass er nicht in der Lage ist, etwas anderes zu tun,
als Taxi zu fahren. Er konnte sich nicht länger als ein paar Minuten auf eine Sache konzentrieren und das Schlimmste war,
dass er nicht in der Lage war, selbständig zu funktionieren. Er
konnte nicht kochen, waschen, normal denken. Das Einzige, was
er wie jede andere Amöbe gelernt hat, war essen, schlafen und
seine Notdurft verrichten. Hätte er allein in Südafrika leben
müssen, wäre er, wie die meisten ehemaligen Jugoslawen, an
AIDS erkrankt und schließlich armselig in einem schmutzigen
Hinterzimmer gestorben. Diese Tatsache ist der einzige Grund,
warum ich ihn immer finanziell unterstützt habe. Als er nach
Südafrika zurückgekehrt war, begann er als Handlungsreisen-
der für den Fleischverkauf zu arbeiten, aber bald holte ihn seine
Spielsucht wieder ein und er musste bei verschiedenen Leuten

Geld leihen. Er wurde ein Mann ohne einen Funken Charakter, wie eine flatternde Feder im Wind. Dann brauchten sie plötzlich 10.000 Euro, um ihre Schulden zu begleichen und schließlich das Restaurant zu verkaufen. Nach schweren Kämpfen mit mir selbst schickte ich ihnen schließlich das Geld. Als Gegenleistung verlangte ich von meinem Bruder, dass er mir seinen Anteil am Grundstück in der Martinska überließ. Sie schafften es, ein Dokument, das ich ihnen zugeschickt hatte, zu unterzeichnen, so erhielt ich schlussendlich imaginär etwas für all mein geliehenes Geld. Schon lange vertraute ich meinem Bruder und seiner Familie nicht mehr. Eine kleine Zusammenfassung ihrer Unternehmungen zeigt, dass sie am Anfang bei der Übernahme des Restaurants ohne einen Franken Eigenkapital ein Darlehen von 30.000 Franken von mir und anderen bekommen hatten. Später beim Abgang musste wieder ich ihre Schulden begleichen. Ich und die anderen Geldgeber werden dieses Geld nie wieder zu sehen bekommen. Ihr Sohn bezahlte mit meinem Geld die Schulden und verkaufte das Geschäft für 10.000 Euro. Das Geld steckte er in seine Tasche, um sich selbständig zu machen und ein eigenes Unternehmen zu gründen. Mit diesem Geschäft schaffte er es, im Alter von vierundzwanzig Jahren bankrott zu gehen. Danach verließ er Südafrika für immer und seitdem irrt er in der Welt herum. So machen es die echten Balkaner, sie bedienen sich des Geldes anderer, scheitern dann und fliehen, einen Berg Schulden hinterlassend.

Damit war es mit der Unverschämtheit und dem Untergang meines Bruders nicht zu Ende, es ging noch weiter. Einige Jahre später rief er mich an und bat erneut um Geld, um seine großen Spielschulden von rund 10.000 Euro bezahlen zu können. Verschiedene Gläubiger waren ihm auf den Fersen und verlangten ihr Geld zurück. Er fürchtete um sein Leben und drohte sogar, sich selbst umzubringen. Nach langen Diskussionen mit ihm und seiner Frau, vor der er natürlich seine erneuten Spielschulden hatte verheimlichen wollen, gewann ich nochmals meinen inneren Kampf und schickte ihm das erforderliche Geld. Ich hatte gerade etwas flüssiges Geld zur Verfügung, sodass mir dieses Darlehen keine großen Kopfschmerzen bereitete, aber ich erkannte, dass ich meinen Bruder definitiv verloren hatte.

Ich muss noch etwas anderes über seine Frau und ihre miserable Rolle bei der Spielsucht meines Bruders schreiben. Als ich im Jahr 2000 zu Besuch bei ihnen war, überredete ich meinen Bruder zu einer Therapie für anonyme Spieler und begleitete ihn dorthin. Daraufhin sollten er und seine Frau einmal pro Woche das Treffen der anonymen Spieler besuchen und durch diese Gruppentherapie, die Jahre dauern kann, seine Sucht zu heilen versuchen. Als seine Frau mit all diesen spielsüchtigen Männern, in der Regel totale Versager, und mit ihren noch elenderen Frauen in einer Runde zusammensaß, wollte sie nicht mehr dorthin gehen, weil die Šibenka und ihr Mann natürlich viel besser waren als diese Penner. So wurde sie in meinen Augen zusammen mit meinem Bruder eine gleichwertige und aktive Komplizin bei der Zerstörung ihrer Familie.

Als mein Bruder und ich 2013 endlich unser Land austauschten und ich de jure endlich Eigentümer von Zweidrittel des Nachlasses wurde, profitierte mein Bruder wiederum, weil ihm ein anderes Stück Land weiter hinten auf dem Hügel geblieben ist. Alle Arbeiten bezüglich der Teilung machte unsere Schwester, aber die Kosten bezahlte ein Drittel meine Schwester und ich zwei Drittel. Mein Bruder war am Teilungsverfahren nicht beteiligt und es kümmerte ihn auch nicht, wer das alles bezahlte. Er ist die große Enttäuschung meines Lebens, weil ich nicht verstehen kann, wie jemand, der mit mir verwandt ist, so wenig gesunden Menschenverstand haben und ohne Rückgrat sein kann.

Zusammen mit seiner Frau zog er einen charakterlosen, faulen und für die Gesellschaft gefährlichen Sohn groß, der in der Welt herumirrt, auf der Flucht vor sich selbst. Mein Bruder ist zurzeit wieder Taxifahrer, seine Frau arbeitet immer noch in einer Boutique in einer Mall, sein Sohn ist fünfunddreißig und hat in seinem Leben noch nicht viel gearbeitet. Nachdem er fast die ganze Westseite des Globus bereist hat, arbeitet er derzeit in Norwegen. Die Tochter meines Bruders hat ein Studium in Psychologie abgeschlossen. Sie lebte und arbeitete einige Zeit in

Kapstadt, heute ist sie achtundzwanzig Jahre alt und arbeitet ebenfalls in Norwegen, anscheinend in einem Restaurant. Mir ist jedoch nicht klar, warum sie überhaupt studiert hat.

2003 starb meine Mutter. Dies war zu erwarten gewesen, denn die letzten fünfzehn Jahre war sie nur gelegentlich sie selbst, sorgte sich nicht um ihre Gesundheit, bewegte sich zu wenig, was für sie unentbehrlich gewesen wäre, sondern lag tagelang auf der Couch, trank ihre Sedativa und zeigte sich streitsüchtig. So ging sie ganz plötzlich von uns fort, aber sie war ganz bewusst auf ihr einziges Ziel, den Tod, zugeschritten. Obwohl sie schreckliche Angst vor dem Tod hatte, konnte sie ihre selbstmörderische Mission nicht mehr stoppen. Als geborene Katholikin glaubte sie tief in sich nicht an die Wiedergeburt. Aufgrund der Geschichten über Himmel und Hölle ahnte sie, wo ihr Platz sein wird. 2004 kaufte ich auf ausdrücklichen Wunsch meines Vaters ein Familiengrab auf seinen Namen. In dieses Familiengrab wurde dann der Sarg meiner Mutter, der bisher in einem gemeinsamen Grab mit anderen gewesen war, überbracht.

Seither lebt mein Vater nun allein in seinem Haus. Nach Operationen seines Leistenbruchs und des grauen Stars gelang es ihm relativ schnell, sein Leben zweckmäßig zu organisieren, sodass er heute mit mehr als siebenundachtzig Jahren noch unabhängig leben kann. Er ist geizig geworden, trägt Sorge für sein Geld und lebt in Šibenik wie ein einsamer Wolf, umzingelt von Hunden. Abgesehen von der Familie meiner Schwester hat er keine persönlichen Kontakte in der Stadt. Er altert würdig, verbraucht seine Pensionsgelder und wartet, dass alles vorbeigeht. Mit seiner Rente hat er genug zum Leben und kann alle Nebenkosten bezahlen. Er will nicht mehr auf Reisen gehen und wünscht keine Veränderungen mehr in seinem Leben. Als ich Ende 2003 mit ihm nach Novi Sad gehen wollte, um seine Schwester zu besuchen, machte er mir am Vorabend unserer Abreise eine Szene. Er wollte überhaupt nicht verreisen, obwohl ich für den nächsten Morgen ein Taxi bestellt hatte. Am andern Morgen war er dennoch reisefertig, und wir sind am Abend in Novi Sad angekommen. Diese Reise rief bei ihm keine großen Emotionen hervor, sondern erhöhte nur seine Angst vor dem Leben in Kroatien. Wir verbrachten eine Woche in der Vojvodina. Seitdem habe ich festgestellt, dass er zwar nicht krank, aber alt ist. Ich muss ihn seinen Weg gehen lassen, wohin und wie er will. Er duldet niemand an seiner Seite, aber unlängst hat er sich bei mir beklagt, dass er einsam ist. Er sollte langsam erkennen, dass jedes Verhalten seine Folgen hat. Seine beharrliche, dumme Haltung zu meiner Schwester im Streit über die Aufteilung des Nachlasses und seine tiefe Überzeugung, dass mein Haus in Wirklichkeit sein Eigentum war, hat uns völlig entfremdet. Ich mache einen kurzen Besuch wenn ich mich in Šibenik aufhalte, aber wir haben uns nicht mehr viel zu sagen. Er hat es sich angewöhnt, sich selbst zu genügen, und das ist gut so für ihn. Mir ist völlig verständlich, dass es ihm nicht gelungen ist, in Šibenik einige soziale Kontakte zu knüpfen. Meiner Meinung nach hätte er zwei Jahre nach Mutters Tod die Wohnung verkaufen und Šibenik für immer verlassen sollen. Aber er hatte weder den Mut noch den gesunden Menschenverstand für diesen Neuanfang. Ich muss sagen, dass ein Mann, der nicht versteht, dass er in einem Land lebt, wo weder seine beiden Söhne noch ihre Kinder sicher leben können, meinen Respekt nicht verdient. Solche Dinge sollte jeder Elternteil selbst fühlen.

Im Jahr 2007 heiratete mein älterer Sohn, er richtete seine Hochzeit selber aus. Er wünschte es so und wollte nicht, dass sich jemand in die Vorbereitung des Festes einmischt. Bei der Hochzeit war außer mir niemand vom Balkan anwesend. Im selben Jahr wurde seine Tochter und zwei Jahre später sein Sohn geboren. Er und seine Familie leben gut, verdienen anständig und verbrauchen fleißig ihr Geld für die Wohnung, Kleidung, Nahrung, für Auto und Urlaub. Sie gehen bis zu fünfmal jährlich in Ski- oder Badeferien. Er ist nur am Heute interessiert, wer weiß, vielleicht ist diese Art des Denkens besser. Der jüngere Sohn schloss ein Medizinstudium ab und arbeitet heute in einem Krankenhaus in Bern. 2016 beendete er seine Facharztausbildung und arbeitet nun als Oberarzt. Bei meinen beiden Söhne hat sich die Theorie bestätigt, dass Kinder bei der Geburt die Intelligenz ihrer Mutter annehmen und nicht des Vaters. Daher haben überdurchschnittlich intelligente Väter leider durchschnittlich intelligente Kinder.

Seit Ende 2011 bin ich im Ruhestand, besser gesagt, ich bin Rentier. Meine Frau ist seit Juni 2015 im Ruhestand. Zurzeit haben wir keine finanziellen Probleme und irgendwie habe ich es geschafft, mich selbst zu überzeugen, dass man nur einmal lebt.

Schon als Junge habe ich geträumt, eines Tages auf einem Schiff die Welt zu umrunden. Im Jahr 2015 gelang es mir, diesen alten Kindheitstraum zu verwirklichen. Als ich vor anderthalb Jahren ein Inserat für eine Weltreise las und sah, dass ich sechsundzwanzig Länder bereisen kann, darunter einundzwanzig mir noch unbekannte, schlug ich meiner Frau vor, auf diese Reise zu gehen. Zuerst reagierte sie wie gewöhnlich ablehnend und etwas seltsam auf meinen Plan, der für mich schon feststand. Nach mehreren heißen Diskussionen erklärte sie sich bereit, unsere Plätze an Bord zu reservieren. Wir mussten eine Anzahlung von zwanzig Prozent des Gesamtpreises machen und sprachen dann bis einen Monat vor der Abreise nicht mehr viel darüber. Wir erhielten schriftliche Unterlagen über jedes zu besuchende Land, aber meine Frau hatte keine Lust, dieses Material im Voraus zu lesen und sich so über die Reise und alle Länder zu informieren. Ich sagte ihr, dass ich nicht die ganze Zeit den Reiseführer spielen werde, sondern dass sie sich selbst auch um die Reise und deren Vorbereitung kümmern müsse. Wie üblich wollte sie meine Ratschläge nicht hören. Ich war überzeugt, dass ich mich auf dem Schiff gut zurechtfinden und beschäftigen werde, wobei ich vor allem an Sport und möglicherweise Schreiben dachte. Das größte Problem für mich war, mit meiner Frau fast einhundert Tage im selben Bett zu schlafen. Wegen ihrer Gewohnheit, nie vor Mitternacht schlafen zu gehen, aber schon vor dem Fernseher einzuschlafen, ihres Schnarchens und meines regelmäßigen Verzehrs großer Mengen Alkohols haben wir seit zehn Jahren getrennte Schlafzimmer. Andere größere Probleme sah ich für unsere erste Weltreise nicht. Wir packten unser Hab und Gut in vier Koffer, bestellten einen mazedonischen Albaner, der uns mit seinem Taxi frühmorgens zum Flughafen Zürich fuhr, wo bereits viele andere Reisende und fünf Busse warteten, um die zweihundertfünfzig Passagiere nach Savona zur Einschiffung zu bringen.

Es waren überwiegend ältere, meist über siebzigjährige Mitreisende. Schon auf der Hinfahrt im Bus ließ sich ein wichtiger Charakterzug aller zukünftigen Weltreisenden erkennen. Jeder war nur auf sich selbst und auf seinen Partner fixiert. Wir egozentrischen alten Männer und Frauen waren überzeugt, dass wir nicht nur unsere Kabine, sondern auch praktisch das ganze Schiff und seine Besatzung unser Eigen nennen durften. Für die meisten von uns waren alle anderen Passagiere nur langweilige, störende Statisten, die in erster Linie ihrer imaginären Idylle auf dem Weg um die Welt nachgehen wollten. Jeder wollte für sein Geld, das er in diese Reise investiert hatte, möglichst viel Aufmerksamkeit, Respekt, Essen, Getränke, Service und Geschenke bekommen, wenn nötig auch auf Kosten anderer Passagiere. Die Selbstsucht und der mentale Geiz der meisten psychisch einsamen alten Menschen an Bord kannten keine Grenzen. An Bord gab es eine Menge Leute, die alleine reisten, und diese Egozentrik war ein charakteristisches Merkmal aller Reisenden. Es waren meist Italiener, Franzosen, Spanier, Deutsche, Schweizer, Holländer und Skandinavier. Alle diese alten Leute hatten ein ähnliches Verhaltensmuster. Vor allem Franzosen, Spanier, Deutsche und Italiener kommunizierten fast nur mit Landsleuten, weil die überwiegende Mehrheit keine Fremdsprachenkenntnisse hatte. Für die meisten war es kein großer Nachteil, da alle notwendigen Informationen auf dem Schiff in italienischer, deutscher, englischer, französischer und spanischer Sprache veröffentlicht wurden. Die meisten dieser alten Leute hatten keine höhere Ausbildung, es war für sie wie ein Abschied von der Welt und sie hatten den Wunsch, sich allen an Bord und in der fernen Heimat im besten Licht zu präsentieren. Für den Schiffskapitän war es die erste Weltreise unter seinem Kommando. Fast alle Passagiere nutzten die Möglichkeiten der modernen Kommunikation und waren immerwährend am Fotografieren und am Kommunizieren mit ihren Angehörigen auf dem Festland.

Ich mag das Leben an Bord nicht im Detail beschreiben, sondern nur auf das Leben von meiner Frau und mir auf unserer Reise zurückblicken. Bei unserer Ankunft auf dem Schiff hatte ich die Möglichkeit, für fünfzig Euro pro Tag und Person ein Paket von Dienstleistungen zu kaufen. Wir konnten jeden Tag das Spa benutzen, jeder von uns hatte sechs Massagen und Yogalektionen zugute und wir konnten auf der ganzen Reise in einem kleinen Spezialitätenrestaurant essen, das nur etwa fünfzig Sitzplätze hatte. In diesem Restaurant bestand das Essen vor allem aus Fisch, Muscheln und Krustentieren und war meistens sehr schmackhaft zubereitet. Das Essen traf nicht immer den Geschmack meiner Frau, sie brauchte etwas Zeit, um sich an diese Küche zu gewöhnen, ebenso an das Spa und alle anderen Vorteile, die ich eingekauft hatte. Am liebsten ging sie tanzen, dazu gab es reichlich Möglichkeiten, am Morgen, am Nachmittag und am Abend. Meine Frau tanzt gerne und schließlich gab es auch Männer, die gerne tanzten, manchmal ältere, aber natürlich waren da auch die jungen Animateure und Tanzlehrer, mit denen sie täglich in Tanzkursen war. Ich ging täglich ins Training, aß und trank gut und viel und schlief regelmäßig lange. All diese an Bord organisierte Unterhaltung für die Massen interessierte mich nicht. Abends im Bett durfte meine Frau nicht lesen, weil ich dann regelmäßig in der Nacht aufwachte und so in meiner Ruhe gestört wurde. Sie verzog sich dann ins Badezimmer, um vor dem Schlafengehen lesen zu können. Sie war wie immer etwas stur, konnte oder wollte sich nicht anpassen, nicht gut essen, nicht immer mit mir, mit anderen Gästen und dem Personal kommunizieren, sich nicht stilvoll kleiden, sich nicht die Haare färben lassen und ähnliche wichtige Sachen des Alltags. Sie vergaß manchmal, dass ich auch an Bord war. In meinen Augen handelte sie unmöglich und wir hatten deshalb mehrere Streitigkeiten. Am Tisch konnte ich mit ihr nicht über etwas Wichtiges reden, weil sie sofort in Jammern und Selbstmitleid verfiel. Für sie gab es an Bord vor allem Unterhaltung und Tanz. In mehreren älteren Paaren, die jeden Abend tanzten, sah sie unsere Zukunft. Ein Paar, beide um die achtzig, sahen für mich aus wie alte, schön zurechtgemachte Puppen, die versuchten, sich tanzend am Leben zu halten. Sie tanzten für das Publikum und verließen nach einem Monat zum Glück das Schiff. Ich hatte nichts dagegen, dass meine Frau mit anderen tanzt, aber ich wollte mich nicht in diese meiner Meinung nach sinnlose Aktivität hineinziehen lassen. Für mich ist tanzen nur eine sexuelle Annäherung und nichts mehr. Mehrere Paare, die meiner Meinung nach reine Exhibitionisten waren, tanzten vor alten, gebrechlichen und neidischen Menschen, die sie beobachten und auch mit sich selbst verglichen. Es gab Männer und Frauen, die allein unterwegs waren und intensiv neue Abenteuer suchten. Es gefiel mir nicht, dass meine Frau mit diesen meist älteren Damen verkehrte, da sie nicht in der gleichen Situation wie diese einsamen Alleinreisenden war und ich mir meine Weltreise etwas anders vorgestellt hatte. Nach einiger Zeit ging sie zum Friseur und wir kauften für sie ein schönes Kleid. Wir vereinbarten, dass wir uns mehr Zeit füreinander nehmen wollten. Bisher hatte jeder sein Programm und wir sahen uns praktisch nur, um miteinander essen zu gehen, denn am Abend ging ich früh schlafen. Von nun an unterbrach jeder seine Aktivitäten und wir trafen uns zur abgemachten Zeit in unserer Kabine und das funktionierte gut. Eine weitere gute Idee war, nebst dem Erwerb des Spa-Paketes mir einen Basketball zu kaufen, damit ich unabhängig und außerhalb der regulären Zeiten Basketball spielen konnte. Somit konnte jeder außerhalb der fixen Termine weiterhin seinen Aktivitäten und Beschäftigungen nachgehen.

Meine Vorstellung, dass ich auf dem Schiff schriftstellerisch tätig sein werde, brach ich nach ein paar Versuchen bereits nach zwei Wochen ab. Mein Tag auf dem Meer war hauptsächlich ausgefüllt mit Sport, Sauna, Essen und Trinken. Ich trank reichlich alkoholische Getränke zu den Mahlzeiten und in der Zeit, während meine Frau beschäftigt war, was aus der Rechnung von über dreitausend Franken hervorgeht, die ich nach drei Monaten erhielt. Durch regelmäßige Saunabesuche und Sport am Morgen und am Nachmittag war ich in der Lage, die großen Mengen Alkohols zu verarbeiten, und ich fühlte mich großartig. Ich war in einer sehr guten körperlichen Verfassung. Ich spielte täglich Basketball, lief und sprang mit dem Ball herum, ohne dass mich Muskeln oder Gelenke schmerzten. Ich schaffte es mit knapp dreiundsechzig Jahren, ohne Verletzungen zu trainieren, viel zu essen, viel zu trinken und ein gutes Sexualleben zu haben. Dieses Leben, das ich an Bord führte, und die Tatsache, dass ich außer mit meiner Frau mit niemandem kommunizieren wollte, war mein größter Erfolg auf unserer Reise um die Welt. Natürlich ging ich mit meinem konsequenten Benehmen den Mitreisenden auf die Nerven, sie waren eifersüchtig auf mich und meine Frau, was mich nicht weiter störte.

Noch eine andere Sache verstärkte meine Freude und mein Wohlbefinden an Bord, das waren unsere relativ großen finanziellen Ressourcen. Zum ersten Mal hatte ich beschlossen, nicht über die Menge des Geldes nachzudenken, das ich ausgebe, sondern zu leben und zu konsumieren, als wenn ich morgen sterben würde. Im Besitz mehrerer Kreditkarten und einer Menge Bargeld in den Taschen fühlte ich mich wie Gatsby. Dieses Gefühl von Reichtum verursachte in mir eine Begierde und die Möglichkeit des bedingungslosen Geldausgebens war meine tägliche Stimulation. Nur in einer Beziehung behielt ich die Kontrolle über mein Finanzgehabe, das war das Glücksspiel. Ein Casino befand sich an Bord und ich hatte Zeit und Geld, jeden Tag zu spielen, aber ich hatte kein Bedürfnis danach, das Glücksspiel hat mich einfach nicht angezogen.

Nachdem meine Frau meine Vorschläge akzeptiert hatte, sich eine neue Frisur zulegte und sich eleganter kleidete, sah sie irgendwie hübscher und jünger aus und wir kamen uns wieder näher. Ich versuchte ihr zu erklären, dass Tanzen nicht alles im Leben ist und dass sie sich mehr um mich kümmern muss und ein bisschen weniger um ihre Tanzpartner. Im letzten Drittel war dann unsere Reise noch schöner als zuvor. Insgesamt hatten wir eine intensive, interessante und nicht allzu aufregende Reise. Ich schaffte es, meine Frau zu überzeugen, dass ich sie brauche und dass sie mir trotz meiner dominanten Rolle in unserer Beziehung in Zukunft von großem Nutzen sein wird.

Jetzt, wo alles vorbei ist und wir wieder zu Hause sind, kann ich sagen, dass ich mir meinen großen Kindheitstraum erfüllt habe. Ich verspreche mir feierlich, dass ich auch in nächster Zukunft regelmäßig versuchen werde mich zu beschenken, wie es auch Djuro Jaksic gemacht hat und ich es meiner Meinung nach verdient habe.

Bisher bin ich in über fünfundsiebzig Ländern gewesen und mein Ziel ist, die Anzahl besuchter Länder auf hundert zu erhöhen. Falls ich dieses Ziel erreiche, werde ich danach wohl nicht mehr das Bedürfnis verspüren, weiterhin die Welt zu bereisen, wahrscheinlich werde ich zu alt dafür sein. Eine Tatsache habe ich immer vor Augen, nämlich dass sich in meinem Alter mein Gastauftritt auf dieser Erde dem Ende nähert. Ich werde versuchen, die letzten Jahre meines Daseins möglichst bequem zu verbringen und noch viele unerfüllte Wünsche zu verwirklichen.

Die bisher besuchten Länder sind:

1. Ägypten, 2. Antigua, 3. Aruba, 4. Australien, 5. Barbados, 6. Belgien, 7. Belize, 8. Bosnien und Herzegowina, 9. Botswana, 10. Brasilien, 11. Bulgarien, 12. Costa Rica, 13. Dänemark, 14. Deutschland, 15. Dominikanische Republik, 16. England, 17. Estland, 18. Fidschi, 19. Finnland, 20. Frankreich, 21. Grenada, 22. Griechenland, 23. Hawaii, 24. Holland, 25. Indien, 26. Irland, 27. Italien, 28. Jordanien, 29. Kanada, 30. Kap Verde, 31. Katar, 32. Kolumbien, 33. Kroatien, 34. Lettland, 35. Lichtenstein, 36. Litauen, 37. Luxemburg, 38. Malaysia, 39. Malta, 40. Marokko, 41. Mazedonien, 42. Mexiko, 43. Monaco, 44. Montenegro, 45. Neuseeland, 46. Norwegen, 47. Oman, 48. Österreich, 49. Panama, 50. Polen, 51. Portugal, 52. Republika Srpska, 53. Rumänien, 54. Samoa, 55. Santa Lucia, 56. Schweden, 57. Schweiz, 58. Serbien, 59. Singapur, 60. Slowakei, 61. Slowenien, 62. Spanien, 63. Sri Lanka, 64. Südafrika, 65. Sveta Gora (Athos), 66. Swaziland, 67. Thailand, 68. Tschechien, 69. Tunesien, 70. Türkei, 71. Ungarn, 72. USA, 73. Vatikan, 74. Vereinigte Arabische Emirate, 75. Zypern.

Die Politik Amerikas nach dem Zweiten Weltkrieg ist voller Unsinn, Hegemonie, krimineller Handlungen, Morde, Putsche, Bewaffnung falscher Gruppen, Nationen und verschiedener religiöser Fanatiker. Summa summarum kann man sagen, dass Amerika die weltweit größte Enttäuschung des 20. Jahrhunderts gewesen ist und im 21. Jahrhundert zu einem Alptraum und einer allgemeinen globalen Bedrohung wird.

Durch ihr Eingreifen leisteten die Amerikaner an weit entfernten Kriegsschauplätzen auf jeden Fall eine große Hilfe zur Beendigung der beiden Weltkriege und dass somit ungerechte Kaiserreiche und Diktaturen nicht mehr an der Macht geblieben sind. Gleichzeitig aber haben sie durch das Schüren von Konflikten und Konterrevolutionen in Lateinamerika, Asien und heute vor allem im Nahen Osten so viele schlechte Dinge gemacht, dass die bisherigen guten Taten vollständig im Meer der Verbrechen und Ungerechtigkeiten versinken. Die kürzliche Unterstützung faschistischer Kräfte in der Ukraine und die ständige fruchtlose Konfrontation mit Russland und China ergänzen das negative Bild der US-Politik.

Die Amerikaner sind Meister darin, am Anfang eine Partei in einem Konflikt zu fördern und zu unterstützen, sie aber dann wie eine heiße Kartoffel fallen zu lassen. Der heutige Islamische Staat (IS), eine sunnitische Terrormiliz, ist ihr Bastard, der über Saudi-Arabien für die Bekämpfung ihres wichtigsten Gegners, der Schiiten, bewaffnet wurde. So wurde eine negative militärische Legende geschaffen. Durch ihre Stationierung im Irak gaben die Amerikaner dem IS genügend Zeit, militärisch stark zu werden, unabhängig zu agieren, das Kalifat auszurufen und wichtige Teile Syriens und Iraks besetzt zu halten. Gut zu wissen, dass der heutige Kalif Bagdadhi mehr als vier Jahre in einem amerikanischen Gefängnis im Irak saß und, wie es scheint, nach guter militärischer Ausbildung wieder freigelassen wurde, um seinen islamischen Traum zu verwirklichen. Die Angst vor einem Kalifat im Nahen Osten und im arabischen Mittelmeerraum ist jetzt realistisch, weil das Kalifat leider bereits im Jemen, im Sudan, in Somalia, Afghanistan, Libyen, Syrien und im Irak existiert. Alle Verbrechen des IS werden von arabischen Ländern finanziert, die reich an Öl sind und nicht wissen, was sie mit ihrem Reichtum anfangen sollen. Natürlich geschieht dies mit der bewussten Unterstützung der Amerikaner, die von Anfang an genaue Kenntnis haben, wo ihre Waffenexporte am Ende zum Einsatz kommen werden. Wie groß dieser bösartige Arm des sunnitischen Islams in zehn Jahren sein wird, bleibt abzuwarten. Eine Tatsache gibt es zu bedenken: Solange Saudi-Arabien und andere durch Erdöl reich gewordene arabische Länder in Geld schwimmen und den Amerikanern alle Arten von Waffen abkaufen, so lange wird der IS gedeihen und seinen blutigen Krieg im Nahen Osten fortsetzen. Die schmutzige US-Politik gegenüber den Schiiten sollte gestoppt werden, aber ich sehe im Moment nicht von wem. Es gibt ein wenig Hoffnung, dass der Iran militärisch wieder stark wird, Hilfe wird er von den Russen und Chinesen holen müssen. Allein durch diese Tatsache wird er langsam seine Souveränität verlieren, was die schiitischen geistlichen Führer nicht so leicht schlucken werden.

Amerika bewaffnete die Tschetschenen im Kampf gegen die Russen, und jetzt kämpfen sie gegen diese Tschetschenen in Syrien und im Irak. Im Kampf gegen die Sowjetunion bewaffneten sie in Afghanistan al-Kaida und die Taliban. Nach der Vertreibung der Russen griffen dann diese Terroristen die USA und die ganze freie Welt offen an. Den Amerikanern ist es mithilfe der NATO gelungen, aus Afghanistan einen wichtigen Produzenten von Heroin zu machen, das ihre Spionagedienste in der ganzen Welt verteilen. Nun versuchen sie, dieses arme Land mit einer Menge Waffen und Talibankämpfern sich selbst zu überlassen. Sie beseitigten Saddam Hussein im Irak, nur weil in diesem Land Kurden, Sunniten und Schiiten relativ friedlich Seite an Seite lebten. Das strategische Ziel, diese labile Koexistenz zu zerstören, ist gelungen. Amerika unterstützt immer noch auf der ganzen Welt aktiv den mehrere Jahrhunderte alten religiösen Konflikt zwischen Sunniten und Schiiten. Sollten sich diese beiden religiösen Gruppen jemals versöhnen und beginnen zu kooperieren, wird sich die ganze Welt radikal verändern. Die

Amerikaner bombardieren wieder den Irak, Syrien und Afghanistan und denken, obwohl nicht selbst im Land anwesend, dass sich in diesem langfristigen Konflikt die blutrünstigen muslimischen Banden einst erbarmungslos untereinander auslöschen werden. Für die Menschheit wäre es nicht schade, weil sich die Muslime sowieso stark vermehren. Fast eine Milliarde Muslime gibt es auf dieser Erde mit Tendenz zur exponentiellen Vermehrung. Sie wollen die Botschaft des Korans verwirklichen, die ganze Welt zu beherrschen, zu unterjochen und die Ungläubigen auszurotten. Sie wollen alle bestehenden Religionen der Welt unterwerfen und zerstören und sie werden nur durch Anwendung von Atomwaffen zu stoppen sein. Dann wird das islamische Problem gelöst sein, aber das Leben auf diesem Planeten wird für alle anderen deutlich anders sein.

Ich denke, die Wahrscheinlichkeit eines Atomkriegs ist in den nächsten zwanzig Jahren höher als je zuvor in der Menschheit. Bitten wir alle bekannten und unbekannten Götter, dass sich die zerstrittenen Sunniten und Schiiten nie vereinen werden und dass in Amerika irgendein dummer Präsident erscheint, der endlich die Vernichtung der Muslime befiehlt. Statt dass die USA eng mit Russland im Kampf gegen den islamischen Terrorismus kooperieren, wird bewusst versucht, allen islamischen Hass auf die Slawen zu übertragen. Auf dem Balkan sind bereits mit ihrer Unterstützung drei muslimische Staaten, Bosnien, Kosovo und Albanien, entstanden. Bewusst destabilisieren sie Mazedonien mit Hilfe der Kosovaren und ihrer Falken. Die Amerikaner verhalten sich wie ein Raufbold auf dem Balkan. Dieser schickt einen Bengel vor, um auf jemanden einzuschlagen. Sobald sich das Opfer gegen den kleinen Tyrannen zu verteidigen beginnt, tritt der Gewalttäter in der Regel in Begleitung zweier Mittäter in Aktion, um den Mann zu verprügeln. So werden die Amerikaner abwarten, bis die Serben auf die Islamisten im Kosovo, in Bosnien und Novi Pazar reagieren, und werden sie dann verteidigen gehen. Russland ist schwach und zu weit weg, um die Balkanslawen zu verteidigen, sodass mit etwas Glück der Balkan wieder im Blutbad versinken wird.

Ich wünsche, dass die Vereinigten Staaten einmal auf ihrem eigenen Territorium die Freude und Begeisterung eines echten Krieges erlebt. Es wäre schön, wenn Europa und der Balkan vom Krieg verschont blieben und der Krieg sich irgendwo an der Westküste Amerikas, im Pazifik und in Asien abspielen würde.

Aber das ist mehr mein boshafter Balkanwunsch als tatsächliche und mögliche Realität. Kriege werden heute und künftig, wie bereits in alten Zeiten, um die Ölfelder im Nahen Osten, um Trinkwasser und andere wichtige Bodenschätze geführt. Der Krieg wird in strategischen Ländern, durch die Öl und Gas geleitet werden sollen, geführt. Weil dies künftig nur durch befriedete Länder möglich sein wird, werden zugleich diese Staaten die Politik der NATO umsetzen – auch bekannt als US-Politik. Die NATO ist in Europa der verlängerte Arm der Vereinigten Staaten und setzt strikt deren Politik um, weil Amerika fast achtzig Prozent der Organisation finanziert. Mit der heutigen Flüchtlingswelle, die Europa überschwemmt, nimmt Amerika jetzt Rache an Europa wegen seiner Zurückhaltung im Krieg im Irak. Die USA werden sicherlich bald versuchen, die hochmütigen kleinen arabischen Staaten außer wirtschaftlich jetzt auch militärisch zu besetzen und systematisch deren großen Reichtum zu erbeuten. Auf welche Art und Weise das geschehen wird, kann ich jetzt noch nicht sagen, aber es ist klar, dass es geschehen wird. Die aktuellen Kriege der Schiiten und Sunniten im Irak, in Syrien und im Jemen und die Verschärfung der Rhetorik Saudi-Arabiens gegenüber dem Iran sind die ersten Schritte in Richtung eines allgemeinen Aufruhrs. Die Amerikaner destabilisieren über die NATO Russland, schwächen es wirtschaftlich und installieren in verschiedenen Nachbarländern Raketen, stationieren dort NATO-Truppen und Panzer. Diese Länder an der Grenze zu Russland sind die Ukraine, Georgien, Estland, Litauen, Lettland und Polen. Alle diese Länder betreiben heute eine offene russlandfeindliche Politik, was ihnen Russland nie verzeihen wird. Wie schäbig Amerika auch gegen seine eigenen Verbündeten handelt, zeigt die Tatsache, dass in ganz Europa die Zahl strategischer Nuklearwaffen erhöht wird. Es wird erwartet, dass Russland diese Länder im Falle eines Atomkrieges zuerst bombardieren wird. Dieses Szenario existiert ganz bewusst in realen apokalyptischen Plänen, verbunden mit der Hoffnung, dass Europa größtenteils zerstört wird und Amerika verschont bleibt. Wir wollen hoffen, dass ein solches Szenario niemals eintreten wird, da auch die Gewinner diesen Krieg nicht lange überleben werden.

Das heutige Russland ist militärisch gesehen eine schwache Nachahmung der einst mächtigen Sowjetunion. Reich an Mineralien, Öl und Gas konnte sie die diesen Reichtum meistens innerhalb der Grenzen der Russischen Föderation behalten. Seit Jahrhunderten schon haben alle Faschisten Europas und heute ihre Brüder aus den Vereinigten Staaten, China und der muslimischen Welt von der Eroberung und Zerstückelung des größten Landes der Welt geträumt. In den letzten zwei Jahrhunderten griffen zwei damals riesige Militärmächte, vertreten durch Napoleon und Hitler, Russland an und versuchten es zu erobern und zu versklaven. Sie waren nicht in der Lage, aber ich bin sicher, dass es irgendwo in der Welt wiederum einige Verrückte gibt oder dass diese vielleicht erst geboren werden, die es noch einmal versuchen werden. Die NATO hat mit der Aneignung der Anrainerstaaten Russlands und mit ihrer erfolgreichen Hilfe der russophobischen politischen Strukturen in diesen Ländern den ersten Schritt zur Vorbereitung eines neuen faschistischen Angriffs auf Russland gemacht. Ich hoffe, dass die Russen im entscheidenden Moment wachsam und stark genug sein werden und bereits jetzt wissen, wie sie auf diese sehr reale Gefahr reagieren müssen. Die primitive erpresserische Politik der Vereinigten Staaten wird nicht leicht durchkommen, da Europa gemeinsam dagegen opponiert, denn es hat erkennen müssen, dass diese Konfrontation das Ende Europas bedeuten würde. Bedauerlicherweise verteidigt heute Deutschland die russischen Interessen in Europa, denn historisch gesehen war es schon immer neidisch auf die russischen Weiten und die riesigen Bodenschätze. Es ist an der Zeit, dass die Amerikaner nach dem längst vergangenen Bürgerkrieg auf ihrem eigenen Territorium wieder zu spüren bekommen, was Krieg und Zerstörung ist. Die Russen besitzen außer Atomwaffen auch genug konventionelle Waffen, sind aber leider noch immer schwach in der modernen Technik.

Die Amerikaner möchten gerne ihren Raketenschutzschild in Europa ausprobieren, aber der vernünftigere Teil Europas wird es nicht zulassen, dass die USA mit seiner Existenz spielt. Bei einem Atomangriff würden als Erstes Europa und Russland zerstört und darauf würden Indien, China und Nordkorea die USA zerstörten. Vielleicht aber gewinnt der gesunde Menschenverstand und erleuchtet den einen oder anderen. Die Russen müssen noch einmal einsehen, dass im Allgemeinen die ganze Welt gegen sie ist. Sie werden immer als gute Kriegsbeute angesehen, daher müssen sie wieder zu sich selbst und zu ihrem slawischen Geist und ihrer Kraft zurückkehren. Russland muss mit einer intelligenten und langfristigen Politik Verbündete in seiner unmittelbaren und ferneren Umgebung suchen.

Die Europäer starteten vor sechzig Jahren die Europäische Union, ein großes Projekt, das nicht erfolgreich sein wird, wenn die heutigen Politiker der Union die große Dummheit ihrer Pioniere nicht verbessern. Diese Pioniere begannen das Projekt Europäische Union ohne grundlegende Führungskenntnisse für ein einfaches Projekt. Das bedeutet in diesem konkreten Fall, sie versäumten es, den Zeitraum zu bestimmen, der nötig ist, um aus vielen egoistischen europäischen nationalen Ländern eine gut funktionierende Konföderation der europäischen Staaten nach dem Vorbild der Vereinigten Staaten zu schaffen. Dies müssen die gegenwärtigen und zukünftigen Generationen beschränkter europäischer Politiker dringend korrigieren. Diese Zeitspanne sollte meiner Meinung nach mindestens zweihundert Jahre betragen. Bisher ist also nur etwa ein Viertel der Zeit vergangen, die nötig ist, damit die Europäische Union zu funktionieren beginnt. Die unfähigen ehemaligen und heutigen europäischen Politiker, die in sich selbst und in ihre Nation verliebt sind und den schnellen Ruhm suchen, sollten auf den Boden der Tatsachen zurückkommen und nicht kurzfristig denken. Es gilt, einen Zeitplan zu erstellen und darin festzuhalten, was jede Generation zu tun hat, um einst das gemeinsame Ziel zu erreichen. Sie müssen weitsichtig, geduldig und fleißig wie die Bienen sein. Auch müssen sie ihre Landsleute detailliert und gut informieren, damit alle die einfache Tatsache verstehen und akzeptieren, dass Europa ein langfristiges Projekt ist, das nur durch ihre zukünftigen Nachkommen realisiert werden kann. Auf diese Weise können sie langsam und ohne Hast die Leitlinien für die künftige konföderale Europäische Gemeinschaft ausarbeiten. Zur gleichen Zeit müssen sie ihrer lokalen Wählerschaft die einfache Weisheit bekannt machen, wie hoch die Gesamtkosten zur Bildung der Europäischen Union sein werden, und deutlich machen, dass dieser Traum erst um 2150 erreicht werden kann. Dadurch wird der Druck von ihnen selbst genommen und ihre Schafe werden genug Zeit haben, sich über Generationen auf dieses Projekt einzustellen. Schon deshalb sollten die heutigen laufenden Kosten der EU drastisch gesenkt und auch die Gehälter aller Beamten gestoppt werden. Diese sollten gezwungen werden, für ein Honorar zu arbeiten oder für das gleiche Gehalt, das sie in den Herkunftsländern verdienen. Auf diese Weise würde ein Europa nur von denen gebaut, die tatsächlich daran glauben, und nicht von jenen, die in der Politik leicht ihr Brot verdienen wollen und zum Teil gegen Europa sind.

Wie komme ich auf zweihundert Jahre? Ein denkender Mensch sollte die Geschichten etwas kennen. Man muss sich erinnern, dass es genau so viel Zeit dauerte, bis nach einem blutigen Bürgerkrieg erfolgreich eine Konföderation von fünfzig Staaten geschaffen wurde und die Vereinigten Staaten von Amerika entstanden sind. Die Geschichte hat eine Antwort auf alle heutigen Probleme, nur sollte der Mensch klug sein und dieses Wissen nutzen. Damit die Idee eines konföderalen Europas erfolgreich abgeschlossen werden kann, sollte dringend in allen jetzigen und zukünftigen EU-Ländern das gleiche Schulsystem vom Kindergarten bis zur Universität eingeführt werden. Es wäre der erste entscheidende längerfristige Schritt, den alle heutigen Generationen machen sollten. Mit ähnlichen Schulprogrammen würden künftige Generationen aller europäischen Länder lernen, was für ein normales Leben von Bedeutung ist, und sie wären geistig auf einer ähnlichen Wissensebene. Heute sind Wissen und Bildung der Bürger in den einzelnen Ländern so unterschiedlich und unzureichend, dass sich die Menschen untereinander nicht einmal verstehen können, geschweige denn zusammen ein neues Europa schaffen. Schritt für Schritt würden sich all diese verschiedenen Menschen näher kommen und parallel dazu käme es langsam zu einer politischen Übereinstimmung. Vieles wurde in der EU bereits verwirklicht, aber wie wir sehen, steht eine Menge noch auf wackeligen Füßen. Es gilt, das Fundament zu verstärken und allen Ländern deutlich zu sagen, was ihre Pflichten sind, wie hoch die Kosten sind und wann die Grundlagenfestigung abgeschlossen sein wird.

Seit Jugendtagen schwelte in mir der Wunsch, etwas niederzuschreiben. Ich hoffte, eines Tages Schriftsteller zu werden. Ich dachte, dass es dafür nicht nötig sei, ein Literaturstudium zu absolvieren. Also beschäftigte ich mich mit anderen für mich und meine Familie wichtigeren Dingen. Ich wartete auf den richtigen Moment, wenn ich mehr Freizeit haben würde, um mit dem Schreiben zu beginnen, und jetzt scheint der richtige Zeitpunkt gekommen. Aufgrund dieser Erkenntnisse und trotz verschiedener technischer Probleme bin ich auf gutem Wege, langsam diesen Text zu vervollständigen und im Computer abzuspeichern. Heute ist es viel einfacher, etwas niederzuschreiben, als noch vor dreißig Jahren. Dank der Arbeit eines fleißigen Mannes habe ich es geschafft, mein Tagebuch, das ich seit 1975 geführt habe, zu digitalisieren. Mein Drang zu schreiben ist durchdrungen vom Wunsch, Erlebtes zu erklären und eine klare Botschaft an alle, die mich kennen, zu übermitteln. Ich fühle die Notwendigkeit, meine Sicht der Dinge, die mir in meinem Leben passiert sind, darzulegen, abzustecken und mein bisheriges Leben zu rekapitulieren.

Ich bin auf gewisse Art ein echter Ignorant. Mein Leben hat mich gelehrt, dass man den Menschen nicht trauen kann und dass gute Menschen eine sehr seltene Erscheinung sind.

Das Leben ist ein Kampf, das Leben ist eine Herausforderung, das Leben ist schön, auch wenn es durch die Anwesenheit verschiedener Menschen beschmutzt wird. Für mich ist das Leben phänomenal, weil ich erkannt habe, dass ich nur ein Leben habe. Wenn man lernt, sich nur auf das zu konzentrieren, was einem am wichtigsten im Leben ist, wenn man begreift, dass man hartnäckig und egoistisch sein muss, weil die anderen intelligente Gründe oder anständige Erklärungen nicht verstehen können oder wollen, dann hat man bereits die erste Schwelle zum endgültigen Erwachsenenalter überquert. Man kann niemanden zwingen, glücklich, gut oder schlau zu sein. Man kann nicht erwarten, dass jemand aus dem eigenen Umkreis gute Ratschläge annimmt, weil alle Menschen nur gerne materielle Hilfe entgegennehmen, die sie nicht zurückerstatten und im Allgemeinen weiterhin die gleichen Fehler machen und bewusst oder unbewusst gegen sich selbst und ihre Nächsten und Liebsten arbeiten. Ich denke, dass viele Menschen weder sich selbst noch ihre Nächsten wirklich lieben und aufgrund dieser ungesunden Abneigung alles tun, um sich selbst und alle anderen um sich herum zu zerstören. Meinem Bruder sagte ich irgendwann, dass er seine Familie so sehr liebt, dass er sie eines Tages zerstören wird. Er und seine Frau sind auf dem besten Wege, das zu tun. Hier sind wir bereits bei der negativen und schlechten so genannten Šibenik-Mentalität. Kurz und klar kann diese in einem einfachen Satz formuliert werden: Am Morgen lieben sie sich selbst nicht und am Nachmittag die ganze Welt. Die meisten Kroaten sind nach dem Bürgerkrieg noch auf der Suche nach Komplimenten „catching for compliments" von Ausländern, die auf Besuch sind. Das ist natürlich verständlich, wenn jemand trotz seines schlechten Gewissens und trotz seines tiefen Hasses dennoch regelmäßig in die Kirche geht, dort ganz einfach Vergebung für seine Sünden empfängt und dazu den weisen Rat, wie man in Zukunft noch mehr hasst. Diese heuchlerische kroatische katholische Kirche nährt in ihren Predigten leider nur bösartigen und gemeinen Hass, aber keine brüderliche Liebe

Einige Priester dieser Kirche haben immer noch nicht das Mittelalter verlassen, einige haben es verlassen, aber bewusst die Tür hinter sich nicht geschlossen, sodass alle Ideen dieser Zeit wie ein Luftzug noch immer die kroatischen Geistlichen umsäuseln und wie Opium betäuben. Das Gleiche gilt für die serbisch-orthodoxe Kirche. Ihre relative Armut verstärkt die Distanz zur heutigen Realität. Die ungebildete serbische Geistlichkeit ist im Bösen verstrickt und in ihrem Charakter verdorben. Beide Kirchen waren und sind auch heute nur daran interessiert, möglichst viel Geld von den Gläubigen zu bekommen, große Beträge zu entfremden, um ihren Reichtum zu vergrößern. Sie denken dabei nicht an den wahren Zweck ihrer Berufung, den Gläubigen Güte und Liebe für den Nächsten zu vermitteln. Der Reichtum der orthodoxen und katholischen Kirche füllt langsam, aber sicher die Taschen des Klerus. In einem säkularen Staat ist es unvorstellbar, dass der Staat Gelder direkt an die Kirche zahlt und die Vertreter derselben Kirche sich dann täglich dreist in die Tagespolitik ihres Staates einmischen. Die armseligen und in der Regel törichten kroatischen Politiker verteidigen weder ihre Würde noch das Interesse ihrer Wähler. Zu denken, dass der Papst in Rom die Probleme der arroganten Kirche in Kroatien retten kann, ist naiv. Gemeinsam versuchen sie einen Priester heilig zu sprechen, der offiziell für Kriegsverbrechen und die aktive Unterstützung des Ustascha-Regimes verurteilt wurde. Der kroatische und der serbische Staat sollten bestimmen, dass jeder Gläubige freiwillig die Kirchensteuer zahlt, wie es in den meisten europäischen Ländern der Fall ist. Dann wären beide Kirchen völlig abhängig von ihrer Gläubigen und müssten sich intelligenter und wohlüberlegter verhalten, damit die Kirchgänger ihnen weiterhin aus eigener Überzeugung Geld geben. Es wird noch lange bis zur Einführung dieser gerechten Kirchensteuer dauern, weil der kroatischen Kirche der Löffel in den Honig gefallen ist und sie natürlich keine Risiken eingehen will, wohl wissend dass ihre treue Schafherde lieber Geld als das Kreuz hat. Die römisch-katholische Kirche hat seit Jahrhunderten den Katholizismus auf dieser Seite der Adria am Leben erhalten, beherrscht, organisiert, gelehrt und geführt. Die katholische und die serbisch-orthodoxe Kirche werden wie eine Mafiaorganisation mit Paten, Bischöfen und Patriarchen und Priestern dieser Kirchen geführt, die nicht fromm sind und sich nicht an Gott oder an die Zehn Gebote halten, sondern eher wie religiöse Krieger handeln, ich nenne sie Taliban ihrer Religion. Meiner Meinung nach gibt es leider wirklich zu viele Taliban in der orthodoxen und der katholischen Kirche. Ein Taliban ist für mich eine Person, die an etwas glaubt und diesen ihren Glauben wenn nötig mit Gewalt verbreitet und zugleich alle zerstört, die anderen Religionen angehören. Diese orthodoxen und katholischen Taliban, die zum Teil aus den Reihen nationaler militärischer Einheiten rekrutiert wurden, haben schnell erkannt, dass die Zugehörigkeit zur Kirche ihr persönliches Paradies auf Erden ist. Daher sind sie nicht gerade begeistert, nach einem unbekannten und unsicheren neuen Paradies am Himmel Ausschau zu halten. Die jahrhundertelange finanzielle Intransparenz dieser gottlosen Organisationen hat es vielen gierigen und schlechten Menschen ermöglicht, zu profitieren. Verschiedene Skandale und reiner faschistischer Nationalismus sind es, womit sich diese beiden Kirchen schmücken. Unter den Priestern verstecken sich Pädophile, Mörder, Diebe, Homosexuelle und Wüstlinge. Alle diese haben in der Kirche eine wunderbare Dachorganisation gefunden, die sie schützt, belohnt, ernährt und, was am schlimmsten ist, praktisch alle Untaten dieser Menschen billigt. Mit einem schlechten Klerus entsteht keine gute Kirche. Der kroatische faschistische Klerus hat seine Schafe davon überzeugt, dass sie etwas Besonderes sind, und deshalb identifizieren sie sich mit Gott durch ihren Gruß „Gott und Kroaten". Auf diese Weise versuchen sie erfolgreich, die ewigen Verlierer wenigsten in ihren kranken Köpfen zu Menschen zu machen, die ihrer Meinung nach Gott am nächsten sind. Eine kleine Nation durchsetzt mit großen Dummköpfen. Auf diese Weise haben die Kroaten gezeigt, wie ähnlich sie den Serben sind. Die serbisch-orthodoxe Kirche und die serbische Politik ordnen ihre armen Schlucker in ein himmlisches serbisches Volk ein. Die faschistischen serbischen Geistlichen sehen sich und ihr Volk schon im Himmel und im Zentrum des Paradieses, wohl wissend, wie oft sie diese Leute verraten und vom Himmel und von Gott weggeführt haben. Somit haben alle Konvertiten auf dem Balkan die schlechten Sitten und Gebräuche ihrer ehemaligen Brüder übernommen. Denn kein europäischer Gläubiger nimmt sich das Recht heraus, sich selbst und seine Nation mit Gott gleichzusetzen. Die katholische Kirche hat den Leuten von Šibenik und seiner Umgebung ihre Identität, ihren alten Glauben genommen und ihnen nur die Chance gelassen, als Konvertiten zu überleben. Die älteste Kirche in Šibenik ist die griechisch-orthodoxe Kirche, deren Wände heute noch existieren, aber die orthodoxen und katholischen Gläubigen halten es nicht für notwendig, diese alte griechische Kirche zu renovieren. Die alten Mauern wurden leider während Jahrhunderten systematisch zerstört.

In der Stadt Šibenik gibt es keine einzige alteingesessene Familie, durch deren Adern kein orthodoxes Blut fließt. Demnach ist Šibenik heute die größte Konvertitenstadt in Kroatien. In der Mitte des 19. Jahrhunderts gab es in Šibenik eine orthodoxe Grundschule. Die reichsten Bewohner waren damals arbeitsame Orthodoxe, die nach dem Zweiten Weltkrieg ausgeplündert und enteignet wurden. Die ehemalige Regierung im 19. Jahrhundert – zum Glück nicht kroatisch – half aus ganzem Herzen mit, dass sich auch erklärte Serben in den Städten niederließen, ihre eigenen Kirchen, Friedhöfe und Schulen bekamen. Die kroatische Geistlichkeit war immer dagegen und hetzte die Katholiken gegen die Andersgläubigen auf, sodass diese praktisch gezwungen waren, ihren Glauben zu wechseln. Diese Konvertiten sind Menschen, die in erster Linie aus existentiellen Gründen den Glauben wechselten. Sie wurden dann in der ersten und zweiten Generation unter Kirchenbann gestellt und mussten täglich durch verschiedene Untaten gegen ihre ehemaligen Brüder den Beweis ihrer Loyalität für die katholische Kirche erbringen. Das war der beste und einfachste Weg, um ihre ehemaligen Brüder wirklich zu hassen und zu ignorieren. Das unehrenhafte und schmutzige Spiel der katholischen Kirche dauert bis heute an. Nur wer in den Kirchbüchern der kroatischen katholischen Kirche als Katholik eingetragen ist, kann sich Kroate nennen. Diese perfiden und rechtlich fragwürdigen Aufzeichnungen existieren heute noch. Durch Anhäufung von Reichtum spielt heute die kroatische Geistlichkeit eine wichtige politische Rolle. So viel zum Säkularismus.

Als viele Serben aus Šibenik und Kroatien erkennen mussten, aus welchem Umfeld sie stammten, nahmen sie zu Zeiten des ersten Jugoslawien oder nach dem Zweiten Weltkrieg die Gelegenheit wahr, um nach Belgrad zu ziehen. Die serbisch-orthodoxe Kirche in Šibenik und Kroatien liegt heute in den letzten Zügen. Die wenigen Menschen, die sich noch orthodox nennen, sind alt und trauen sich nicht, in die selten abgehaltenen Liturgien zu gehen. Der Eingang der orthodoxen Kirche in Šibenik wird durch Tische eines Cafés verstellt, sodass es den Gläubigen auch physisch unmöglich ist, in die Kirche zu gelangen. Die Orthodoxen sind meist verschwunden und haben die Gassen von Šibenik für immer verlassen. Es gibt kein Geld und keine Gläubigen mehr, sodass es auch keinen Klerus mehr gibt, der sich aus Angst vor körperlichen Angriffen praktisch vor der Öffentlichkeit verbirgt. Serbische Friedhöfe, serbische Kirchen und Klöster in Kroatien vegetieren in einer immerwährenden feindlichen Umgebung und verschwinden langsam. Dass Kroatien die serbische Frage definitiv gelöst hat, habe ich mit eigenen Augen im Zentrum von Zagreb in der Kathedrale am Blumenmarkt gesehen, wo in der Messe mehr Priester und andere kirchliche Mitarbeiter als Gläubige waren. Die Tatsache, dass es die Orthodoxen in Kroatien praktisch nicht mehr gibt, machte mich traurig. Auf der anderen Seite war ich froh zu sehen, dass mein Denken über das Schwinden der Serben in Kroatien keine Fata Morgana, sondern harte Realität ist. Aber auch die serbisch-orthodoxe Kirche in Serbien ist von sehr schlechten Menschen infiltriert, und es wird mindestens eine Generation dauern, bis sie verschwinden. Die Kirche sollte schon jetzt durch eine intelligente Personalpolitik versuchen, zu gut ausgebildeten Kaderleuten zu kommen. Die orthodoxen Taliban sind derzeit allgegenwärtig, das ist nicht gut für die Kirche und nicht für ihre Schafe. Die Orthodoxie sagt, dass ihre Gläubigen diejenigen sind, die den einzigen richtigen Glauben praktizieren. Die serbischen Faschisten als Angehörige einer kleinen Nation sind noch einen Schritt weiter gegangen. Sie nennen die Serben ein himmlisches Volk, also eine tote Nation, die aber nahe bei Gott und dem Paradies ist. Sapienti sat. Vor kurzem sagte ein hochrangiger katholischer Taliban aus Bosnien, dass die Serbische Republik nicht den Jahrestag ihrer Entstehung feiern darf, da sie aus Verbrechen und Blut entstanden sei. Hätte dieser Taliban hinzugefügt, dass das Gleiche für Kroatien gilt, das auch aus Verfolgung, Verbrechen und Blut entstanden ist, dann würde ich ihn nicht Taliban, sondern Priester nennen. Aber die Taliban sehen viel besser, was in anderer Menschen Gärten geschieht, aber sind blind gegenüber dem, was in dem Land geschah und immer noch geschieht, in dem heute der katholische Taliban gut bezahlt wird. Kein Land auf dem Balkan wurde ohne Ungerechtigkeit, Verbrechen und Blut geschaffen. In dieser Hinsicht sind alle Balkanvölker blutrünstig und ungerecht zu den anderen. Es gibt keine Unschuldigen auf dem Balkan.

Diese beiden kleinen Nationen, Serben und Kroaten und ihre Arschkriecher mit ihrem bedeutungslosen, unvernünftigen und ungebildeten Klerus, sind auf lange Sicht gesehen zum vollständigen Verlust ihrer Identität verurteilt. Rückblickend auf die Geschichte haben sie nichts anderes verdient. Durch ihre begangenen Plünderungen und Verbrechen haben sie ihre inquisitorischen Masken gelüftet. Ihre Untaten sind die gleichen, und sie sind weit entfernt vom Himmel und von Gott.

Der Beitritt Kroatiens zur Europäischen Union 2013 brachte nicht einmal annähernd die Transparenz, nach der sich die wenigen rechtschaffenen kroatischen Bürger gesehnt hatten. Wohl allen Kroaten ist heute die Tatsache klar geworden, dass sie fast in allem die Letzten in diesem so sehr ersehnten Europa sind, dass sie als die Roma oder Zigeuner Europas gesehen werden. Das geschieht ihnen recht, weil während des Zweiten

Weltkrieges gerade die Zigeuner in Kroatien gnadenlos verfolgt und getötet wurden. Zunächst werden sie Zeit brauchen, diese Tatsache zu verstehen, und dann noch Jahrzehnte, bis sich etwas zum Besseren verändert. Die Slowenen haben das bereits nach ihrer ersten Staatspleite etwas verstanden, denn ihr Blindflug in den europäischen Himmel ist auf unangenehme Weise angehalten worden, was mich als Balkaner zum Teil auch freut, weil die Slowenen für mich eine große Schuld am Auseinanderbrechen Jugoslawiens haben. Kroatien wird, wie auch die anderen armen Länder der Union, lange am Boden bleiben. Sehr schlechte Politiker, zu viele Diebe pro Quadratmeter und historische Lügen werden nicht zu Wohlstand führen. Heute ist die politische Ustascha-Idee zu einem integralen Bestandteil der nationalen Identität geworden. Viele kroatische politische Betrüger versuchen hartnäckig und kopflos vor dem „Balkan" zu fliehen, aber nach der Verbreitung vieler Lügen und Halbwahrheiten über Schulprogramme und Medien werden sie das nicht schaffen, bis sie den Balkaner in sich selbst töten. In ihnen herrscht immer noch die typische Balkanmentalität: „Es mag mir schlecht gehen, aber lieber Gott hilf, dass es meinem Nachbarn noch schlimmer geht" oder „Die Politik der Feinde meines Feindes ist mein Freund" hat auf dem Balkan nie jemandem etwas Gutes gebracht. Ich denke, der größte und gemeinste Fluch dieses Teils von Europa wird sein: „So Gott will, sollst du auf die Welt kommen und sterben als Balkaner." Ich weiß, dass mehr als vierzig Millionen Balkaner ganz glücklich sind, das zu hören, und sie werden nie Anstoß daran nehmen. Aber wenn man nach Europa eilt und der europäischen Kultur angehören will, müssen die künftigen Generationen mit einer qualitativen und wahrheitsgetreuen Bildung gelehrt werden, sich geistig und endgültig vom Balkan in sich zu lösen. Ich werde versuchen, die Situation in einem Satz zu beschreiben: „Wessen sich ein Narr lobt, dessen schämt sich ein kluger Mann." Tatsache ist, dass Kroatien in der faschistischen Umarmung all jener ist, die heute gut von diesem Land leben, davon gibt es mehr als eine halbe Million, ihre Familien nicht mitgerechnet. Das sind verschiedene Freiwillige, Veteranen, Invaliden, Beamte, alle von ihnen kämpfen krampfhaft darum, ihre Privilegien zu halten und möglicherweise zu vergrößern. Die Tatsache, dass die heutige erwerbstätige Bevölkerung Kroatiens dies zu leisten nicht mehr imstande ist, interessiert sie einen Dreck. Es wird für die Kroaten nicht einfach sein, sich aus dieser faschistischen Umarmung zu lösen. Viele haben erkannt, dass man ohne Arbeit auf Kosten des Staates gut leben kann, dass es sich nicht auszahlt, in Kroatien zu arbeiten und zu schaffen. So wird der Krug zum Brunnen gehen, bis er bricht. Die Ernüchterung aller Kroaten von diesem gefährlichen Rausch wird schwierig und schmerzhaft sein, aber für mich wird es eine echte Befriedigung sein. Was ich für Kroatien geschrieben habe, gilt auch für Serbien, nur müssten die Zahlen etwas geändert werden. Die Veränderungen des kroatischen Staates zum Besseren werde ich sicher nicht mehr erleben, und ob die Enkel meiner Enkel das tun werden, ist auch sehr fraglich. Vielleicht ein anderes Detail, welches das Bild des heutigen Kroatien abrundet. Mein jüngerer Sohn, Arzt von Beruf, fragte auf mein Drängen schriftlich die Botschaft der Republik Kroatien in Bern an, was er tun muss, um die kroatische Staatsbürgerschaft zu erhalten. Als einziges wichtiges Argument führte er an, dass sein Vater Bürger dieses Landes ist. Die Antwort der Botschaft lautete, dass er einzig über die kroatischen Clubs in der Schweiz zu einem kroatischen Pass kommen könne. Als Mitglied eines kroatischen Clubs sollte er aktiv seine tiefe Liebe für die zukünftige Heimat und deren Bürger zeigen, um durch zahlreiche Empfehlungen möglicherweise eines Tages in den Besitz des gewünschten Passes zu kommen. Das ist wirklich wahr, eine Kopie der Antwort bewahre ich sicher auf.

Ende 2011 überraschte ich jeden in der Firma und in meiner Umgebung, als ich kurz vor meinem neunundfünfzigsten Geburtstag in den Ruhestand ging. Diesen Entschluss fasste ich aufgrund einer positiven Veränderung in den Statuten meiner Pensionskasse. Ein neues Statut ermöglichte es allen Arbeitnehmern, ab dem Alter von achtundfünfzig Jahren und drei Monaten vorzeitig in den Ruhestand zu gehen. Der Arbeitnehmer musste nicht mehr die Zustimmung der Gesellschaft anfordern, um vorzeitig in den Ruhestand zu gehen. Um dieses wichtige Detail wissend, begann ich frühzeitig mit meiner lieben Frau über meine Frühpensionierung zu sprechen. Sie war erschrocken und hatte Angst, dass wir nicht über die Runden kommen würden. Ich musste Tabellen erstellen, um ihr zu zeigen, wie viel Geld wir in den nächsten sechs Jahren zur Verfügung haben werden. Ich musste ihr aufzeigen, wo das Geld herkommt und wie unsere finanzielle Situation in jedem der folgenden Jahre sein wird. Sie dachte nicht daran, sich pensionieren zu lassen, und zeigte sich skeptisch gegenüber meinen Berechnungen und Prognosen und war wie immer, wenn es Veränderungen in unserem Leben gab, ängstlich und misstrauisch. Aber meine Entscheidung war endgültig und im September 2011 reichte ich schriftlich meine Kündigung ein mit der Bitte um vorzeitige Auszahlung meiner Pensionskassengelder. Am Ende des Jahres wurde ich ein fast völlig freier Mensch. Ich entschied, dass ich von nun an nur das tun werde, was ich will, mein Wohlbefinden, meine Wünsche und all meine Ziele vor die Bedürfnisse meiner unmittelbaren und erweiterten Familie setzen werde. Ich erkannte, dass ich mich in der Vergangenheit genug für meine Familie eingesetzt und ihnen ein gutes Leben ermöglicht hatte. Die Kinder hatten eine gute Ausbildung bekommen, meine Frau lebte praktisch im Kommunismus, jetzt wollte ich nur an mich selbst und an meine Bedürfnisse denken. Meiner erweiterten Familie hatte ich seit Jahren wesentlich materiell geholfen, sie zeigten sich jedoch für meine großzügige und unkomplizierte Hilfe überhaupt nicht dankbar. Für sie alle war ich schon immer der gutmütige Narr, der alle ihre Bedürfnisse zu erfüllen versuchte und zugleich sich und seinen Bedürfnissen zu wenig Aufmerksamkeit schenkte. Für mich kamen die Bedürfnisse und Anforderungen anderer leider immer an erster Stelle, auch wenn ihnen das gar nicht bewusst war. Ich kaufte ein Haus, in dem drei Familien leben können. Dort lebe ich in einer kleinen Wohnung, obwohl ich in einem großen Einfamilienhaus leben und egoistisch nur an mein Wohl denken könnte. In unserer Wohnung lebe ich mit meiner Frau, schlafe im kleineren Zimmer, meine Frau hat das größere Zimmer bekommen und sie glaubt, dass sie das zu Recht verdient hat. Jene, die weder mit ihrem Verstand und Wissen in der Lage waren, ein Haus zu kaufen, noch so viel Geld wie ich verdienten, begannen sich direkt in mein Leben einzumischen und wollten mich lehren, was ich alles für sie noch zu tun habe.

Frustriert über diese Entwicklung belohnte ich mich beim Eintritt ins Rentnerleben zuerst einmal mit einem einmonatigen Aufenthalt in Thailand. Dann investierte ich meine ganze Intelligenz und das über Jahrzehnte gesammelte Wissen, um das ausbezahlte Pensionskassengeld nützlich und gewinnbringend anzulegen, was mir auch ohne irgendwelche fremde Unterstützung gelang. Nachdem das Geld gewinnbringend in der Bank angelegt war, fuhr ich nach Šibenik, um das zerstörte Landhaus wieder aufzubauen und den Fortschritt meiner Olivenbäume zu beobachten. Ich erledigte den Papierkram, der nötig war, um mich von meinem Besitz in diesem mir feindlich gesinnten Land so schnell wie möglich zu lösen. Mein Ziel war es, den Olivenhain und das Haus so schnell wie möglich in einen guten Zustand zu bringen, damit alles zu einem guten Preis verkauft werden kann. Über die Ereignisse, Gefühle, Hass, Bosheit, Diebstähle und Belästigungen, die ich in Kroatien von März 2012 bis heute erlebt habe, schreibe ich unten im Detail.

Als ich im Jahr 2012 in Šibenik ankam, übergoss mich ein Schwall von offenem und verdecktem nationalen Hass. Ich bekam viel Eifersucht und Neid von fast allen bekannten und unbekannten Menschen, die ich traf, zu spüren. Was mich besonders betroffen machte, waren die üblen Absichten meiner lieben Schwester und ihres kranken Mannes. Ich möchte heute nicht alle Gemeinheiten beschreiben, die ein kranker Geist, um jemanden zu belästigen, erfinden kann, weil ich mich zu sehr aufrege. Sie wollten mir mit aller Kraft ein Leben im mehr oder weniger eingerichteten Haus auf dem Landgut verunmöglichen. Das Haus gehört ausschließlich mir, denn es steht auf meinem Anteil des

Landes. Meine Schwester und ihr Mann hatten sich ohne Rücksprache mit mir und meinem Bruder im Jahr 2004 von uns abgetrennt und nahmen die bessere Seite des Landes für sich in Anspruch, ohne das zerstörte Haus. Jetzt, Jahre später, nachdem ich das Haus mit meinem Geld ein wenig saniert hatte und es durch meine Arbeit und mein Geld legalisieren ließ, verlangten sie nun Geld, das ihnen ihrer Ansicht nach für ihren Anteil am Haus zustand. Überdies sollte ich ihnen noch einen Teil meines Landes schenken. Auf meinem Teil des Terrains benahmen sie sich wie Eigentümer und erlaubten nicht, dass ich anbaue und arbeite, was ich vorhatte. Man kann sich nicht vorstellen, wie viel Hass, Abscheu und Falschheit ich in den wenigen Monaten, die ich im Frühjahr 2012 auf dem Grundstück verbracht hatte, erlebte. Ich richtete das Haus her, um normal darin leben zu können, und entsorgte den Müll, der sich während Jahren auf dem Landgut angesammelt hatte. Plötzlich bekam ich zu spüren, was menschliche und nationale Bosheit, Eifersucht und Hass einem Mann antun können. Die Angriffe der eigenen Schwester und ihres kranken Mannes gaben mir das Gefühl der Hilflosigkeit, wie es wohl die serbischen Rückkehrer hatten, als sie nach dem Krieg in ihre Häuser in Kroatien zurückkehrten. Wie auch ich wurden sie persönlich und administrativ schikaniert, dazu leider noch oft auf den Schwellen ihrer Häuser getötet und verbrannt. Plötzlich wurde mir klar, dass ihr ganzes Leid von geistig kranken Menschen verursacht wird, die sich Kroaten nennen. Am meisten war ich enttäuscht, als ich eine Reihe von Untaten entdeckte, die dieser kranke Mensch im und um das Haus zu früheren Zeiten, als wir noch in Frieden waren, vollbracht hatte. Damals hatte ich all seine Arbeiten am und ums Haus und auf dem Terrain regelmäßig bezahlt und dadurch ihn und seine Familie finanziell unterstützt. Elend bleibt Elend, die armen Schlucker halten an ihren falschen Idealen fest. Meine Schwester begann damals, den Telefonhörer während meines Anrufs aufzulegen, mich während meiner seltenen Besuche zu ignorieren oder schamlos zu erpressen, sodass ich bald beschloss, die gesamte Kommunikation mit ihr zu stoppen. Ihr

Mann versuchte später noch einige Male, den Kontakt zu mir wiederherzustellen, und bot mir bei unseren zufälligen Begegnungen seine Hilfe an, aber für mich waren die beiden gestorben und es gibt sie nicht mehr.

Die größte Enttäuschung habe ich schließlich bei meinem alten und gedankenlosen Vater erlebt. Er ist das beste Beispiel dafür, dass Menschen im Alter nicht schlauer werden, aber ihre Dummheit bewahren. Bei unserem letzten Treffen sagte er mir, dass ich niemals bekommen werde, was mir rechtlich zusteht, das bedeutet drei Viertel des Nachlasses, und dass er das vor Gericht bezeugen werde. Dieser von der Gegenseite beeinflusste alte Mann hat nichts aus seinem ersten Versuch gelernt, als er mir unter Anleitung seiner Frau mein Eigentum wegnehmen wollte. Die Erkenntnis, dass heute meine Schwester sein Einflüsterer ist und dass er wie ein Papagei alles, was man ihm vorsagt, wiederholt, machte mir alles klar. Noch heute will er nicht erkennen, dass alleine er schuld ist, dass sein jüngerer Sohn Kroatien verlassen musste, und warum seine Kinder und Enkelkinder nicht in diesem Land leben wollen und können. Mein Vater verhält sich wie ein älterer deutscher Jude zu Zeiten des Naziregimes in Deutschland, der meinte, weil er niemandem etwas Böses getan hatte, würden ihn die Faschisten in Ruhe lassen. Wie wir alle wissen, töteten die Nazis am Ende fast alle Juden in Europa und unterschieden nicht zwischen guten und schlechten. Meine verstorbene Mutter und mein Vater machten den Fehler ihres Lebens, als sie angetrieben von ihrer Unüberlegtheit und ihrem Egoismus beschlossen, in Šibenik zu bleiben. Zu Beginn hatten sie die Chance, aus Šibenik und Kroatien wegzugehen und an einem anderen Ort im ehemaligen Jugoslawien zu leben, wo ihre Kinder in einer besseren Umgebung hätten aufwachsen können. Dies hätte ihren Kindern eine normale Kindheit und das Leben unter besseren Menschen ermöglicht, falls solche Menschen auf dem Balkan überhaupt existieren. Ins Ausland zu gehen, wäre ebenfalls eine realistische Option gewesen, falls sie jemals an eine gute Zukunft für ihre Kinder gedacht hätten. Wie fast immer beugte sich leider mein Vater dem Diktat meiner unvernünftigen Mutter. Sie lebten weiterhin in Šibenik und haben so die ganze Familie ein Leben lang bestraft. Er wird sterben, ohne verstanden zu haben, dass er schuld ist an den nationalen Problemen, dem Hass und den Bosheiten, die seine Söhne und Enkel in Šibenik erlebt haben. Er hat einfach den alten Rat der Ustascha an die Serben, der lautet „Du sollst dich eingliedern oder für immer weggehen", nie verstanden. Ob jemand, der aus Unkenntnis etwas falsch macht, vom juristischen Standpunkt aus gesehen schuldig ist, kann ich nicht beurteilen, aber ich weiß, dass mein Vater vor allem seinen Söhnen und Enkelkindern irreparablen emotionalen und materiellen Schaden zugefügt hat. Heute ist er alt, schwach und unvernünftig, aber vielleicht wird er eines Tages in der Tiefe seiner Seele die ganze Tragik seiner gedankenlosen und unintelligenten Wahl des Wohnortes für sich selbst und seine Familien realisieren.

Eine Urgroßmutter mütterlicherseits brachte dreizehn Kinder zur Welt, aber nur drei Söhne überlebten. Vielleicht aus diesem Schmerz heraus – oder wegen des Hasses gegen ihren Mann – veränderte sie sich und wurde zur Hexe aus Dolac. Meine Urgroßmutter Armijarka war im Vatikan als solche registriert, und wenn sie ein paar Jahrhunderte früher gelebt hätte, wäre sie sicherlich öffentlich verbrannt worden. Das ganze Dolac-Quartier hatte Angst vor ihr und mied sie. Aus irgendeinem, nur ihr selbst bekannten Grunde hatte sie ihre Söhne, ihren Mann, das Haus, in dem sie lebten, und das Land, das ihr Mann bearbeitete – verflucht. Dieser Fluch gilt für alle diejenigen, die in sich selbst einen Tropfen Blut ihres Mannes haben und den kleinsten Teil des verdammten Landes oder des Hauses besitzen. Zum Glück für die Menschheit stirbt dieser Zweig des Geschlechts bald aus. Die vielen Blutstaten und Verbrechen, die mein Onkel beging, können über Jahrhunderte nicht reingewaschen werden. Die Frauen, die dieses Blut in sich haben und einen Teil des verdammten Landes besitzen, sind von Dämonen des Bösen, wie ich sie nenne, besessen. Diese Dämonen des Bösen ergriffen von meiner Mutter und ihrer Cousine Besitz, bis diese auf dem Friedhof waren. Jetzt fahren sie in meine Schwester und eine andere Cousine, die durch die Schuld ihres Vaters einen Teil des verdammten Landes geerbt hat. Seit dem Tode unserer Mutter befielen die Dämonen des Bösen meine Schwester, was sich seit Längerem eindeutig bemerkbar macht. Zwei Cousins, mein Bruder und ich werden noch von diesen Dämonen des Bösen geritten. Ich für mich habe entschieden, das verfluchte Land zu verkaufen und den Erlös bei Reisen, Huren und Glücksspielen zu verprassen, sodass es für meine Söhne nichts mehr zu erben gibt. Sie haben einen vernünftigen Vater, nicht wie ich irrationale Eltern, die ihren Kindern das verfluchte Land als Erbe hinterlassen und sie mit den Dämonen des Bösen belasten. Vor kurzem informierte ich meine Schwester über mein Wissen und habe ihr drei Kompromisse vorgeschlagen. Der erste ist, gemeinsam das verwünschte Terrain zu verkaufen, das dann im Besitz derer, die kein böses Blut in sich haben, nicht mehr verflucht sein wird. Der zweite Vorschlag ist, dass sie für 100.000 Euro meinen Teil aufkauft und so allein über das ganze Grundstück verfügen und im Unrecht baden kann. Der dritte Vorschlag ist, dass sie für 170.000 Euro einen Käufer für mein Land innerhalb der umgebenden Mauern findet, sie dann endlich die von ihr mit Sehnsucht erwarteten 20.000 Euro bekommen wird und ich endlich vom Bösen loskommen werde. Die Dämonen des Bösen werden ihr nicht erlauben, eines der drei zur Auswahl stehenden Angebote anzunehmen. Sie ist ihr Sprachrohr, denn ihr Motto lautet Krieg, Streit, Aufruhr, Verderben und böses Blut. Wer überlebt, wird es sehen …

Ich habe ein noch anderes negatives Beispiel des Verhaltens auf dem Balkan. Der einzige Verwandte, den ich in Serbien habe, ist der Sohn meiner Tante. Ihn habe ich während meiner Besuche in Novi Sad regelmäßig finanziell unterstützt. Ich übertrug ihm Aufgaben und gab ihm somit die Möglichkeit, etwas Geld zu verdienen. Er chauffierte meine Frau und mich durch Europa und den Balkan. Diese seine Dienste bezahlte ich gut und kaufte ihm ein Flugticket nach Zürich und zurück. Ich erwarb ein Grundstück in der Vojvodina, wobei er mir half. Seit dem Tod meiner Tante haben mein Cousin und seine Frau nicht genug Geld zum Leben und um alle Unterhalts- kosten für ihre neue Wohnung zu bezahlen. Ich wollte ihm die Möglichkeit geben, etwas Geld zu verdienen. Er sollte versuch- ten, mein Terrain zu verkaufen, und bei Gelingen zwanzig Pro- zent der Verkaufssumme erhalten. Sein Auftrag war, monat- lich Gratisanzeigen aufzugeben und in Novi Sad Werbung für den Verkauf zu machen. Auf meinem Devisenkonto, für das er eine Vollmacht besaß, waren etwa zweitausend Euro, damit bei Bedarf genug Geld vorhanden war. Nach einer Weile be- merkte ich, dass er keine Verkaufsinserate mehr aufgab, und fragte ihn nach dem Grund. Wie ich seiner Antwort entneh- men konnte, glaubte er nicht, dass dieses Land für den vorge- sehenen Preis von fünftausend Euro verkauft werden kann, und stoppte einfach die Werbung. Aber das war nicht alles. Er verbrauchte innert zwei Jahren die zweitausend Euro auf mei- nem Konto und erachtete es nicht als notwendig, mir das im Voraus mitzuteilen. Hätte er wenigstens versucht, das ausge- schriebene Terrain ein wenig in Stand zu halten, wäre das nicht so schlimm gewesen und ich hätte nichts gesagt. Ein Balkan- narr bleibt für immer uneinsichtig. Nun will ich keinen Kon- takt mehr mit ihm haben. Gemeine und dumme Balkandiebe kann ich nicht brauchen.

Im Jahr 2015 baute ich die Räumlichkeiten im Parterre mei- nes Hauses zu einer schönen, komfortablen Vier-Zimmer-Woh- nung aus. Fast alle Arbeiten führte ein Kroate aus Livno aus, ein Mann, dem der Sozialismus und das alte Jugoslawien teuer geblieben sind. Er besitzt zwei Häuser, die er selbst renovierte. In einem leben er und seine Familie und das andere ist vermie- tet. Er plant nicht, zurück nach Kroatien zu gehen. Er ist mit einer fünfzehn Jahr jüngeren Frau verheiratet und sie haben zusammen einen Sohn.

Ich habe keine große Verwandtschaft und die wenige, die ich habe, ist für einen normalen Menschen zu viel. Meine Ver- wandtschaft passt in mein negatives Klischee über die nutzlose Balkanrasse. Nun bin ich in meinem Alter rassistisch geworden.

Ich hatte einen detaillierten Plan erstellt, wie ich sechs Jahre früher in Rente gehen konnte. Seitdem sind fast fünf Jahre vergangen und ich kann sagen, dass mein Plan erfolgreich war. Obwohl fast alle meine Angehörigen mit ihren unintelligenten und für mich manchmal schädlichen Aktionen meinen genialen Plan gestört haben, konnte ich die meisten Dinge realisieren, wie ich es mir vorgestellt hatte. Es ist mir nicht gelungen, das geerbte Grundstück mit meiner Schwester aufzuteilen und aktiv nach einem Käufer für das Objekt zu suchen. Diese Tatsache stört mich und macht mich furchtbar wütend. Ich verstehe nicht, warum diese Narren für sich das Recht in Anspruch nehmen, sich direkt in mein Leben einzumischen und meine Pläne zu stören. Boshaftigkeit gemischt mit Schwachsinn kann die einzige Antwort auf diese Frage sein.

Manchmal, wenn ich durch die Städte dieser kleinen Balkanstaaten gehe, betrachte ich die vorübergehenden Männer und Frauen und denke über die Mentalität dieser Leute nach, die solche Dummköpfe als Politiker wählen – wie zum Beispiel Janša, Drnovsek, Seks, Karamarko, Sanader, Milanovic, Petrina, Dodik, Izetbegovic, Vucic, Nikolic, Dacic, Djukanovic und Thaci – um nur einige zu nennen. Ich frage mich, was die Politiker auf kommunaler Ebene für Leute sind, und muss dann erkennen, dass all diese Leute vom bergigen Balkan nichts Besseres verdient haben, nicht mehr Reichtum, kein besseres Leben, wenn sie seit Jahrzehnten ihre Narren wählen und keine Besseren finden können.

Ich bin erschüttert, wenn ich sehe, was die jungen Leute vom Balkan über die ältere Generation in ihrer Umgebung denken. Sie haben überhaupt keinen Respekt und keine Achtung vor den Menschen, die sie geschaffen haben. Warum das so ist, sollten die Psychologen untersuchen. Schlussendlich möchte ich alle Abscheulichkeiten und Gemeinheiten verewigen, denen ich als Serbe in Kroatien und als Kroate in Serbien seit 2012 ausgesetzt bin. Es sind meist jüngere Menschen, die mit Touristen arbeiten, welche in beiden Ländern ihre Feindseligkeit, um nicht zu sagen Hass gegen mich nicht verbergen können. In Šibenik und Umgebung kennt man mich und die mündliche Propaganda verfolgte mich in Restaurants und an allen anderen Orten, wo ich mich bewegte. Alle diese jungen Leute sehen mich an wie eine außerirdische Kreatur. Sie servieren mir schlechtes Essen, wie es in jedem Restaurant für Serben gang und gäbe ist, massieren mich schmerzhaft mit Ellbogen, geben mir in Hotels schlechte Zimmer, stellen übertriebene Rechnungen aus, hintergehen mich, lassen Lieder von Thomson laufen, während ich in der Sauna bin, sind arrogant und unhöflich, alles ohne Gewissensbisse. Da heute in Dalmatien die Jugend eine neukroatische Hochsprache spricht, verrät mich mein dalmatinischer Akzent zusätzlich als Serbe. In Serbien findet man, sobald ich den Mund öffne, heraus, woher ich komme, und ordnen mich sofort den Kroaten zu. In den Städten, in denen ich aufwuchs, also Šibenik und Novi Sad, haben mich diese Feindseligkeit und Verachtung der Persönlichkeit schwer getroffen. Ich habe mich mit der Tatsache getröstet, dass ich nicht für immer in dieser Umgebung bleiben muss und dass es eigentlich meine Schuld ist, dass ich überhaupt noch an diese Orte gehe, die mir einst lieb und teuer waren. Heute als älterer Mann ohne finanzielle Probleme habe ich die jungen kroatischen und serbischen Faschisten irritiert. Sie haben eines gemeinsam: Sie mögen ältere Leute nicht. Vielleicht wissen sie warum. Bis heute wurde ich nicht geschlagen, aber das bedeutet nicht, dass es nicht passieren wird.

Wenn ich auf dem Balkan bin, trage ich nie einen Anzug, weil das heute dort die Uniform der Kriegsprofiteure und Verbrecher ist, welche heute die nationale Unterwelt und die Obrigkeiten aller Nationen repräsentieren. Einige sind glattzüngig und verdorben, andere sind primitiv und ungeschliffen, dritte nur bewaffneter Schutz von unersättlichen Politikern und seltenen Geschäftsleuten. Wenn ich die Macht hätte, würde ich in allen Kindergärten, Schulen, Universitäten und Altersheimen ein Pflichtfach für alle Balkanbewohner einführen – bon ton. Dieses Fach sollte von auswärtigen Lehrern unterrichtet werden. Wer den Anforderungen nicht genügt, sollte sitzen bleiben, älteren Menschen sollte für Tage die Nahrung entzogen oder die Rente gekürzt werden. Vielleicht könnte dann nach fünfzig Jahren Erlernen des guten Benehmens jemand anders außer den Balkanern in dieser Region ein normales Leben führen. Der berühmteste jugoslawische Bosnier brachte es vor vielen Jahren auf den Punkt: „Ich kenne uns, fick du uns.“

Ich habe fertig.

Žena

Meine Frau

Meine Frau lernte ich 1972 kennen, als wir, die angehenden Arbeiter der künftigen Aluminiumelektrolyse in Šibenik, in die Schweiz, in den Kanton Wallis kamen, um uns zu spezialisieren. Sie trug wie heute eine Brille, war dünn, positiv gesagt schlank, aber medizinisch gesehen unterernährt. Nachdem ich mein Bein verbrannt hatte, kamen wir uns näher und waren zusammen, bis ich wieder nach Šibenik zurückkehrte. Sie hatte sicherlich eine schwierige Zeit, nachdem sie mit unserem Sohn schwanger geworden war, in einer so kleinen konservativen Gesellschaft, in der sie aufwuchs. Die erste Reaktion ihres Bruders, nachdem er gehört hatte, dass sie schwanger sei, war: „Du bist eine dumme Kuh." Als ihr Vater die freudige Nachricht von der Schwangerschaft seiner jüngsten Tochter vernommen hatte, starb er plötzlich im Februar 1973 mit sechsundsechzig Jahren. Weil meine Frau in einer streng katholischen Familie aufwuchs, wollte sie das Kind, ihre Familie musste sich mit dieser Tatsache abfinden. Ein paar Freundinnen und eine lustige Witwe standen ihr zur Seite, was ihr in dieser Zeit sehr wichtig war. Ich betrug mich während ihrer Schwangerschaft wie jeder Zwanzigjährige: Ich steckte meinen Kopf in den Sand und dachte, dass alles ganz von allein vorübergehen würde. Die nicht vorhandene Sexualerziehung in Jugoslawien und in der Schweiz war erfolgreich. Erst als unser Sohn geboren war, erkannte ich, dass jetzt alles Wirklichkeit war. Das Kind war da, also hatte ich mich gegenüber Mutter und Sohn zu definieren. Mein Besuch mit meinen Eltern Ende September 1973 trug sicher dazu bei, die angespannte Situation in ihrer Familie etwas zu mildern. Nur wenige Menschen glaubten damals, dass aus uns drei eines Tages eine wirkliche Familie wird. Ein Kind von einem Ausländer zu bekommen, ist auch heute in der Schweiz nicht einfach und wird nicht geschätzt. Glücklicherweise war meine Frau bereits vor mehr als vierzig Jahren eine sehr hartnäckige Person, entschied und machte nur, was sie wollte. Ich wiederum schockierte alle, als ich, nachdem ich meinen Sohn offiziell anerkannt hatte, meinen Wunsch zu studieren äußerte. Diese neue Situation mussten die Schweizer zuerst verdauen und am Ende einfach akzeptieren. Diese Entscheidung musste als solche einfach hingenommen werden. Für mich war es eine brillante Idee, die zu diesem Zeitpunkt nichts Konkretes zur Ernährung und Erziehung unseres Sohnes beitragen konnte, aber ich verpflichtete mich, hart und umfangreich zu arbeiten und zugleich eine positive Perspektive für unsere Zukunft zu schaffen. Mitteilen und sich verpflichten, ein Studium durchzuziehen, war für mich damals auch etwas unwirklich, wie wenn etwa ein Mediterraner sagt, er will den Himalaya besteigen, aber weder Erfahrung noch Geld für dieses Unterfangen hat. Mein großes Ziel war der Erwerb des Ingenieurdiploms. Das hörte sich wie ein Wunder an, denn ich wollte das ganze Studium allein realisieren und durch zusätzliches Arbeiten finanzieren. Meine zukünftige Frau stimmte meinem Vorschlag zu, denn am Ende hatte sie keine große Auswahl. Für sie, die ihre Lehre noch nicht abgeschlossen hatte, und für mich, der beweisen wollte, dass ein erfolgreiches Studium möglich ist, war es wie Zeit kaufen, aber zugleich ein geniales und cleveres Ziel. Ich bat niemand um finanzielle Unterstützung, um dieses Ziel zu verwirklichen. Also hatten meine zukünftige Frau und ihre Mutter die Aufgabe, sich neben ihrem täglichen Leben um unseren Sohn zu kümmern. Sie musste ihren Lehrabschluss machen, und ich hatte für mein Studium zu lernen, aber gleichzeitig auch Geld zu verdienen, um mein Studium zu finanzieren. Durch ihr Einverständnis für meine Pläne war sie praktisch gezwungen, an ein Wunder zu glauben. Aber sie war in mich verliebt und durch meine Anerkennung unseres Sohnes gewann sie Selbstvertrauen gegenüber ihrer Familie und der konservativen Umgebung. Trotz allem war diese Übergangszeit, geprägt von viel Arbeit, Verpflichtungen und Einsamkeit, notwendig, um uns näher zusammen zu bringen. Diese Studentenjahre waren ein echter und großer Test unserer Liebe und meine Opfer Beweis meiner Liebe zu meinem Sohn und meiner Frau, obwohl die meisten Leute das damals nicht erkennen und verstehen wollten. Durch Einsamkeit, Opfer, Geduld und sehr harte Arbeit gelang es uns, zusammen zu bleiben, und schließlich planten wir gemeinsam unsere Hochzeit. Wir heirateten in Šibenik, unser Sohn war dreißig Monate alt, die Hochzeit und das anschließende Abendessen planten und bezahlten meine Frau und ich selbst. Wir freuten uns über die Krönung unserer Liebe und natürlich gleichzeitig über die Anwesenheit unseres Sohnes bei diesem Anlass. Meine Freude, Zuversicht und Stolz wurden in jener Nacht gekrönt, als ich bei unserer Hochzeit betrunken auf dem Tisch tanzte. Unsere beiden Trauzeugen stellten sich Jahre später als miserable Faschisten heraus, die einer Erwähnung jetzt nicht wert sind. Als der Fotograf uns nach der Trauung vor der Kathedrale in Šibenik fotografieren wollte, rief ich unseren Sohn herbei. Der Fotograf protestierte und ich musste ihm erklären, dass dies unser Sohn sei und er das Recht habe, auf dem Hochzeitsbild seiner Eltern zu sein. Unsere Hochzeit machte in mir noch mehr Kräfte frei, um mit großem Willen und noch mehr Entschlossenheit alles Mögliche zu tun, um so schnell wie möglich meine Fakultät, auf die ich fortan total fokussiert war, zu beenden. Heute kann man sagen, dass wir dieses vor langer Zeit gestartete Experiment erfolgreich abgeschlossen haben. Wir haben zwei erwachsene Söhne, ein Haus und eine gewisse finanzielle Sicherheit.

Meine Frau akzeptierte damals alles Neue in ihrem Leben, das heißt mich, meine Familie, meine früheren Freunde, Šibenik, Dalmatien und Jugoslawien, mit offenen Herzen. Sie war nicht immer begeistert von allem, was sie sah, aber sie absorbierte alles Neue und lernte zugleich gut die dalmatinische Sprache. Während meines Studiums weilten sie und unser Sohn immer wieder für ein paar Monate in Šibenik, meist während des Winters, was nicht die beste Jahreszeit in Dalmatien ist. In der Wohnung meiner Eltern wurde nur in der Küche und im Wohnzimmer geheizt, die Schlafzimmer waren kalt. Sie musste sich an die dalmatinische Kälte gewöhnen. Darüber hinaus war das Zusammenleben mit meinen Eltern und meiner Schwester nicht immer harmonisch, weil wir alle zusammen von dem wenigen

Geld lebten, das meine Eltern und meine Schwester verdienten; dazu trugen wir mit einem bescheidenen Beitrag unseres ersparten Geldes bei. Sie musste sich bei sich zu Hause an das Murren ihrer Mutter gewöhnen und jetzt an den mühsamen Charakter und die Launen meiner Mutter.

Durch Verzicht, mit großem Willen und Disziplin konnten wir diese sechs Jahre meines Studiums überwinden und warteten, bis ich endlich meine Diplomarbeit abgeschlossen hatte. Beim Schreiben der Bewerbungen auf der Suche nach einer Arbeitsstelle war mir meine Frau eine große Hilfe. Mehr als das konnten weder sie noch ihre Familie für mich nicht tun, weil sie keinen akademischen Bekannten- und Freundeskreis hatten. Für sie galt die Devise: Jeder ist seines Glückes Schmid. Keiner in unserer Umgebung schien sich besonders für die Einzelheiten meines Studienabschlusses, meine Jobsuche und unser zukünftiges Leben zu interessieren. So war ich gezwungen, ganz allein mit meiner Frau in einem mir unbekannten Land für einen Job und unsere neue Zukunft zu kämpfen.

Der Start in unser neues Leben in unserer ersten eigenen Wohnung war eine große Herausforderung für uns alle. Meine Frau erwies sich als tüchtige Hausfrau, als gute Mutter und Ehefrau. Unser Sohn begann gerade mit der ersten Klasse der Grundschule und meine Frau spürte nicht die Notwendigkeit, nach Hause zurückzukehren, weil wir beide genug von den vielen Leuten um uns herum hatten. Wir genossen unsere bescheidene Unabhängigkeit. Wir hatten nicht viel Geld, aber wir hatten die Chance, unser neues gemeinsames Leben zu organisieren. Diese Chance nahmen wir beide ernst und ergriffen sie.

Ich war immer derjenige, der etwas in unserem Leben bewegte, meine Frau hatte immer einige Vorbehalte gegen alles Neue. Sie war zufrieden mit einem einfachen Leben, ich denke, wenn wir versehentlich in einem Zelt gelandet wären, hätte sie diese Tatsache eher akzeptiert als ein Leben in einem großen Palast. Nur wenn eine Änderung unvermeidlich und von entscheidender Bedeutung war, musste sie es bedingungslos akzeptieren. Die Angst vor dem Verlust unseres neuen Glücks muss allgegenwärtig gewesen sein und daher war sie mit kleinen Verbesserungen in unserem Leben zufrieden. Sie hat nie begriffen, welcher Segen ein regelmäßiger Job eines Ingenieurs in der Schweiz sein kann.

Mit der Geburt eines weiteren Sohnes war unsere junge Familie komplett. Meine Frau wollte keine weiteren Kinder mehr, sie hatte einige gesundheitliche Komplikationen und so war dieses Thema für uns abgeschlossen. Ich hatte noch mindestens ein Kind geplant, aber als ich sah, dass es praktisch unmöglich geworden war, nahm ich diese Tatsache als normal hin. Ich war glücklich und zufrieden, zwei gesunde Jungs zu haben, in einem Job in meinem Fachgebiet zu arbeiten und mit dem verdienten Geld mit meiner Familie ein relativ gutes Leben führen zu können.

Als wir das Wallis definitiv verlassen mussten und in den Thurgau umzogen, akzeptierte das meine Frau ganz einfach. Sie verließ ihren Heimatkanton, weil es keine andere Lösung gab. Meine neue Arbeit war interessant, gut bezahlt und für unsere Familie von entscheidender Bedeutung. Der Bodensee und seine Umgebung waren für mich eine viel angenehmere Umgebung als die Walliser Berge und das Rhonetal. Soweit ich meine Frau verstehen konnte, liebte sie die Berge nicht allzu sehr und hat wahrscheinlich deshalb nie gelernt, Ski zu fahren. In unserem neuen Heim funktionierten wir von Anfang an gut. Die Kinder gingen in den Kindergarten oder in die Schule, später ins Schwimmtraining, die tägliche Arbeit und der Ablauf waren unser ganz normaler Alltag. Dabei war meine Frau diejenige, die für Ordnung in unserem Leben sorgte.

Gerade dieser strukturierte und mit Arbeit ausgefüllte Alltag war das größte Geschenk an die Kinder, eine Tatsache, die meine jetzt erwachsenen Söhne noch nicht vollständig verstehen können. Aber diese kontinuierliche Ordnung und Arbeit machten eine gute und normale Erziehung und ihre körperliche und geistige Entwicklung möglich. Der Milchmann brachte Milch ins Haus und meine Söhne tranken mehr Milch als Wasser. Ich drängte meine Frau, einen temporären Job zu suchen, um etwas Geld zu verdienen, hauptsächlich damit ich meinen Wunsch, ein Haus am Meer in Dalmatien zu bauen, realisieren konnte. Sie selbst war bis zu diesem Zeitpunkt nicht auf die Idee gekommen, arbeiten zu gehen, weil sie zu Hause mit den Kindern vollständig ausgefüllt war. Wir brauchten das Geld, weil ich immer etwas gespartes Geld und ein eigenes Heim haben wollte. Meiner Meinung nach war diese Teilzeitarbeit für sie sehr wichtig, um soziale Kontakte schließen zu können und mehr Selbstvertrauen zu gewinnen. In ihrem Leben wechselte sie ein Dutzend Mal die Stelle, wo sie immer Teilzeit arbeitete. Meinen Wunsch, selbst ein Geschäft oder ein Handwerk zu eröffnen, ignorierte sie. Sie war eine typische schweizerische Arbeitskraft, fleißig, korrekt, sorgfältig, aber nicht erzogen ihr eigener Chef zu sein. Die Kapitalisten erziehen keine Konkurrenz, sondern fleißige Arbeitskräfte. Vor kurzem las ich, dass die Lehrlinge in der Schweiz während ihrer Ausbildung mehr erlernen als die meisten ihrer Kollegen in der EU. Meine Frau war nicht ehrgeizig, hat nie versucht, in ihrer Arbeit mehr zu erreichen, sich intellektuell oder kreativ zu engagieren. Sie hat in ihrem Leben niemals Freunde gesucht, die ihr helfen konnten, sich weiterzuentwickeln und ein höheres Ziel zu erreichen, sondern vor allem Freunde, mit denen sie Spaß haben konnte. Es genügte ihr immer, im Hintergrund zu bleiben, sie wollte nicht im Rampenlicht stehen. Niemand hat sie gelehrt, dass sie von sich und ihren Söhnen mehr erwarten muss, dass sie für ein besseres und reicheres Leben und eine bessere Zukunft ihrer Söhne kämpfen muss. Für sie – wie für die Mehrheit der Schweizer Bevölkerung – waren ihre Söhne mit achtzehn Jahren volljährig und sollten sich selbst um ihr Leben, ihre Bildung, ihre Frauen und um alle wichtigen Dinge des Lebens kümmern. Ich war ehrgeizig und verlangte von meinen Söhnen, dass sie ein Studium absolvieren, das ich auch finanzierte.

Da ich der Hauptverdiener war, einigten wir uns darauf, dass die Arbeit im Hause im umgekehrten Verhältnis zum Verdienst aufgeteilt wird. Wenn ich also achtzig Prozent unserer Einnahmen brachte, dann sollte ich im Haushalt zwanzig Prozent der anfallenden Arbeiten verrichten. Natürlich fiel mir das ein, weil ich nie besonders an Haushaltsarbeiten interessiert war. Andererseits war alles, was ich in der Wohnung machte, für meine Frau nie gut und gründlich genug. Sie war genau wie ihre Mutter, die nochmals nachputzte, wenn jemand anders etwas gereinigt hatte. Eine solche doppelte Arbeit machte für mich keinen Sinn, sodass ich schließlich gewisse Tätigkeiten im Haus meiner Frau überließ.

Mit der Zeit lebte sich meine Frau in der neuen Umgebung ein, sie knüpfte Kontakte, begann zuerst in einem Chor, später sogar in zwei Chören zu singen, sodass sie mindestens an vier Abenden in der Woche von zu Hause weg war und immer noch ist. Heute wäre es schwierig für sie, aus dieser Umgebung wegzugehen. Diese intensiven sozialen und gesellschaftlichen Kontakte, die sie pflegt, sind das genaue Gegenteil zu meinem sozialen Engagement in der Schweiz und überhaupt in meinem Leben. Die Zeit vor und während der Bürgerkriege im ehemaligen Jugoslawien hat mich gelehrt, keine privaten Kontakte mit Balkanern zu unterhalten. An Freundschaften mit Schweizern war ich nicht interessiert, weil diese nur über Interessenorganisationen geknüpft werden, zu denen ich nicht gehören wollte. Ich erkannte schon früh, dass ich kein Mensch bin, der sich mit gedankenlosen Menschen befreundet. Meine Frau ist am Abend aktiv, sie ist ein echter Nachtmensch. Den Morgen würde sie falls möglich gerne überspringen. Ich bin ein Morgenmensch und auf das bin ich stolz. Mit der Zeit ist meine Frau zu einer recht konservativen, vorsichtigen und unflexiblen Person geworden. Sie erfreut sich der Akzeptanz in ihrem sozialen Umfeld der einfachen Menschen, wo sie sich wohlfühlt. Auf mein Drängen hin ging sie mit einundsechzig Jahren in den vorzeitigen Ruhestand. Für sie war und bleibt das Leben starr und unveränderlich, Neuerungen mag sie nicht besonders. Meine Superaktivität und unser zeitweilig getrenntes Leben nach meiner Pensionierung waren für sie ein kleiner Schock. Auf der einen Seite war sie froh, dass sie machen konnte, was sie wollte, auf der anderen Seite war ihr bange vor einer ungewissen Zukunft ohne regelmäßiges Einkommen. Ihre kleine statische Welt begann sich so schnell zu ändern, dass sie von großer Angst befallen wurde. Es gibt zwei Freundinnen, mit denen sie abends ausgeht. Eine ist geschieden, lebt allein und die andere lebt mit ihrem Mann in ähnlichen Verhältnissen wie zurzeit meine Frau. In den letzten Jahren ist es vorgekommen, dass ich mehr als sechs Monate im Jahr von zu Hause weg war. Für meine Frau sind materielle persönliche Gegenstände, vor allem ihre Garderobe, sehr wichtig und damit die Notwendigkeit, etwas Neues zu kaufen. Durch den Arbeitsalltag und den Kontakt mit Frauen, die nicht über so viel Geld für sich verfügen konnten, hat sie den Status einer gut angezogenen Frau erhalten, die viel Geld ausgibt. Ihre Kleider und Schuhe sind nicht erstklassig, aber für sie ist es wichtig, immer etwas Neues zu kaufen. Für sie ist Geld für Kleidung ausgeben etwas, das alltäglich geworden und für ihr Ego sehr notwendig ist. Diese Notwendigkeit wird Sucht genannt. Zum Glück konnte sich meine Frau mit den Jahren nicht leisten, alles zu kaufen, was ihr gefiel. Für mich ist alles, was ich an Garderobe besitze, unentbehrlich und notwendig für den Alltag und dient allein dem Zweck eines bequemeren, besseren und einfacheren Lebens. Ich will und muss niemandem gefallen, ich möchte nur, dass andere in mir ein Vorbild, etwas Höheres sehen. Meine Frau hat wie viele Schweizer Frauen im Laufe ihres Lebens unbewusst im einzigen wahren Kommunismus gelebt. Sie haben für sich genommen, was ihnen das Leben ermöglicht, eine sichere Ehe, ein Eigenheim, ein komfortables Leben, genug Geld, um es so schnell wie möglich auszugeben, Ausflüge, Unterhaltung, Singen, Kunst auf Provinzniveau, um einer Kunst willen, die nur dem Überleben der Schöpfer dient, schöne Ferien in besseren Hotels, um gleichzeitig den Kindern, ihren Ehemännern und der Gesellschaft zu wenig zu geben.

Rückblickend auf diesen wirklich gelebten weiblichen Kommunismus in der Schweiz kann ich sagen, dass er den Frauen und auch meiner Frau nicht viel Gutes gebracht hat. Alle diese Schweizerinnen sind geistig nicht in der Lage, im Alter den Alltag zu bewältigen. Sie sind der beste Beweis dafür, dass der Kommunismus eine Utopie ist. Der Kommunismus hat die Schweizer Frauen nur zu eifrigen Konsumenten gemacht, ohne wahren Willen, etwas Schönes zu schaffen, sich um ihren Mann zu kümmern und ihm jeden Wunsch zu erfüllen, da er ihnen ein sorgloses Leben ermöglicht hat. Der Kommunismus beschleunigt die Degeneration des Geistes und der positiven menschlichen Fähigkeiten, meiner Meinung nach zeigt er sich einfach unmenschlich.

Der Kampf gegen das Alter ist der wichtigste Kampf eines jeden Mannes und jeder Frau und wird wahrscheinlich bis zu unserem letzten Atemzug andauern. Altern ist nicht schön, aber bis jetzt wurde leider noch kein Heilmittel dagegen gefunden. Meine Frau hat die Macht und die Rolle des Geldes nicht verstanden, dass Geld zuerst verdient, dann investiert und vermehrt werden muss. Für sie ist Geld zum Verbrauchen da. Daneben ist sie nicht bereit, einige wichtige Verpflichtungen zu übernehmen, die für uns im Alter wichtig sein werden. Ich bin nicht mehr bereit, mich wie bisher um alle finanziellen Verpflichtungen zu kümmern. Ich versuche meine Frau zu überzeugen, dass sie selbständig alle administrativen Arbeiten, die für unser Haus und unser gemeinsames Leben anfallen, erledigt. Das ist noch nicht vollständig gelungen, weil sie nicht die wichtigen von den unwichtigen Dingen im Leben unterscheiden kann, sie setzt keine Prioritäten und kann keine größeren Probleme lösen. Während unseres ganzen gemeinsamen Zusammenlebens habe ich all diese Aufgaben für sie durchführt, für sie sind diese Arbeiten ein immerwährendes Defizit geblieben. Jetzt ist sie nicht mehr bereit, etwas Neues zu lernen, um alle notwendigen intellektuellen Aufgaben zu erledigen, die leider immer noch auf uns zukommen. Wie wir alle kämpft sie beharrlich gegen das Altern, aber wählt meiner Meinung nach den falschen Weg. Sie schaut gerne Sport im Fernsehen, weiß aber nicht, was ein eigenes Training ist. Ob es mir gelingen wird, sie in der noch zur Verfügung stehenden Zeit unseres Lebens zu verändern, ist fraglich. Sie wird vergesslich oder will sich nur an Dinge erinnern, die sie mag. Ich werde sehen, wie es sich in der nahen Zukunft entwickeln wird. Heute haben wir genug Geld, um ohne Sorgen leben zu können. Unser einziges Ziel wird künftig sein, so viel und so schnell wie möglich davon zu verbrauchen. Ihre Tugenden sind, dass sie unseren Kindern eine gute Mutter und mir eine gute Frau gewesen ist und mir in diesen mehr als vierzig Jahren unseres Zusammenseins indirekt geholfen hat, unsere Gewinne zu maximieren. Da meiner Meinung nach in Zukunft noch manche große Veränderungen auf uns zukommen werden, wird unser Leben kein bisschen langweilig sein, sondern sehr dynamisch und manchmal Geduld erfordern.

Wenn ich sehe, wie meine Frau ihre Prioritäten setzt, habe ich jetzt ihr verzerrtes Bild von dem, was wirklich wichtig und was unwichtig im Leben ist, verstanden. Ich erkenne, dass es für sie am wichtigsten ist, mit ihren manipulativen Freundinnen auszugehen, in ihren Chören zu singen und natürlich auch das fast tägliche Waschen der Kleider und die Reinigung unserer Wohnung. An zweiter Stelle kommen unser ältester Sohn und seine Familie, denen meine Frau als eine Art Magd dient. Erst an dritter Stelle kommen der jüngere Sohn, ihre restliche Familie und schließlich ich. An letzter Stelle sind alle wichtigen Verpflichtungen für unser gemeinsames Haus, gewinnbringende Arbeiten und andere Themen, die Denken erfordern. Meine Frau denkt wirklich, dass sie mit Putzen und Waschen ihren Teil zu unserem gemeinsamen Leben beiträgt. Geld interessiert sie nur, wenn es ihren Bedürfnissen zum Verbrauchen gerecht wird. Komplexe Themen wie Geldvermehrung, Sparen, Erziehung der Kinder oder Enkel hat sie ihr ganzes Leben lang beharrlich vermieden. Einmal musste sie alle ihre Schuhe und Kleider zählen. Ich dachte, sie würde danach vielleicht etwas mehr über sich selbst und ihren Kaufzwang verstehen. Leider hat sie auch nach dem Zählen der Stücke, von denen sie die meisten fünf Jahre nicht in der Hand gehabt hatte, nichts verstanden. Probleme zu analysieren. Denken, Kreativität und Schaffen jeder Art sind ihr völlig fremd. Sie kann nur in einer Umgebung überleben, die sich nicht verändert. Als ich in den Ruhestand ging und begann, mein Leben zu ändern, und für mich normale Rechte forderte, die mir in unserer Ehe zustehen, war sie verloren, ängstlich, aggressiv und geistig völlig unvorbereitet, diese Änderungen zu akzeptieren. Sie kann sich nicht mehr ändern, für sie wird immer sehr wichtig sein, was unwichtig ist, und Dinge, von denen auch ihr Leben manchmal abhängt, werden ewig unwichtig bleiben.

Stariji sin

Der ältere Sohn

Mein Sohn war ein gut erzogenes, gehorsames Kind, das sich am täglichen Leben, an Kindergarten und Schule erfreute. Alle in der näheren und weiteren Familie kümmerten sich um ihn, liebten ihn und genossen es, mit ihm zu spielen. Er erhielt so viel Liebe, dass er noch drei weitere Leben leben könnte, um diese akkumulierte Liebe an andere weiterzugeben. Als Junge begann er Tennis zu spielen, war ein guter und talentierter Spieler, aber mental nicht hartnäckig genug, sodass er mit diesem Sport bald aufhörte und begann Schwimmen zu trainieren. Er war ein guter Schwimmer, aber bis zu seinem zwölften Lebensjahr hatte er keine optimalen Trainingsbedingungen. Nach unserem Umzug begann er regelmäßig zu trainieren und hat sich zu einem wunderbaren sportlich gebauten Jungen entwickelt. Zugleich war er gut in der Schule und besuchte das Gymnasium. Hier kam er nach den ersten zwei Jahren in eine Klasse, wo sich alle Mitschüler als Minimalisten aufspielten. Die meisten sprachen davon, nur gerade so viel wie nötig zu lernen, um die Klasse zu bestehen. Mein Sohn nahm das als Realität hin und plötzlich ließen seine Leistungen in der Schule nach. Der Übergang von der dritten in die vierte Klasse war in Frage gestellt. Indem ich seiner Schule einen Computer meiner Firma spendete, half ich ihm direkt, in die nächste Klasse aufzusteigen. Ich mochte dieses neue Verhalten meines Sohnes nicht, aber er war in der Pubertät und ich konnte mit ihm nicht ernsthaft reden. Weder ich noch meine Frau konnten ihm helfen. Das waren die Jahre, in denen die Konflikte in Jugoslawien begannen, und ich war zerrissen zwischen den schlechten Nachrichten von dort, der Arbeit und der Erziehung unseres Sohnes. Ich dachte, dass er durch die Schule und seine Pflichten erfolgreich gezwungen werde, den Weg der Arbeit und des Wohlstandes zu wählen. Am Ende der Gymnasialzeit antwortete er auf meine konkrete Frage nach seinem Studienziel, dass er Sportlehrer sein wolle. Den Hauptgrund für seine Entscheidung sah er in der einfachen Aufgabe, mit der Pfeife im Mund die Schüler zu dirigieren und die

Übungen machen zu lassen. Das waren seine Worte. Am Ende waren nur noch sieben Schüler in seiner Klasse, von diesen begannen und beendeten drei das Studium als Sportlehrer. Ich war nicht erfreut darüber, dass er seine Lebensberufung durch seine minimalistischen Anforderungen getrieben wählte. Mir wäre es lieber gewesen, wenn er ein anspruchsvolleres Studium gewählt hätte, aber da konnte ich nichts mehr ändern. Er schloss seine obligatorische viermonatige Wehrpflicht ab, meldete sich freiwillig für die Unteroffiziersschule und wurde später Leutnant. Die Schweizer Armee war ihm lieb und teuer, er und ich waren sehr stolz, als er den Eid als Leutnant leistete. Alle Pflichten des Militärdienstes nahm er sehr ernst. Er wollte als Offizier Karriere machen, wurde aber von seinen Vorgesetzten nicht zur Weiterbildung empfohlen. Er war für sie wie die meisten anderen Secondos zu ehrgeizig. Das Schweizer Offizierskorps beschloss, nicht zu viele Secondos aus dem Balkan in ihre Reihen aufzunehmen. Es war eine strategische Entscheidung der Schweizer Regierung, weil gerade zu dieser Zeit die Balkanbewohner in der Tat im Bürgerkrieg alle ihre Rücksichtslosigkeit und die Bereitschaft, ihre Brüder und Nachbarn zu gefährden, zeigten. Heute ist mein Sohn Reserveoffizier der Schweizer Armee.

Während seines Studiums begann der Krieg in Kroatien. Ich war sehr glücklich, dass mein Sohn an diesem Krieg nicht teilnahm. Obwohl sein Sportstudium körperlich recht anstrengend und gefährlich war, blieb er die ganze Zeit vorsichtig und konnte ohne größere Verletzungen sein Studium beenden. Die praktischen Prüfungen waren für ihn einfacher als die theoretischen. Das Lernen liebte er nicht, sodass er zwei wichtige Examen am Ende des zweiten und vierten Jahres wiederholen musste. Auf diese Weise war er sicherlich in der Lage, den Lernstoff zu vertiefen. Er schaffte es, sein Studium fristgerecht zu beenden, ich war sehr zufrieden. Während seines Studiums wollte er sein eigenes Auto haben. Ich erfüllte ihm diesen Wunsch nicht, so nahm er einen Teilzeitjob an, um so sein Auto zu finanzieren. Während seines Studiums hatte er zeitweilig drei Zimmer, eines bei uns in der Wohnung, das andere in Zürich, wo er an der

Eidgenössischen Technischen Hochschule (ETH) Sport studierte, und ein drittes in Konstanz. Dort lernte er eine junge Frau kennen, die ein paar Jahre älter war als er und mit der er einige Zeit zusammenlebte. Sie arbeiteten zusammen in einer Sicherheitsfirma. Wegen seiner Freundin und natürlich auch wegen seiner jugendlichen Dummheit wurde ihm dort seine Stelle gekündigt. Er und ich stritten in jenen Jahren ständig über Geld, seine Lebensweise, sein Studium und seine Ansichten über seine Verpflichtungen. Schon damals war ich nicht in der Lage, vernünftig mit ihm zu kommunizieren. Er war nicht bereit, meine Ratschläge zu befolgen, und dachte, dass er schon alles besser als ich weiß. Nach dem zweiten Studienjahr war ich ihm behilflich, ein Studentendarlehen zu bekommen, mit dem er sein Reststudium selbst finanzieren musste. Die ersten beiden Studienjahre wurden von mir und meiner Frau vollständig finanziert. Danach konnte er mit dem Geld, das er von der Bank als Kredit erhalten hatte, machen, was er wollte, und musste auf niemanden mehr hören. Auf diese Weise hatte er seine Unabhängigkeit und ich meine Ruhe zurück. Mein älterer Sohn hat mit seiner Haltung mir gegenüber gezeigt, was auch andere Väter von Secondos in der Schweiz erleben. Durch Bildung und anschließenden Militärdienst in der Schweiz gelangen die Jungen zur Überzeugung, dass sie etwas Besseres sind als ihre eingewanderten Väter, und verlieren im Allgemeinen den Respekt vor ihnen. Sie sprechen den Schweizer Dialekt und werden plötzlich zu echten Schweizern. Ihre Väter, die nicht wirkliche Schweizer sein wollen, verlieren viel in ihren Augen. Insbesondere habe ich dieses Benehmen gegenüber älteren Gastarbeitern in der Schweiz bei Secondos, die als Autoverkäufer arbeiten, erlebt. Diese Unverschämtheiten grenzen an gefährliche Diskriminierungen. Aber gerade die schweizerischen Schulen und die Armee machen aus den meisten Einwandererkindern dumme Ignoranten, die überzeugt sind, dass sie die größeren Schweizer sind als die wahren Schweizer.

Es waren die Jahre der Bürgerkriege und der allgemeinen Unsicherheit, in denen ich jeden ersparten Franken auf die Seite legte. Nachdem mein Sohn sein Studium abgeschlossen und zu arbeiten begonnen hatte, musste er sein Darlehen selbst zurückzahlen. Ein Sprichwort sagt: „Wer nicht hören will, muss fühlen."

Meinem Sohn gefiel anfangs das Haus, das ich 1998 gekauft hatte, nicht, es war zu alt, stand an der falschen Stelle und war für ihn einfach nicht repräsentativ genug. Er konnte sich nicht vorstellen, was für Möglichkeiten in diesem Haus steckten. Als er sich jedoch von seiner damaligen Freundin getrennt hatte, fragte er, ob er für einige Zeit wieder zurückkommen könne. Dann begann er zu arbeiten, wurde finanziell unabhängig und gründete später mit der damaligen Cheftrainerin des hiesigen Schwimmclubs, seiner heutigen Frau, eine Wohngemeinschaft. Sie war in der ehemaligen DDR aufgewachsen und hatte ein Sportstudium in Deutschland abgeschlossen. Nach einiger Zeit des Zusammenlebens wurden sie ein Paar und seitdem sind sie zusammen. Ende 2004 beschlossen sie, drei Monate in Thailand zu verbringen. Sie kündigten ihre Wohnung und stellten alle ihre Sachen in meinem Haus unter. Ab März 2005 mieteten sie die renovierte Wohnung im ersten Stock meines Hauses. Der jüngere Sohn hatte in der Zwischenzeit sein Medizinstudium in Basel begonnen. Es war mein Wunsch, dass sie längerfristig in der für sie komplett renovierten Wohnung in unserem Haus bleiben. Damals war das die klügste Entscheidung für uns alle. Ich wollte nur meinen Sohn und seine zukünftige Frau als Mieter in unserem Haus haben, weil wir so alle unsere Freiheiten genießen konnten. Sie lebten fast zehn Jahre bei uns. Er unterrichtete Sport in der Schule, wo er auch heute noch arbeitet.

Ich rechnete damit, dass sie, während sie hier wohnten, etwas Geld zur Seite legen können, um später irgendwo ein Haus oder eine Wohnung zu kaufen. Ich dachte, es wäre besser, dass mein Sohn mich in meinem Hause stört, als jemand anderes. Ich dachte, dass das junge Paar den günstigen Mietzins, den ich zu Sonderkonditionen verlangte, zu schätzen weiß und dafür meiner Frau und mir beim Unterhalt des Hauses helfen wird. Sie bezahlten brutto nur 950 Franken. Leider ging mein Plan, sie ins Haus zu integrieren, damit sie meiner Frau und mir aktiv helfen, nicht auf. Die Tatsache, dass mein älterer Sohn durch seine eigene Schuld von uns weniger finanzielle Unterstützung als später der jüngere bekommen hat, war ein weiterer wichtiger Grund, warum ich wollte, dass er bei uns lebt. Mit der niedrigen Miete wollte ich ihm das Geld zurückzahlen, das ich ihm meiner Meinung nach schuldete. Für mich waren wir finanziell jetzt quitt. Als sie im Frühjahr 2007 heirateten, war seine Frau bereits schwanger. Ein Mädchen wurde im gleichen Jahr geboren und zwei Jahre später kam ihr Bruder zur Welt. Langsam, aber sicher begannen mein Sohn und seine Frau bewusst und dreist das ganze Haus zu besetzen. Im Parterre hatten sie ihre Schreibtische und ein Gästezimmer, das dort zur Verfügung stand, wurde in erster Linie von ihren Besuchern genutzt. Mein Sohn mochte mein Haus immer noch nicht, aber schätzte sehr wohl den erstaunlich niedrigen Mietzins. Weder er noch seine Frau wollten sich bei den nötigen Arbeiten in und ums Haus engagieren. Mein Sohn ging mir mit seinem arroganten, frechen Verhalten schrecklich auf die Nerven. Zu meinem Bedauern erhielt er von meiner Frau volle Unterstützung. Sie hieß regelmäßig alles gut, was mein Sohn sich ausdachte und machte. So wurde ich in meinem eigenen Haus mit der Zeit praktisch entmachtet. Meine Frau wollte damals wie heute nicht verstehen, dass es in einem Haus nicht zwei Herren geben kann, dass unser Sohn und seine Frau strenge Anweisungen hätten erhalten müssen, was sie im gemeinsamen Teil des Hauses tun und lassen können. Als Nächstes hätte sie von ihnen Mithilfe bei der Reinigung und beim Unterhalt des Hauses verlangen müssen. Das ganze Haus vom Keller bis zum Dach war belegt mit Sachen meines Sohns und seiner Familie. Sie putzten nur ihre Wohnung und alles Übrige machte meine Frau. Es gab für mich nicht mehr genug Platz, weder konnte ich etwas schaffen noch umändern, weil alles besetzt war. Der Höhepunkt war, als mein Sohn zuerst vorschlug, dass ich ihm meine Wohnung überlassen solle, und später für wenig Geld die unteren zwei Stockwerke meines Hauses kaufen wollte, um diese in Wohnraum für sich und seine Familie umzubauen. Ich konnte dies nicht gutheißen, da ich mein Haus auch in Zukunft als Einnahmequelle nutzen wollte. Nach diesem dummen Vorschlag war es für meinen Sohn und seine Familie nicht mehr denkbar, weiterhin in meinem Haus zu bleiben. Die beiden unüberlegten Sportlehrer waren nicht in der Lage, zu sehen, dass sie während ihres neunjährigen Aufenthaltes in meinem Haus ein Geschenk von mehr als 150.000 Franken bekommen hatten, wofür sie meiner Frau und mir sehr dankbar sein sollten. In den neun Jahren ihres Aufenthalts hielten sie es nicht für nötig, sich in die Situation des Besitzers eines Hauses zu versetzen; sie versuchten nicht zu verstehen, warum ich das Haus gekauft hatte und was schließlich ihre eigentliche Rolle in diesem Haus sein sollte. Sie sahen nur ihre eigenen Interessen und konnten nicht verstehen, dass ich mit meiner Frau hier bleiben und mit den Einnahmen aus unserem Haus unsere frühzeitige Pensionierung finanzieren wollte. Sie konnten, wollten und wünschten nicht in uns Menschen zu sehen, die ihnen Geschenke machen, eher sahen sie uns als Störfaktor in der Verwirklichung ihrer Ziele. Schließlich erkannte auch meine Frau, dass der Vorschlag unseres Sohnes für uns nicht gut war. Wir wollten nicht im eigenen Haus Mieter werden. Wir lehnten seine Pläne ab und es war klar, dass sie bald ausziehen würden. Nachdem ich erfahren hatte, dass er eine Eigentumswohnung in einem Wohnblock, der noch im Bau war, erworben hatte, ging ich auf mein Grundstück in Dalmatien. Dort begann mit den anderen Mitgliedern meiner dummen Familie mein neues Golgatha. Mein Sohn zahlte wenig Miete, seiner Meinung nach war sie aber gerechtfertigt. Er dachte, dass ich diese Wohnung nicht weitervermieten könne und er mir eigentlich einen Dienst erwiesen hatte. Seiner Meinung nach war das Haus zu alt, die Wohnung zu klein und alles in meinem Hause war schlecht. Das Einzige, was meinen Sohn fast zehn Jahre in diesem Haus gehalten hat, war die günstige Miete. Weder er noch seine Frau haben jemals für dieses große Geschenk danke gesagt, das sie von meiner Frau und mir erhalten haben. Das sagt genug über sie und ihre Vorstellung von Respekt, Anstand und Dankbarkeit aus. Ihr Verhalten hat mich tief getroffen und ich weiß nicht, ob ich jemals in der Lage sein werde, ihnen zu vergeben. Ich möchte sie nicht beleidigen, aber dass zwei erwachsene Menschen mit Kindern nicht auf die Idee gekommen sind, sich mit uns im Haus als ruhige, gehorsame und fleißige Mieter zu arrangieren und natürlich einen angemessenen Mietzins zu bezahlen, ist mir unverständlich. Das unterste Stockwerk hätten wir, natürlich mit meinem Geld, renovieren können, sodass wir es gemeinsam hätten nutzen können, aber dazu fehlte ihnen einfach die Vision. Sie haben nicht an ihre Kinder und deren Bedürfnisse in zehn Jahren gedacht. Mit ihrem nicht vorhandenen kommerziellen Sinn für die Realität haben sie nicht verstanden, dass sie mit der Ausrichtung eines marktgerechten Mietzinses in ihre Zukunft und in ein besseres Leben für ihre Kinder hätten investieren können, weil sie eines Tages das Haus erben könnten. Meiner Meinung nach haben sie ihre Kinder von Geburt an falsch erzogen, eine Folge verschiedener Faktoren, die ich hier nicht weiter erörtern will. Ihre Kinder sind verwöhnt, unerzogen und undiszipliniert. Ich denke, dass diese falsche Erziehung noch verbessert werden kann. Die Kinder sollten schon jetzt zu Schwimmwettkämpfen geschickt werden. Auf diese Weise können die Kinder Disziplin, harte Arbeit und vor allem die Leidenschaft des Siegens und den bitteren Geschmack der Niederlage kennenlernen. Ich bin bereit, diese Schwimmwettkämpfe mit bis zu tausend Franken jährlich zu unterstützen. Falls sie nach dem zwölften Lebensjahr immer noch Schwimmen trainieren sollten, wird jeder von ihnen zweitausend Franken für jedes Jahr erhalten. Auf diese Weise würden die Defizite bei der Erziehung meiner Enkelkinder behoben und sie werden als Erwachsene fleißige und erfolgreiche Menschen sein. Ich bat meine Frau, den Kindern das zu sagen. Ich weiß nicht, ob sie es getan hat, denn wie wir wissen, erledigt sie wichtige Dinge nicht.

Die versuchte Enteignung durch meinen Sohn war ein weiterer Versuch von Mitgliedern meiner unmittelbaren Familie, mir mein Eigentum streitig zu machen. Zuerst wollten mir meine lieben Eltern mein Haus an der Jadrija stehlen, dann wollte mein dummer Bruder mit seinem Glücksspiel sich und mich in den finanziellen Ruin treiben, weil ich am Ende derjenige war, der seine Spielschulden bezahlen musste. Meine Schwester versucht auf Anweisung ihres kranken Mannes mit allen Mitteln, mir einen Teil des Nachlasses und des Hauses, das ihr dem Gesetz nach nicht gehört, wegzunehmen. Seit Jahren erpresst und schikaniert sie mich und kann leider dabei auf die volle Unterstützung meines alten und unbedachten Vaters zählen. Am Ende hat mein älterer Sohn in Verbindung mit der Naivität und Dummheit meiner Frau versucht, mein eigenes Haus an sich zu reißen.

Seine Frau sah im geplanten Teilkauf meines Hauses nichts Ungewöhnliches. Sie wollte nur ein eigenes Zuhause, was sie am Ende zum Glück auch erhalten hat, aber natürlich nicht in meinem Hause. Die seltsame Beziehung zu ihrer Mutter und ihrem Vater kann vielleicht ihre unverständliche Haltung erklären. Sie kauften eine neue Fünfeinhalb-Zimmer-Wohnung. Im Sommer 2013 zogen sie in ihr neues Heim. Es dauerte mehr als zwei Jahre, bis sie alle ihre Sachen aus meinem Hause weggeräumt hatten. In der neuen Wohnung haben sie nicht annähernd so viel Platz, wie sie in meinem Haus hatten. Nach ihrem Auszug war ich erleichtert, weil ich wieder Herr meines Eigentums wurde. Nun, da sie Besitzer ihrer eigenen Wohnung sind und mein Haus nicht mehr besetzen, kann ich mit meinem Sohn wieder etwas besser kommunizieren, obwohl es mit seinem Intellekt schwierig ist. Ein Mann, der in seinem Leben nicht zahlreiche Bücher über andere Menschen gelesen hat, über ihr Schicksal, ihre Familie, ihr Erbe, ist weder in der Lage, sein Leben realistisch wahrzunehmen, noch seine Rolle in ihm. Er ist dazu verurteilt, viele schwerwiegende Fehler in seinem Leben zu begehen. Leider muss ich noch über eine weitere negative Eigenschaft meines Sohnes schreiben. Im Konflikt zwischen meiner Schwester und mir stellte er sich wegen seines eigenen unmittelbaren Gewinns auf ihre Seite. Er und meine Schwester wollen einfach nicht verstehen, was Eigentum ist, und daher konnte er nicht mit Bedacht und auf intelligente Weise die ganze Situation beurteilen. Das Schlimmste ist, dass auch er, wie der Kranke und seine Frau, begann, Sachen aus meinem Haus auf dem Grundstück zu nehmen, um mich so zu schädigen. Nachdem ich ihm verboten hatte, sein Boot auf meinem Grundstück abzustellen, und er alle seine Sachen mitnehmen musste, kam er mit seiner Familie, sie schauten sich um und nahmen ein paar Gegenstände mit, die ausschließlich mir gehörten. Schlimmer noch, er nahm, ohne zu fragen, bei seinem Wegzug aus meinem Haus Sachen mit, die ihm nicht gehörten. Das Schlimmste an der ganzen Geschichte ist, dass er diese kleinen Bosheiten vor den Kindern und seiner Frau macht und keiner von ihnen etwas dagegen hat, dem Großvater etwas Unschönes zu tun und ihm Schaden zuzufügen.

Ihre neue Wohnung befindet sich ganz in unserer Nähe, sie sind endlich glücklich in ihrer neuen, modernen und etwas ungewöhnlichen Wohnung. Jetzt zahlen sie Zinsen, Abschreibungen und Kosten rund um die Wohnung. Nur schon die Nebenkosten sind ähnlich hoch wie die Miete, die sie damals bei uns bezahlten. Nur ein unkluger Mann ist imstande das zu tun, was mein Sohn sich und seiner Familie angetan hat. Solche radikalen Fehler werden von Menschen begangen, die keine Phantasie haben und nicht in die nahe Zukunft sehen, wenn ihre Kinder erwachsen werden. Mein Sohn tut mir nicht leid, weil er nie respektiert hat, was meine Frau und ich für ihn getan haben. Jedermann ist seines eigenen Glückes Schmied. Heute vermiete ich zwei Wohnungen in meinem Haus.

In der ehemaligen DDR wurde die Erziehung der Kinder größtenteils den Schulen und Sportvereinen überlassen, und meine Schwiegertochter praktiziert hauptsächlich das Gleiche mit ihren beiden Kindern. Ich muss noch ein paar Worte über das Motorboot meines Sohnes schreiben. 2011 kaufte er ein altes Schiff vom Bodensee. Da ich von seinen Plänen nicht begeistert war, mietete er über Nacht ein Auto, mit dem er das Boot nach Šibenik transportieren konnte. Ich war der Meinung, dass er ein solch schnelles Boot in Kroatien nicht brauchte, da seine Kinder noch klein waren. Er vergaß das Wasser aus dem Motor abzulassen, das Wasser gefror im Winter, der Block des Motors zerbrach und das Boot war praktisch kaputt. Mein Sohn hatte sich damals in den Angelegenheiten um das Schiff auf die Hilfe des Mannes meiner Schwester verlassen. Dieser brach jedoch die Zusammenarbeit schnell ab, da er von meinem Sohn kein Geld erhielt. Um das Boot offiziell in Kroatien einzuführen und dort registrieren zu lassen, musste mein Sohn das Boot noch einmal nach Slowenien zurückbringen, dort die Nacht verbringen und das Boot verzollen. Als ich sah, wie viel ihm das alte Boot bedeutete, fand ich im Internet einen Mechaniker in Dubrava und bat ihn, einen geeigneten Motor zu suchen. Mein Sohn ließ das Boot in Dubrava zurück. Nach einer Weile meldete der Mechaniker, dass er einen passenden Motor gefunden habe. Ich bat ihn, diesen zu kaufen und ins Boot einzubauen. Nach zwei Monaten fragte ich nach, ob er mit dem Einbau fertig sei, aber er sagte, dass er kein Geld habe, den Motor zu kaufen. Ich gab ihm das Geld und er konnte mit dem Austausch des Motors beginnen. Dann bemerkte er, dass auch das Z-Ruder nicht intakt war und ersetzt werden musste. All diese Arbeiten bezahlte ich. Ich bin noch nie in diesem Boot gefahren, während mein Sohn und seine Familie schon seit mehreren Jahren in den Sommerferien auf der Adria ausfahren. Deshalb möchte ich nur protokollieren, dass die Hälfte des Bootes mir gehört.

Mein Sohn und seine Familie haben ein ziemlich angenehmes Leben, das sich viele andere Menschen auch wünschten. Sie arbeiten als Sportlehrer an verschiedenen Schulen im Thurgau und werden für ihre Arbeit sehr gut bezahlt. Sie fahren fünf bis sieben Mal im Jahr in die Ferien, haben insgesamt dreizehn Wochen Urlaub im Jahr und sind ständig am Skifahren oder am Meer, in den Bergen oder im Osten von Deutschland. Wie das in naher Zukunft aussehen wird, wenn die Kinder ernsthaft beginnen, Sport zu treiben, und auch im Sommer Verpflichtungen haben, bleibt abzuwarten. Ich bin froh, dass sie so gut leben können, aber ich weiß auch, dass ein so einfaches Leben nicht ewig dauern wird. Ich habe selbst erfahren, dass alles Schöne im Leben leider nur sehr kurz dauert.

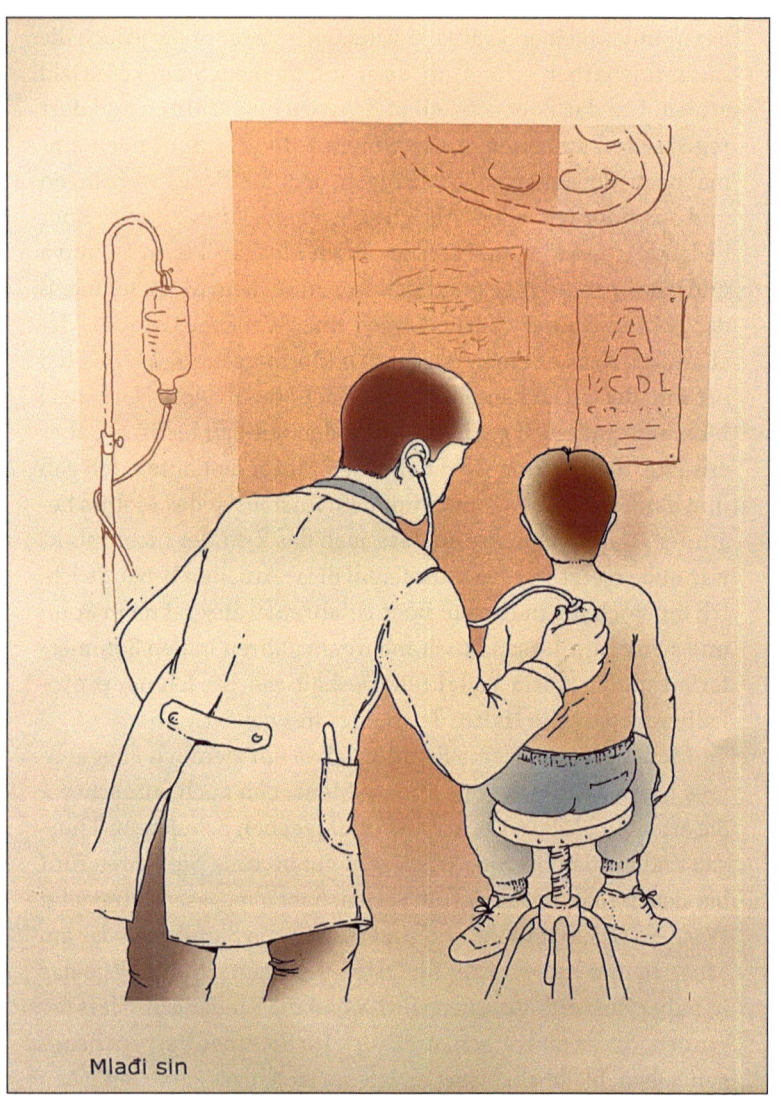

Mlađi sin

Der jüngere Sohn

Unser jüngerer Sohn war im Gegensatz zum älteren geplant. Nachdem wir uns ein wenig in unserer ersten Wohnung eingerichtet hatten, bekamen wir noch einen Sohn. Auch er wuchs in Liebe, Frieden, Ordnung und Arbeit auf wie sein Bruder. Seine Kindheit verlief viel ruhiger als die seines Bruders, der in den ersten sieben Jahren seines Lebens oft zwischen der Schweiz und Jugoslawien hin und her gezerrt wurde. Nach 1989 fuhren wir fast neun Jahre nicht mehr mit unseren Kindern nach Kroatien. Das war ein großer Vorteil für den jüngeren Sohn, denn er hatte sehr wenig direkten Kontakt mit diesen irren Menschen vom Balkan. Im Alter von fünf Jahren schloss er die Schwimmschule ab und begann sich daraufhin auf meine Initiative aktiv im Schwimmsport zu engagieren. Der größte Teil seiner Freizeit war fortan für den Sport reserviert. Es war mein Wunsch und ich habe ihn immer nach Möglichkeit motiviert und wenn nötig auch Druck ausgeübt, um ihn an seine sportlichen Pflichten zu erinnern. Mein Sohn hatte glücklicherweise in den ersten fünfzehn Jahren seines Lebens keine Gelegenheit, Hass, Bosheit und Intoleranz zu erfahren. Nur einige Male machte er in der Schule im Kontakt mit Jungen aus dem Balkan einige unangenehme Erfahrungen. Er hatte, wie man sagt, durch Sport und Schule eine erfüllte Kindheit und Jugend. Schulische und sportliche Verpflichtungen waren sein Alltag und mussten eingehalten werden. Er war ein hübsches Kind und eroberte jeden mit seinem natürlichen kindlichen Charme. Er beendete ebenfalls das Gymnasium, aber im Gegensatz zu seinem Bruder versuchte er immer, unter den Besten zu sein. Wie in der Schule wollte er auch im Sport Erfolg, Medaillen und Siege. Bei Schweizer Meisterschaften kam er mehrere Male auf Medaillenplätze. Ich bewahre im Keller eine beeindruckende Anzahl seiner gewonnenen Medaillen auf. Er wählte selbst sein Studium, währenddessen arbeitete er regelmäßig in Pflegeheimen und pflegte alte Menschen. Er wollte die schwierige körperliche Seite der menschlichen Pflege ausprobieren. Diese Arbeit wurde ihm später während des Medizinstudiums als Praktikum angerechnet. Erst dann entschied er sich definitiv, Medizin zu studieren. Nach bestandenem Aufnahmetest wählte er Basel als Studienort aus. Von diesem Moment an gab es für ihn keine Rückkehr mehr. Meine Frau und ich unterstützten ihn mit so viel Geld, wie er zum Leben brauchte, denn er war ein bescheidener Student. Vielleicht war unser einziger Fehler in seiner Erziehung, dass wir ihn nicht angehalten hatten, sich ein wenig mehr an einem guten Leben und an Unterhaltung zu orientieren. Sein Studium dauerte sechs Jahre und war für ihn sehr intensiv und anstrengend. Für mich war damals wichtig, dass er ein fleißiger Student war, der allen seinen Verpflichtungen nachkommt. Ich konnte und wollte mich nicht in sein Privatleben einmischen. Zu der Zeit seines Studiums waren unsere finanziellen Möglichkeiten weit besser als während des Studiums unseres älteren Sohns. Trotzdem wollte ich ihm nicht zu viel Geld geben, um sicher zu sein, dass er sich ganz dem Studium widmete. Mit Blick auf seine Gesamtentwicklung war das aus heutiger Sicht vielleicht ein Fehler, weil er zu bescheiden und zu ernsthaft geworden ist. Ein wenig mehr Leichtigkeit des Lebens würde ihm nicht schaden, ein wenig mehr spontane Freude und Lachen. Vielleicht hat er das heute zusammen mit seiner Freundin gefunden.

Er schloss sein Medizinstudium unter den Besten seines Jahrganges ab und hat fortan als Assistenzarzt in verschiedenen Krankenhäusern der Schweiz, in Chur, Wattwil, Basel und im Inselspital in Bern, gearbeitet. In der Zwischenzeit hat er seine Fachausbildung der Inneren Medizin abgeschlossen und arbeitet jetzt als Oberarzt.

Seit 2015 lebt er mit seiner deutschen Freundin polnischer Herkunft zusammen. Bisher habe ich sie nur einige wenige Male gesehen. Ihr einziger Nachteil ist, dass sie allzu früh zu wachsen aufgehört hat, sie misst weniger als 155 cm. Neben meinen Sohn, der 187 cm groß ist, sieht sie ein wenig fehl am Platz aus. Aber er hat sie oder sie hat ihn ausgewählt, so wurde er vor vollendete Tatsachen gestellt. Ich muss mich damit abfinden. Die Tatsache, dass auch sie Medizin studiert und sicherlich viel Mühe, Energie und Willen in dieses schwierige Studium investiert hat, spricht für ihre persönliche Integrität, Intelligenz und Ausdauer. Dass sie superintelligent ist, hat sie gezeigt, als sie sich für meinen Sohn entschieden hat, vielleicht einen der besten jungen, schönen und vielversprechenden Ärzte der Schweiz. Das bedeutet, dass sie weiß, was sie will, und ich wünsche den beiden alles Gute im Leben. Wenn es wahr ist, dass die Kinder die Intelligenz der Mutter erben, freue ich mich heute schon auf meine neuen Enkelkinder. Mein Sohn und seine Freundin reisen oft in der Welt, in Europa, in der Schweiz herum und lernen so die schönen Seiten des Lebens kennen. Sie wohnen in einer teuren Mietwohnung, haben derzeit zwei Autos, sie geht jeden Tag nach Basel zur Arbeit und er nach Bern. Einige Leute lieben es, ihr Leben ein wenig kompliziert zu gestalten. Auf sie warten eine Menge Arbeit und viele Herausforderungen, aber sie sind beide jung, erfolgreich und haben mit der Arbeit und den Anforderungen des Lebens fertig zu werden. Ich möchte gern, dass mein Sohn ein wenig entschlossener wird, dass er sich ein Lebensziel setzt und dass er selbst bestimmt, wie er zu leben wünscht. Ich habe heute das Gefühlt, dass bisher immer andere in seinem Leben Regie geführt haben. Aber er ist noch jung und vernünftig und hat sicherlich noch Zeit. In seinem Alter hatte ich bereits eine Frau, zwei Kinder und ein Haus am Meer. Ich möchte, dass er seinen Traum träumt, das Steuer über sein Leben übernimmt und bald alle seine Wünsche auch verwirklicht. Meiner Meinung nach sollte er am Ende des Studiums eine junge Frau ohne Studienabschluss finden, mit ihr Kinder haben, dazu sich parallel auf seinen Job, seine Karriere und auf eine eigene Privatpraxis konzentrieren, wobei seine Frau sich um ihn, um Haus und Kinder kümmern sollte. Er hat den Weg gewählt, wo er nicht allein über sein zukünftiges Leben bestimmen kann, seine Karriere hängt auch von der seiner Freundin ab. Obwohl wir nicht immer der gleichen Meinung sind, können mein Sohn und ich über die wichtigen Dinge des Lebens sprechen. Er ist ziemlich unabhängig, aber dennoch glaube ich, dass er meine Unterstützung braucht und vielleicht bald einmal auch meine finanzielle Unterstützung.

Meine beiden Söhne wuchsen in der Schweiz auf, beendeten hier ihre Schule und hatten nie größere Probleme in ihrem Leben. Sie müssen in der Schweiz bleiben und dort ihr ganzes Arbeitsleben verbringen, weil sie keine Erfahrung mit Schurkenstaaten und ihren wertlosen und unaufrichtigen Menschen, mit großen und kleinen Verbrechern haben. Sie wären nicht in der Lage, in der realen Welt des Balkans zu überleben, weil sie den Menschen zu sehr vertrauen, von Natur aus weder listig genug noch Menschenkenner sind. Heute, wo sie erwachsen sind, Schulen und Militärdienst absolviert haben und in sicheren Positionen an Schulen und in Krankenhäusern arbeiten, haben sie sicherlich auch Unangenehmes erlebt, das ihnen der Nachname aus dem Balkan brachte. Aber früher, wie auch jetzt in der Position des Lehrers und des Arztes, haben sie zwingend die entscheidende Autorität, um ihren Ruf zu schützen. Am meisten tut mir leid, dass ich zwei Söhne habe, die nicht interessiert sind, ihr Geld zu investieren und zu vermehren. Für sie ist Geld nur für Konsum, Unterhaltung und Reisen da. Ich habe es nicht geschafft, ihnen die richtige Einstellung zum Geld beizubringen und ihnen das Urbedürfnis eines jeden, seinen Reichtum zu vergrößern, einzuprägen. Diese ihre etwas nihilistische Haltung gegenüber Geld, Besitz und dem Bedürfnis nach mehr Reichtum sehe ich als mein direktes Versagen an. Aber ich muss realistisch sein und sagen, dass sie dieses Verhalten von ihrer Mutter geerbt haben. Aus diesem Grund werden meine Schäfchen immer Opfer bösartiger Finanzhaie bleiben. Sie sind Teil einer oberflächlichen Verbrauchergesellschaft geworden, ihnen wurde nicht eingeimpft, dass Geld zuerst vermehrt werden muss und dass erst dann daran gedacht werden kann, wie man es ausgibt.

Roditelji

Eltern

Als ich noch jünger war, sah ich meine Eltern als arme, etwas verlorene Menschen, die mühsam ihr tägliches Leben bewältigten. Beide waren berufstätig, denn nur so war es möglich, drei Kinder aufzuziehen. Trotz Sozialismus und anderer Probleme, mit denen sie konfrontiert waren, schafften sie es, sich in Šibenik ein privates Obdach zu kaufen, eine Wohnung ohne Keller. Uns Kindern wurde immer gesagt, dass alles, was sie taten, nur für uns sei. Mit der Zeit stellte sich heraus, dass dem nicht so war. Meine Mutter hatte sich ausgedacht, dass meine Schwester und ich baldmöglichst zu arbeiten anfangen und vorzugsweise das ganze verdiente Geld in die Familienkasse abliefern sollten. Bei mir hatte sie nicht viel Erfolg mit diesem ausbeuterischen Modell der Kindererziehung, weil ich früh meine eigene Familie und meine eigenen Probleme hatte. Darüber hinaus hatte ich schon in meiner Jugend gelernt, selbständig zu denken, und früh erkannt, in meinem Leben zunächst an mich selbst und dann an die Bedürfnisse meiner unmittelbaren und erweiterten Familie zu denken. Meine lieben Eltern dachten immer zuerst an sich selbst und an ihre eigenen Bedürfnisse. Meine Schwester wusste nicht oder hatte nicht den Mut, ihr Schicksal in die eigenen Hände zu nehmen. Sie blieb in Šibenik und machte damit den ersten von mehreren großen Fehlern in ihrem verfehlten Leben. Meine Eltern hatten nicht viel vom Leben im sozialistischen Jugoslawien und im fremdenfeindlichen Šibenik. Meine Mutter hatte vor allem Kontakt zu Freundinnen in der Nachbarschaft, die sie in der Regel auch nicht besonders mochten. Es war keine große gegenseitige Liebe vorhanden, aber für meine Mutter waren diese sozialen Kontakte wichtig, weil sie sich dort ihrer drei Kinder und ihres Ehemannes rühmen konnte. Für sie war es immer wichtig, sich nach außen hin im bestmöglichen Licht zu zeigen. Mein Vater lebte nicht wirklich in Šibenik, er lebte in Cowboyromanen, mit denen er bis zu seinem fünfzigsten Lebensjahr vor allem seine Freizeit verbrachte. Auf diese Weise entfloh er der harten Realität und der unfreundlichen Umgebung in Šibenik, wo er keine richtigen Freunde finden konnte. Meine Mutter kümmerte sich ihr Leben lang um die Haushaltsfinanzen, in erster Linie, weil mein Vater dazu unfähig war, zum anderen, weil sie alles im Haus vollständig kontrollieren wollte. Mein Vater hatte das Recht, sich um seine Cowboys und um die Weltpolitik zu kümmern, aber zu Hause musste er gehorchen. Mein Bruder hat in seiner Ehe mit einer anderen Šibenka ein ähnliches Schicksal erlitten. Als sich eines Tages meine Eltern entschieden, auf ihrem Stück Land ein Häuschen zu bauen, taten sie das dilettantisch und ohne Verstand, ein unverständlicher Zug von Menschen, die einen Kredit bekommen hatten und ihn dann so schnell wie möglich aufbrauchen wollten. Meiner Meinung nach hätten sie mit diesem Geld ihre Wohnung in Šibenik renovieren und dabei aus einer Wohnung zwei separate machen sollen. Auf diese Weise hätte mindestens eines von uns drei Kindern die Möglichkeit gehabt, in seiner eigenen Wohnung in ihrer Nähe zu leben. Ihre Vernunft und ihre Visionen zeigten aber in eine andere Richtung. Der Baubeginn des Hauses auf dem Grundstück gab ihnen ein wenig Lebensfreude. Die Zeit aber hat gezeigt, dass alles, was sie zu erstellen versucht hatten, planlos erfolgte, ohne viel nachzudenken und ohne Phantasie. Meine Eltern hatten in der Stadt eine Wohnung ohne Keller in der zweiten Etage eines Gebäudes gekauft. Das Haus auf dem Grundstück errichteten sie, ohne sich wenigsten mündlich mit den Verwandten über die Teilung geeint zu haben. Meiner Mutter Cousin sagte immer, dass meinem Großvater vierzig Meter Breite des Grundstückes von der westlichen Grenze an der Straße zur Martinska gehörte. Weder wollte er ihnen das schriftlich bestätigen, noch erwarteten sie das von ihm. Bei der offiziellen Teilung nach dem Tod meiner Mutter und des nahen Verwandten wurden uns nur dreißig Meter Breite zugesprochen. So wurden wir um mindestens zweitausend Quadratmeter Land beraubt. Ein Haus auf einem Grundstück zu bauen, das nicht einmal mündlich mit den Verwandten aufgeteilt war, war eine große Dummheit meiner damals schon kranken Mutter und ihres gehorsamen Mannes.

Die Dämonen des Bösen hatten schon Besitz von ihr ergriffen und sie wollte und konnte ihnen nicht widerstehen. Als ich in Split studierte, erlaubten sie mir weiterhin in ihrer Wohnung in Šibenik zu leben, tolerierten meine Frau und meinen Sohn während ihres Aufenthaltes in Šibenik. Da ich über ihre chronischen finanziellen Engpässe wusste, beteiligten wir uns immer an den Lebenshaltungskostens. Mein Studium finanzierte ich selbst. Ich hatte mit ihnen nie unbeglichene Rechnungen. Ich bezahlte meine Hochzeit und verlangte selten Geld von ihnen, weil sie in Wirklichkeit weniger als ich hatten. Zu dieser Zeit finanzierten sie das Studium meines Bruders. Diese Investition war finanziell und intellektuell ein Flop, denn mein lieber Bruder war nicht geschaffen, Außenhandel zu studieren. Schließlich schaffte er gerade dank seiner großen Dummheit und der mentalen Beschränktheit meiner Eltern dennoch den Abschluss seines Studiums, das er nie gemocht und auch nicht verstanden hatte. Die Funktionen, die er später in Šibenik aufgrund seiner Mitgliedschaft im Bund der Kommunisten bekam, liebte er nicht. In Südafrika hat er nicht einmal versucht, wieder in seinem Beruf Fuß zu fassen. Als meine Eltern, natürlich vor allem meine Mutter, bemerkten, dass ich in meinem Job in der Schweiz gutes Geld verdiente, etwas auf die Seite legen konnte und immer reicher wurde, wurden sie nahezu unersättlich und verlangten einen Teil des Kuchens für sich. Mit ihrem begrenzten Verstand dachten sie, als Eltern ein Recht darauf zu haben. Ich gab ihnen Geld, wann immer sie fragten und für mich notwendige Arbeiten rund um mein Haus erledigen sollten. Ihr beharrliches Insistieren auf den imaginären gemeinsamen Besitz meines Hauses und ihre Erpressungsversuche vor dem Hausverkauf machten mich sehr wütend. Schon ab 1992 begann ich, emotional und physisch Abstand von den bösen und heimtückischen Kroaten und meiner irrationalen Familie in Kroatien zu nehmen. Ich betrachtete den Aufenthalt meiner Eltern in meinem Haus als ein großes Geschenk, das ich ihnen gemacht hatte. Ich gab ihnen die Möglichkeit, zum ersten Mal in ihrem Leben in einem neuen, angenehmen und gepflegten

Haus zu wohnen. Sie wussten mein Geschenk leider nicht zu schätzen. Meine Eltern sahen sich während der Dauer des Krieges als alleinige Eigentümer meines Hauses, meine Mutter war hier unnachgiebig. Sie wollten nicht, dass ich das Haus verkaufe, und ich erinnere mich an eine Nacht, als meine Mutter und ich auf der Terrasse meines Hauses saßen, sie unter Sedativa und ich wie gewöhnlich betrunken. Ich drohte, falls sie nicht freiwillig mein Haus verlassen würden, dass ich sie gewaltsam ausschaffen würde. Dann kamen alle Dämonen des Bösen aus ihrem Mund, rohe und ekelhafte Verwünschungen. Meine Mutter verfluchte mich wie eine echte Šibenik-Hexe, danach ging ich schlafen. Am nächsten Tag kehrte ich in die Schweiz zurück. Die Dämonen des Bösen nahmen Besitz vom Verstand meiner Mutter. Einige Wochen später musste sie jeden Tag einen Arzt aufsuchen, sodass sie und mein Vater schließlich wieder nach Šibenik zogen. Mein Vater spricht auch heute, fünfzehn Jahre nachdem ich das Haus verkauft habe, immer noch unbewusst von seinem Haus an der Jadrija.

Heute sehe ich meine Eltern aus einer ganz anderen Sicht als damals, als ich jung war, was mir irgendwie normal scheint. Mein Vater war, wenn ich das sagen darf, ein typischer Pantoffelheld. Meine Mutter wollte Macht über ihn und ihre Kinder haben, aber sie wählte die Mittel nicht, um das zu erreichen. Als wir klein waren, sorgte sie dafür, dass wir als Familie funktionieren konnten. Mein Vater musste immer das tun, was sie ihm befahl. Im Laufe der Zeit wurden sie ein gut eingespieltes Paar.

Meine Mutter mochte nie ihre Arbeit als Verkäuferin, sie war eine echte Šibenka und Balkanka und im Alter von vierzig Jahren verlangte sie eine Invalidenrente und erhielt sie auch. Sie hatte gesehen, dass viele andere das auch so machten, und meinte, im sozialistischen Jugoslawien durchaus das Recht auf diese Rente zu haben. Die Invalidenrente war nicht sehr hoch, aber es war für sie wichtig, dass sie nicht mehr zur Arbeit gehen musste, zu Hause bleiben konnte, ihre Zeit mit Rauchen, Kaffeetrinken und mit ihren intriganten Freundinnen aus der Nachbarschaft verbringen konnte. Neid, Bosheit, Bösartigkeit und der Mangel an gesundem Menschenverstand waren die wichtigsten Merkmale dieser Freundinnen meiner Mutter. Die letzten zwanzig Jahre ihres Lebens war meine Mutter von Beruhigungsmitteln abhängig und hatte Diabetes. Dadurch wurde sie eine chronisch psychisch unausgeglichene Person voller Angst, Eifersucht und Bosheit. Sie fühlte die Notwendigkeit, alle um sich herum um jeden Preis zu unterwerfen. Vernunft gab es keine mehr, darum versuche ich auch nicht, einige ihre Aktivitäten aus dieser Zeit zu analysieren. Seit Beginn ihrer Ehe sah sie in meinem Vater ihr Privateigentum, das sie mit niemandem teilen wollte. Vielleicht wollte sie ihn damit auch vor den vielen Taugenichtsen in ihrer Stadt schützen. In den letzten Jahren ihres Lebens wurde er Tag und Nacht telefonisch überwacht und durfte nur das machen, was sie von ihm verlangte. In ihrem kranken Kopf hatte jemand ein reiches und vornehmes Leben, wenn er nichts zu tun brauchte, als den ganzen Tag herumzuliegen, herumzusitzen, zu rauchen, Kaffee und Beruhigungsmittel zu trinken und anderen auf die Nerven zu gehen. So verbrachte sie ihre letzten Lebensjahre, immer zum Streiten bereit, auf ihren Vorteil bedacht, unvernünftig und gequält von ihren Dämonen. Sie arbeitete beharrlich vor allem gegen sich selbst und somit auch gegen uns alle. Ein Diabetiker braucht viel Bewegung, abgewogene Mahlzeiten und sollte ein streng kontrolliertes Leben führen. Meine liebe kranke Mutter tat genau das Gegenteil davon. Sie bewegte sich fast überhaupt nicht, aß nicht nach Vorschrift, zu viele Süßigkeiten, rauchte und trank große Mengen von Beruhigungsmitteln. Zudem waren immer andere für ihre Krankheiten und ihre psychische Instabilität verantwortlich, nur nicht sie selbst. Als sie mit vierundsiebzig Jahren relativ jung starb, war das für sie und ihren abgenutzten Körper dennoch ein hohes Alter, was an ihr eindeutig zu sehen war. Sie hinterließ einen Mann, der sehr gut funktionierte, weil er schon seit Jahren alle Arbeiten im Haushalt erledigt hatte. Die letzten zwanzig Jahre ihres Lebens übernahm mein Vater Waschen, Einkaufen, Putzen, alles, was sie nicht machen wollte oder nicht mehr konnte. Manchmal kochte sie noch etwas, kümmerte sich aber weiterhin um die Finanzen, weil sie wusste, wer die Finanzen in der Hand hält, ist der einzige wahre Chef im Hause. Mein Vater bekam wie ein kleines Kind jeden Tag sein Geld, um die Einkäufe zu machen, aber weder wusste er noch interessierte es ihn, woher das Geld kommt oder wie viel Geld sie zurzeit hatten. Die Finanzen waren die Angelegenheit meiner Mutter. Sie wusste, wie viel er ausgeben durfte, welche Rechnungen offen waren, wie viel Geld auf dem Bankkonto war, wer ihnen Geld gegeben hatte. Das hatte sie alles unter Kontrolle. Ausschließlich mit ihr sprach ich über Geldangelegenheiten, wie viel sie benötigten, und ihr schickte ich das Geld. Ich bin sicher, dass mein Vater von den meisten dieser Gespräche nichts mitbekam, da ihn das nicht interessierte. Er war glücklich, wenn er ein paar Stunden weg von zu Hause sein konnte, irgendwo in Ruhe seinen Kaffee trinken und allein sein konnte, um seinen Kopf auszuruhen. Über Tod und Vergänglichkeit durfte man mit meiner Mutter nicht sprechen. Sie nahm an, dass sie ewig leben wird, obwohl sie sich ihres wahren Gesundheitszustandes bewusst war. Sie war eifersüchtig auf andere gesunde Menschen und sah in allem und jedem ihren Feind, was sich leider auch bewahrheitete. Nach Beginn des Krieges brachen ihre wunderbaren Freundinnen jeden Kontakt zu Serben und deren Bekannten ab. In dem faschistischen Wahnsinn, der damals Kroatien und seine Bürger landesweit erfasst hatte, waren meine Mutter und mein Vater völlig isoliert, blieben allein und hatten so gut wie keine sozialen Kontakte. Mein Vater konnte in fast siebzig Jahren seines Lebens in Šibenik keine einzige Person finden, mit der er ausgehen konnte und befreundet war. Ich denke, dass er persönlich auch nicht das Bedürfnis verspürte oder seine Frau ihm einfach nicht erlaubte auszugehen, weil sie krankhaft eifersüchtig und besitzergreifend war. Während ihres Krankenhausaufenthaltes beleidigte sie alle Krankenschwestern, die sie verständlicherweise nicht allzu sehr mochten. Sie fühlte ihren Hass und wollte ihnen nichts schuldig bleiben. Vor allem war sie enttäuscht und wütend, als sie ihr Ende kommen sah. In den letzten drei Jahren ihres Lebens interessierte ich mich nicht besonders für sie und ihr Leben. Ich hatte festgestellt, dass Süchtige es nicht wert sind, dass sich ein kluger Mann ihretwegen den Kopf zerbricht. Wegen ihrer Ängste hätte sie vor über vierzig Jahren vor ihrem Tod einen guten Psychiater gebraucht, aber sie hatte weder den Mut noch die notwendige Unterstützung ihres Mannes für einen so wichtigen Schritt. Vielleicht wusste sie nicht einmal, dass es in Šibenik diese Möglichkeit gab. Diese Unkenntnis oder Unterlassung wirkte sich zutiefst negativ auf unsere ganze Familie aus. Meine Eltern hatten nur meine verlorene Schwester zur Seite, die selbst mit dem psychisch kranken und unfähigen Alkoholiker an ihrer Seite große Probleme hatte. Wie schnell der Mensch vergisst. Am Ende muss ich doch noch etwas zur Verteidigung meiner Mutter sagen. Als Tudjman an die Macht kam und nach dem Auftreten von uniformierten Ustaschas im Fernsehen, in Šibenik und ganz Kroatien war meine Mutter eine der wenigen, die von Anfang an wusste, wohin die kroatische Unabhängigkeit führen wird. Alte Ängste und Albträume wurden wieder geweckt, denn sie hatte nie ein schönes Leben in Šibenik. Zusätzlich zu dieser hässlichen Realität und den wieder erstarkten Ustaschas, die sie sah, brachte sie nicht den Mut auf, richtig zu reagieren. Als Schwester eines Ustascha-Schlächters, dessen Untaten vielen in Erinnerung geblieben waren – beispielsweise wenn ich einen Jungen schlug, wurde ich mit meinem Onkel verglichen –, als serbische Braut, die sogar zum orthodoxen Glauben übergetreten war, fokussierte sie allen Hass, der ihr entgegenschlug, auf sich selbst und ihre Familie. Leider wollte sie nie den gleichen Schritt wie ich machen, zur richtigen Zeit Šibenik für immer zu verlassen. Für einen solchen radikalen Schritt fehlte ihr der Mut. Hätte sie es gewagt, wäre es eine große Hilfe und Erleichterung für sie, ihren Mann und schließlich auch für uns Kinder gewesen. Das einzige wirkliche Geschenk für ihre Kinder, nämlich ein Leben in einer normalen Umgebung, weg von der Bosheit Šibeniks, waren weder sie noch ihr Mann in der Lage zu verwirklichen. Nach dem Bürgerkrieg, als die Ustaschas in der wieder auferstandenen faschistischen Republik Kroatien normal geworden waren, nutzte einmal auch meine Mutter die Gelegenheit, um über die Zeitung ganz Šibenik mitzuteilen, dass sie die Schwester eines blutigen Ustascha-Verbrechers war. Der Zweck heiligt die Mittel.

Allein zurückgeblieben, war genau das Geld für meinen Vater das erste Problem, mit dem er zu kämpfen hatte. Ich wollte meine Eltern zuletzt nicht mehr finanziell unterstützen wie in den Jahren nach dem Verkauf meines Hauses an der Jadrija, als ich ihnen Geld für die Renovierung ihrer Wohnung in Šibenik und für die Installierung einer Heizung gegeben hatte. Mein Vater war wirklich überrascht, als er sah, wie wenig Geld ihm wirklich zur Verfügung stand. Er bekam jetzt nur noch eine Rente, die für kroatische Verhältnisse ziemlich hoch war, und musste lernen, mit diesem Geld einen ganzen Monat auszukommen und alle Lebenshaltungskosten zu bezahlen. Heute ist es für ihn leichter, weil er es geschafft hat, etwas Geld zu sparen. Der unabhängige faschistische Staat Kroatien hatte während des Krieges seine Rentner um mehrere Monatsrenten bestohlen und war dann nach dem Krieg politisch und juristisch gezwungen, den Rentnern einen Teil des gestohlenen Geldes in Raten zurückzuzahlen. Dieses Geld, das mein Vater während vier Jahren in Raten erhielt, konnte er vollständig auf die Seite legen. Diese Ersparnisse geben ihm jetzt eine gewisse finanzielle Sicherheit und ermöglichen ihm ein friedlicheres Leben im Alter. Manchmal ist er sogar geizig geworden, selbst wenn es nicht notwendig ist. Es ist gut, dass er mit seinen siebenundachtzig Jahren völlig unabhängig lebt, selbst kocht, wäscht, putzt und einkaufen geht. Diese Autonomie ist heute für ihn die größte Lebensfreude und sein persönlicher Erfolg. In Šibenik ist er heute ein einsamer Wolf, umringt von seinen ewigen Feinden. Eine andere Frau hat jetzt die Vormundschaft über meinen Vater übernommen. Gewöhnt zu gehorchen, hat mein Vater begonnen, die krankhafte, von Eifersucht inspirierte Rhetorik seiner geliebten Tochter zu übernehmen, die wiederum von ihrem Geisteskranken instruiert wird. Unfähig selbständig zu denken, ist mein Vater bewusst den verderblichen Vorstellungen des Kranken mit dem Ziel, uns zu entzweien, aufgesessen, damit meine

Schwester am Ende mehr Anteile der armseligen und heruntergekommenen Wohnung im Gorica-Quartier bekommt. Diese Wohnung ist jetzt beinahe wertlos, da ein Restaurant daneben mit dem Gestank von verbranntem Holz und einer lautstarken Lüftungsanlage jede Möglichkeit eines normalen Lebens in ihr zerstört hat. Mein Vater ist wohl aus Angst vor den Faschisten, die ihn umgeben, nicht mehr in der Lage, sich gegen diese Plage zu verteidigen. Anstatt ihm bei diesen für ihn wichtigen Lebensproblemen behilflich zu sein, setzt meine Schwester auf Desinformation. Mein Vater ist in den letzten dreizehn Jahren nach dem Tod meiner Mutter ein serbisches Mannequin in Šibenik geworden, weil alle miserablen Faschisten dieser Stadt auf ihn als Beweis ihrer und der staatlichen Menschlichkeit zeigen. Ich verstehe seine Gründe, immer noch in Šibenik zu bleiben, aber rechtfertige sie nicht. Er und seine Frau haben ihre Kinder ausreichend damit bestraft, dass wir in dieser Stadt aufzuwachsen gezwungen wurden.

Von 1994 bis 1998 kam ich nicht mehr an die Jadrija, weil mir diese verschmutzte kroatische Atmosphäre nicht mehr gefiel. Ich konnte es nicht ertragen, wie leicht die gesamte faszinierte kroatische Gesellschaft die Vertreibung von hunderttausenden Serben, also kroatischen Staatsbürgern, aus ihrer jahrhundertealten Heimat hinnahm, mit welcher Leichtigkeit die Tötung von Zivilisten akzeptiert wurde, mit welcher kriminellen Energie Kroaten verlassene Dörfer plünderten und leer stehende Häuser in der besetzten Krajina verbrannten. Dieses Siegeswildern eines großen Teils der kroatischen Bevölkerung konnte und wollte mein Verstand weder ertragen noch akzeptieren. Das Schlimmste war, dass ich in meiner unmittelbaren Familie, bei meiner Schwester und den Eltern auf die gleiche neue faschistische Denkweise über vertriebene Serben stieß. Ich musste Slogans hören wie: „Die Serben sind selbst schuld, sie hätten bis zum letzten Blutstropfen kämpfen und nicht weglaufen sollen" oder „Es ist gut, dass sie gingen, summa summarum haben sie genau das erhalten, was sie wollten". Das entspricht nicht der heutigen Zivilisation. Jetzt können alle Kroaten endlich in ihrem Frieden leben, natürlich ohne die Anwesenheit ihres ewigen Feindes. Die faschistischen Gesetze, die damals in Kraft waren, ermöglichten es den kroatischen Besetzern, sich des verbliebenen Privateigentums geflüchteter Serben zu bemächtigen und so das idyllische Bild der Ungerechtigkeit in Kroatien zu ergänzen.

In meinem Haus an der Jadrija fand ich verschiedene Änderungen vor, die meine Eltern eigenhändig vorgenommen hatten. Ich war jahrelang nicht dort gewesen, das Haus war jetzt ihre Mitgift. Sie hatten es im Krieg gerettet und deshalb beschlossen, in und ums Haus zu machen, was ihnen gerade einfiel. Schon meine Anwesenheit in meinem eigenen Haus störte sie. Als ich ihnen sagte, dass ich mein Haus verkaufen will, weil ich nichts mehr mit bösen Menschen an der Jadrija, in Šibenik und in Kroatien zu tun haben will, gab es einen neuen Balkankrieg. Mit allen Mitteln widersetzten sich meine Eltern meiner Entscheidung, noch schlimmer, sie wollten nicht freiwillig aus meinem Haus ausziehen. Sie lebten vierzehn Jahre im Haus an der Jadrija und hatten dabei ihre Wohnung in Šibenik vernachlässigt. Später wechselten sie mit meiner finanziellen Unterstützung alle Fenster aus und installierten eine Heizung in ihrer Wohnung. In dieser renovierten Wohnung konnten sie nun gut leben, weil sie zum ersten Mal eine Heizung im Haus hatten. Diese Wohnung wurde von meiner Mutter so konzipiert, dass sie für normale Menschen unpassend war. In jedem Zimmer musste eine Couch sein, damit sie sich jederzeit hinlegen konnte, und die nichtfunktionale Küche rundete den allgemeinen negativen Eindruck dieser seltsamen Wohnung ab. Nachdem meine Eltern endlich aus meinem Haus an der Jadrija ausgezogen waren, hatte ich die Möglichkeit, das Haus zum Verkauf vorzubereiten. Ich fand schnell einen Käufer und verkaufte schließlich das Haus, das weder mir noch meinen Eltern viel Glück gebracht hatte. Ich befreite mich physisch von diesen Mauern, von der Nähe zu meiner Schwester und meinem verrückten Schwager und indirekt zu allen Nachbarn, mit denen ich nicht einmal die Luft zu atmen teilen konnte und wollte. Ich gab meinen Eltern und meiner Schwester etwas Geld aus dem Hausverkauf, natürlich nicht so viel, wie sie eigentlich wollten, nur so viel, wie ich es für angebracht hielt. Die Habgier meiner eigenen Eltern und meiner Schwester schockierte mich. Sie waren der Meinung, dass sie durch ihre Anwesenheit an der Jadrija verhindert hatten, dass kroatische Freischärler das Haus plünderten, zerstörten oder in Brand stecken konnten. Für diese Verdienste verlangten sie ihrer Logik nach ein Stück vom Kuchen für sich. So schnell akzeptiert jeder Balkaner Raub und Faschismus. Diese Mentalität des Plünderns und des Stehlens ist allgegenwärtig in den Menschen und in der Gesellschaft des Balkans. Meinen Eltern war es nicht genug, dass ich ihnen mit dem Hausbau erstmals in ihrem Leben die Möglichkeit gegeben hatte, in einem modernen Haus am Meer zu sein und es auch zu nutzen. Im Haus hatten sie eine praktische Küche, Schlafzimmer, Bad und Garten, daneben für elf Monate im Jahr völlige Freiheit, in denen sie tun und lassen konnten, was sie wollten, und sich wie Hausherren benahmen. Dieses niedrige Balkanbewusstsein und der primitive Wunsch und der Wille, lieber anderen etwas wegzunehmen, als etwas Eigenes zu schaffen, haben sich tief in die Psyche aller, die heute in Kroatien leben, eingenistet. Fast alle Kroaten sahen und lernten während und nach dem Bürgerkrieg, dass sich Diebstahl, Brandstiftung und Mord auszahlten, weil niemand nach dem Krieg ihre zahlreichen Taten sanktionierte. Diese räuberische Logik wird dort noch lange allgegenwärtig bleiben. Zum Glück hatte ich damals dafür gesorgt, dass alle meine Papiere in Ordnung waren, sodass mich meine Eltern nicht am Verkauf meines Hauses hindern konnten. Wären sie etwas klüger gewesen, hätten meine Eltern während ihres Aufenthaltes in meinem Haus ihre Wohnung in der Stadt renovieren und in zwei Wohnungen aufteilen können. Mit den Mieteinnahmen aus einer Wohnung hätten sie ihr Einkommen und ihr Leben in diesem verrückten faschistischen Staat Kroatien – wenn sie schon dort bleiben wollten – verbessern können.

Auf ausdrücklichen Wunsch meines Vaters kaufte ich nach dem Tod meiner Mutter in seinem Namen ein Grab. Er hatte damals kein Geld und versprach mir, das Geld eines Tages zurückzuzahlen. Meine freche Schwester hat ihn inzwischen davon überzeugt, dass das nicht nötig ist, sodass sie eines Tages das Grab erben kann. Wegen des Grabes will ich mit niemandem streiten, denn meine Knochen und die meiner Familie werden nicht in dieses Grab in Šibenik kommen, wir werden auch als Tote frei und glücklich in unserer Schweiz bleiben. Da meine Mutter zuerst in einem gemeinsamen Grab bestattet wurde, überführte mein Vater im Jahr 2004 die sterblichen Überreste meiner Mutter in dieses neue eigene Grab. Er hatte jetzt mindestens einen Ort, wo er hingehen konnte, wenn er wieder mit seiner Frau allein sein wollte. Gleichzeitig sicherte er für sich selbst den erwünschten ewigen Wohnsitz. Bei seiner Beerdigung werde ich nicht anwesend sein. Wer weiß, vielleicht habe ich das Glück, vor ihm zu sterben. Wie soll ich einen Mann respektieren, dem ich jahrelang Geld schickte, ihn zeitweise praktisch ernährte, seine Rechnungen bezahlte und der mir zweimal in meinem Leben etwas stehlen wollte, was meins ist, ohne zu wissen, dass er von anderen manipuliert wird? Was ist das für ein Vater, der es vorzieht, in einem schlechten Land zu leben, obwohl er hätte wissen sollen, dass seine Kinder und seine Enkel in diesem Land weder jetzt noch in Zukunft normal werden leben können? Er ist heute ein schwacher alter Mann, aber er hat in seinem ganzen Leben nicht verstanden, dass er, indem er in Šibenik geblieben ist, einen großen Fehler gemacht hat und so zum Teil am Unglück seiner Söhne mitschuldig ist.

Sestra

Schwester

Wenn ich schon beim Beschreiben von Leuten bin, die mir in den letzten Jahren mein Leben schwer gemacht haben, muss ich ein paar Worte über meine liebe Schwester und ihren im Kopf kranken Mann schreiben. Meine Schwester und ihre Kinder profitierten viel von meinen Eltern, während ihr Mann zur See fuhr oder zu Hause betrunken vegetierte. Unser Vater chauffierte sie und ihre Kinder herum, da sie selbst nicht Auto fährt. Die Ehe meiner Schwester wäre nicht von langer Dauer gewesen, wäre nicht mein Vater gewesen. Meine verstorbene Mutter mischte sich aus Gewohnheit rücksichtslos in das Leben meiner Schwester ein, weil sie nicht mit ansehen wollte und konnte, durch welchen Leidensweg ihre Tochter ging. Meine Schwester hatte wie üblich in ihrem Leben einen schrecklichen Fehler gemacht, als sie einen Alkoholiker zum Mann nahm, der nicht gerne arbeitete und geistig verwirrt war. Als dann die Kinder da waren, hatte sie nicht mehr den Mut oder die Kraft, sich von ihm zu trennen. Nun muss sie ihn bis ans Lebensende bei sich dulden. Ich bin heute sogar ein wenig zufrieden, dass sie täglich diesen unangenehmen Kranken sehen muss. Dies ist ihre gerechte Strafe für all ihre Eifersucht, ihren Hass und ihre Bosheit, die sie mir und unserem törichten Bruder entgegengebracht hat.

Meine Schwester war schon in ihrer Jugend, wie man sagt, krankhaft ehrgeizig und wollte immer mehr, als sie intellektuell und physisch wirklich erreichen konnte. Dieses Missverhältnis von dem, was sie wollte und was sie zu erreichen schaffte, hat aus ihr eine zutiefst neidische und bösartige alte Frau gemacht. Sie hätte im richtigen Moment erkennen müssen, dass der einzig wirkliche Feind für sie und ihre Kinder immer nur ihr Mann gewesen ist. Er ist derjenige, der ihnen seit Jahrzehnten das Leben schwer macht, Geld ausgibt, das er nicht verdient hat, aber meine Schwester sucht immer die Schuldigen für ihre Probleme auf der falschen Seite. Ihre Missgunst ist heute gelegentlich so groß, dass ihr das restliche bisschen Verstand, Tatsachen rational zu betrachten, verloren geht. Von früher Jugend an geriet sie immer an die falschen Jungen, es gelang ihr regelmäßig, sich unglücklich in Männer zu verlieben, die für sie unerreichbar waren. Den ersten großen Fehler machte meine Schwester, als sie beschloss, aus Novi Sad nach Šibenik zurückzukehren. Dann fehlte ihr der Mut zu einer Konfrontation mit unserer besitzergreifenden Mutter, um einen unabhängigen Weg ins Unbekannte zu wählen. Hätte sie diesen Schritt damals geschafft, wäre ihr Leben vielleicht normaler verlaufen. Einen fatalen Fehler machte sie dann mit der übereilten Hochzeit mit ihrem alkoholsüchtigen, psychisch kranken, nutzlosen Mann. Sie heiratete ihn, weil sie mit ihren dreißig Jahren dachte, das sei ihre letzte Chance. Der Auserwählte war ein stets betrunkener Seemann, der bei uns in feuchtfröhlicher Gesellschaft nur Hund genannt wurde.

Sie war überzeugt, einen normalen Ehemann zu bekommen, aber dieser stellte sich als Trunkenbold und gefährlicher Kranker heraus. Seine Abhängigkeit war bereits in den ersten Jahren ihrer Ehe ersichtlich. Mein Vater sagt, dass dies der Hauptgrund war, warum die beiden nur kurz bei meinen Eltern wohnten. Der Alkoholiker versteckte seine Flaschen im WC-Spülkasten. Später mieteten sie eine Wohnung in Šibenik. Fortan war es eine Hauptaufgabe meiner Schwester, die Krankheit ihres Mannes vor ihren Kindern und der Nachbarschaft zu verheimlichen. Doch in Šibenik bleibt die Wahrheit nicht lange verborgen, sodass bald die ganze Stadt von seiner Abhängigkeit wusste, obwohl er mindestens sechs Monate im Jahr auf See war. Meine Mutter erzählte mir einmal beiläufig, dass er ein sehr unnützer Mann sei. Heute verstehe ich, was sie damit meinte, weil ich mich selbst von der Wahrheit ihrer Worte überzeugen konnte. Meine Mutter hatte viele Fehler und machte in ihrem Leben vieles falsch, aber sie konnte die Menschen schnell durchschauen, weil sie selbst in ihrem Leben eine Menge heuchlerische und unnütze Freundinnen um sich hatte. Ich werde nur einige der gemeinen Taten aufzählen, die er direkt oder indirekt in den Monaten, in denen ich auf dem Anwesen lebte und Haus und Garten instand stellte, ausübte: Mit einem Nagel bohrte er ein

Loch in den Reifen meines Fahrrades, er stahl alle mit meinem Geld bezahlten Werkzeuge und mein Material, verstopfte in der Toilette das Abflussrohr, zerstörte mehrmals die Trockenmauer, stahl Benzin aus meinem Auto und entwendete Armaturen und ein Waschbecken von meinem Grundstück. In bilateralen Gesprächen bestätigte er immer, dass ich der Besitzer des Hauses sei, da es sich auf meinem Terrain befindet. Zu Hause sagte er dann das Gegenteil zu meiner dummen Schwester, dass ich ihnen das Haus weggenommen habe, sie solle sich verteidigen und es mir nicht überlassen. Um mich zu ärgern, erzählte er mir, dass er immer noch regelmäßig Sex mit meiner Schwester habe und sie dann sage, der Teufel solle seinen Schwanz holen. Dieser Abklatsch eines Mannes konnte mich schließlich mit nichts mehr verletzen, weil ich sofort tat, was ich in solchen Situationen immer tue: Ich beendete die Beziehung zu ihm und meiner Schwester, sie sind für mich von diesem Tag an praktisch tot. Das war schon immer meine Rache an wertlosen Leuten, mit denen ich zu tun hatte. Ich höre einfach auf, mit ihnen zu kommunizieren, ich denke nicht mehr an sie und diese Leute sind für mich für immer verschwunden. Mein Schwager hätte glücklich darüber sein sollen, dass er überhaupt den Ruhestand erleben durfte, egal wie klein und armselig seine Rente war, und zufrieden sein, dass er als Einziger seiner ganzen gescheiterten Familie normal leben konnte, aber er versuchte mit allen seinen kranken Sinnen, uns zu trennen, was ihm auch gelang. Für dieses Ziel benutzte er meine eifersüchtige Schwester als trojanisches Pferd oder wie eine dressierte Hündin. Einerseits spielte er Rücksicht, Anstand und Arbeitseifer vor, auf der anderen Seite war er ein totaler Taugenichts. Ich hatte seit 2012 die Gelegenheit, diese beiden Seiten seiner Psyche kennenzulernen, und ich weiß, was ich sage. Die meisten Leute in Šibenik wissen, dass er nichts taugt, daher will niemand etwas mit ihm zu tun haben. Wäre er nur ein wenig ein richtiger Mann, würde er sein Problem eigenhändig lösen und so sich selbst und allen um sich herum einen enormen Gefallen erweisen. Er sollte seinem Leben ein Ende setzen, wie es unser tapferer Nachbar tat. Leider fehlt es ihm an Mut für diesen menschlichen Akt. Mit dieser Handlung könnte er in erster Linie sich selbst und dann seiner ganzen Familie helfen. Aber er kämpft krampfhaft um sein Leben, obwohl sein lieber Gott ihn regelmäßig mit Krankheiten bestraft. Am meisten ärgert mich die Tatsache, dass er aus meiner Schwester eine Magd, die wäscht, putzt, kocht und für alles sorgt, gemacht hat und er den kranken Chef spielt und nichts mehr arbeitet. Er zwingt sie, Geld zu beschaffen, das sie nicht haben, aber zum Leben brauchen. Es interessiert ihn nicht, wie sie das machen soll. Sie verbrauchen jährlich etwa 15.000 Euro mehr als sie erhalten, leiden daher an ständigem Geldmangel und müssen sich welches leihen. Solche Faulenzer und Taugenichtse sind in Kroatien eine moralische Vertikale geworden. Wer kein Geld hat, im Leben nichts Kluges getan hat und nur herumvegetiert, wird in dieser krankhaften Umgebung zu einer wichtigen Person. Mehr als diese wenigen Zeilen will ich ihm nicht widmen, weil er es wirklich nicht verdient hat.

Ein Zahnarzt, der meiner Schwester nach dem Bürgerkrieg ihre dritten Zähne machte, hat ihr absichtlich und böswillig das Gesicht verunstaltet. Wahrscheinlich aus Angst vor der faschistischen Umgebung reagierte meine Schwester nie darauf und verlangte nie eine neue Zahnprothese. Meine Schwester hat zwei Kinder, die sie praktisch allein mit der großen Hilfe unserer Eltern aufgezogen hat. Der Sohn studierte Informatik und arbeitet nun in Irland, die Tochter machte ihr Studium in Psychologie und arbeitet jetzt in Šibenik. Beide sind nun erwachsen, aber haben ein ernstes Problem, sich im Leben der Erwachsenen zurechtzufinden. Meine Schwester hat durch ihre Erziehung aus ihren Kindern zwei Leute gemacht, die lange Zeit brauchen werden, um sich von ihr zu lösen und ihre eigene Familie zu gründen. Die Kinder hatten es sicherlich nicht einfach, bei solchen Eltern aufzuwachsen, bei einer verängstigten egomanischen Mutter, der es am wichtigsten war, sie unter Kontrolle zu halten, und einem geheilten alkoholkranken Vater, dessen Sucht ihnen die Kindheit schwer machte. Der Kern des Problems, das meine Schwester und ich haben, liegt in der Tatsache, dass sie und ihr Mann eine sehr kleine Rente haben. Sie vegetieren jämmerlich dahin und können ihren erwachsenen Kindern nicht das geben, was sie ihnen ihrer Meinung nach geben sollten. Ihr Mann verbraucht viel Geld, aber er war während seines Berufslebens als Matrose nicht imstande, etwas Geld zu sparen, um so sich und seiner Familie ein ruhigeres Leben zu ermöglichen. Eine weitere Ursache ist der stetige Wunsch meiner Schwester, einen möglichst großen Anteil an der Wohnung unseres Vaters in Šibenik zu erben. Nebst ihrer immerwährenden krankhaften Eifersucht gegenüber allem, was ich besitze, Verstand, Karriere, Geld, eine gute Frau, unabhängige Kinder, Enkel und ein komfortables Leben in der Schweiz, stört sie meine feste Absicht, meinen Teil des Grundstückes zu verkaufen. Mit allen rechtlichen Mitteln versucht sie die Teilung des Anwesens zu verhindern. Heute möchte meine Schwester die Teilung des Landgutes von neuem aufrollen, aber das will ich wiederum nicht. Ich bin wie Genosse Tito, anderer Leute Hab und Gut will ich nicht haben, meins werde ich nicht geben. Dem Gesetz nach gehören mir heute Dreiviertel des Landes, aber ich warte nun schon zwei Jahre auf die Bestätigung durch das Gericht. Meine Schwester erpresst mich, aber seit dem Moment, als ich für die Abwicklung des Teilens einen Anwalt nehmen und bezahlen musste, bin ich zu keinem Kompromiss mehr bereit. Ich bot ihr an, mir meinen Anteil des Nachlasses abzukaufen, aber sie ist nicht offen für konstruktive Ideen. Die Dämonen des Bösen lassen richtige Überlegungen nicht zu.

Brat

Bruder

Mein Bruder war schon als Kind ganz anders als ich. Ich war sein älterer Bruder und musste ihn ständig vor anderen verteidigen. Er nahm an, dass meine Sorge um ihn sein ganzes Leben andauern würde. Ich war immer und bin es manchmal noch heute gutmütig und dumm genug ihm zu helfen. Meine Eltern beschlossen sein Studium zu finanzieren, obwohl er meiner Meinung nach nicht geeignet war, Außenhandel zu studieren. Sein einziger Wunsch war, Schauspieler zu werden. Leider konnte er die Tatsache nicht erkennen, dass nach 1971 niemand in Kroatien noch einen einzigen serbischen Schauspieler an der Schauspielakademie sehen wollte. Selbst wenn mein Bruder Marlon Brando gewesen wäre, hätte er sich 1973 nicht an der Akademie immatrikulieren können. Auch bemerkte er nicht, dass alle Studenten aus Šibenik, mit denen er mehrere Jahre verbrachte, mit denen er aß, trank und herumzog, ihn nicht mochten, weil er Serbe und Kommunist war. Er lebte jahrelang praktisch mit geschlossenen Augen und verstopften Ohren inmitten zahlreicher erklärter Faschisten aus Šibenik. Seine dritte große Sünde wurde in Šibenik kurz vor dem Beginn des Bürgerkrieges enthüllt. Jemand erinnerte sich an die Tatsache, dass unser Onkel ein Ustascha-Schlächter war.

Anstatt sein Glück an einer anderen Schauspielakademie in Jugoslawien, in Belgrad, Novi Sad oder Sarajevo zu versuchen, versuchte er hartnäckig dreimal hintereinander, sich in Zagreb einzuschreiben. In dieser Zeit war ich mit eigenen Problemen, mit meinem Studium, Frau und Kind, beschäftigt, sodass ich damals meinen Bruder nicht oft sehen konnte und mich auch nicht um seine Sorgen kümmern wollte. Seine Studienzeit verfloss mehrheitlich mit Trinken, Singen und Tanz. Als seine zukünftige Frau in sein Leben trat, hatte er keine große Wahl mehr. Wenn eine Frau, die weiß, was sie will, einen Mann trifft, der nicht weiß, was er will – endet das in der Regel mit der Ehe. Als echte Šibenka war sie vorsichtig bedacht, dass ihr niemand die Beute, also meinen Bruder, wegschnappte. Nachdem er seine

Fakultät abgeschlossen hatte, kehrten sie sofort nach Šibenik zurück. Sie gab ihr Studium der Rechtswissenschaften auf, sie waren bald verheiratet und bekamen einen Sohn. Dann machte mein Bruder unüberlegt die nächste große Dummheit in seinem Leben. Er gab seinem Sohn einen unpassenden Namen und erwies ihm so direkt einen Bärendienst. Dummköpfe werden nicht gesät, sie sprießen von selbst. Ehrlich gesagt weiß ich nicht mehr, wie lange er studierte, sicherlich etwas länger als ich, obwohl sein Studium viel einfacher als meines war. Für die Frau meines Bruders war es wichtig, dass sie einen Mann bekam, der gut aussah, einen Studienabschluss hatte, und dass sie beide nach außen hin den Anschein eines schönen und glücklichen Paares hatten. Schein war für sie immer wichtiger als Sein. Wie alle Šibenke war sie eine extrem schlechte Mutter, erzog Sohn und Tochter falsch, gab ihnen immer die falschen Ratschläge und konzentrierte sie auf sich und ihr krankes Ego. Mein Bruder beteiligte sich weder an der Erziehung seiner Kinder, noch interessierte er sich groß dafür. Als typischer Mann vom Balkan und aus Šibenik interessierten ihn vor allem Essen und Trinken, Tennis, Ausgehen und der Bund der Kommunisten. Von seiner Frau bekam er die Erlaubnis, sich mit allen möglichen internationalen politischen Problemen zu beschäftigen, aber zu Hause hatte er absolut nichts zu sagen, er durfte sich nicht in ihr Leben einmischen. Das war die Domäne seiner Frau. Mein Bruder suchte und wählte wie immer in seinem bisherigen Leben den einfachsten Weg. Er ließ sich mit seiner Familie im Hause unserer Eltern nieder. Er war nicht intelligent genug, um vorauszusehen, dass zwei Šibenke nicht zusammen in einer Wohnung leben können. Seine und ihre Eltern mischten sich ständig in alle Bereiche ihres Lebens ein, aber es muss gesagt werden, dass sie darum praktisch gebeten wurden. Mein Bruder musste nebst den Nebenkosten keine Miete für die Wohnung bezahlen, was natürlich immer wieder zu Streitigkeiten über das liebe Geld führte. Anstatt klare Verhältnisse zu schaffen und eine Vereinbarung zu treffen, um die Beziehungen im Haushalt zu regulieren, versanken sie in einem richtigen Balkan-Meer. Nachdem meine Eltern praktisch in mein Haus umgezogen waren, lebte die Familie meines Bruders fast immer allein in der Wohnung. Wieder war ich derjenige, der meinem Bruder geholfen und ihm das Leben erleichtert hatte. Auf diese Weise beruhigte sich die Situation zwischen den beiden kranken Šibenke ein wenig, weil sie sich nicht mehr täglich sehen mussten. Unglücklicherweise währte diese Idylle, in der mein Bruder nun lebte, nicht lange. Schon bald umfing das Gespenst des Faschismus Šibenik und Kroatien. Die Kroaten hatten sich ganz offen schon seit 1990 in aller Eile bewaffnet, jedem wurden die Blutkörperchen gezählt, sodass mein Bruder und seine Familie plötzlich ernsthafte Probleme bei der Arbeit und im Alltag bekamen. Mein Bruder hat zur der falschen Zeit kundgetan, dass er Serbe ist. Seine zahlreichen lieben kroatischen Freunde brachen vollständig jeden Kontakt zu ihm ab, weil sie sich mental auf den Krieg vorbereiteten. Mein Bruder war unerwünscht und ein allgemein bekanntes Ziel in seiner Heimatstadt geworden. Alle Faschisten der Stadt Šibenik mochten ihn nicht, weil er Serbe und erklärter Kommunist war, der von dieser Parteizugehörigkeit direkt profitiert hatte. Gemäß dem Verteilschlüssel der Partei wurde er als Geschäftsführer einer gescheiterten Gesellschaft gewählt. Meinem Bruder gelang es, die Rolle des sozialistischen Direktors in diesem Unternehmen ohne viel Wissen und Engagement erfolgreich zu spielen. Schließlich engagierte er sich zusammen mit seiner Frau in der Partei der Jugoslawen, was ihn die letzten Sympathien im faschistischen, klerikalen und nationalistischen Šibenik kostete. Aus Angst vor der allgemeinen Mobilisierung der kroatischen Armee im Sommer 1991 kam er zu mir in die Schweiz und erhielt ein Visum für Südafrika, das damals eines der wenigen Länder war, das kopflose erschreckte und meist ausgeplünderte Menschen aller Nationen aus dem Balkan gerne aufnahm. Die Weißen wurden gebraucht, weil damals noch unklar war, ob die Apartheid friedlich beendet werden würde oder in einem militärischen Konflikt. Nach einem mehrwöchigen Aufenthalt bei mir in der Schweiz folgten ihm seine Frau und die Kinder im November 1991 nach Südafrika.

Bereits 1993 ging ich meinen Bruder in Südafrika besuchen. Er arbeitete dort als Taxifahrer und seine Frau hatte eine Arbeit in einem Kaufhaus gefunden, wo sie vor allem Schwarzen teure T-Shirts und andere Schmuckstücke verkaufte. In den zwei Jahren seit ihrer Ankunft in Südafrika war es ihnen gelungen, sich einzuleben. Ihr Sohn ging in die Schule und die Tochter besuchte den Kindergarten. Sie wohnten in einer schönen Wohnung in einem von Italienern gebauten älteren Haus und hatten alles, was sie für ein komfortables Leben benötigten. Ich bemerkte aber, dass mein Bruder und seine Frau das Leben im Kapitalismus nicht wirklich verstanden hatten. Sie versuchten nicht Geld auf die Seite zu legen und machten keine Einzahlungen in die Pensionskasse, sondern verbrauchten sofort alles, was sie verdient hatten. Sie führten ein Leben nur für heute, wie sie es aus Šibenik gewohnt waren. Mein Bruder hat nie versucht, einen anderen Job zu finden, der seiner Ausbildung besser entspricht, und er hat nie versucht, das dafür zwingend notwendige Business-Englisch zu lernen. Für seine Frau war das Wichtigste, für sich und ihre Familie manchmal Kleider bekannter Marken kaufen zu können. Ich bemerkte schon damals, dass die Glücksspielautomaten meinen Bruder anzogen. Wir gingen nach Sun City, weil damals Glücksspiele in Johannesburg, verboten waren. In Sun City waren Glücksspiel erlaubt und die Bewohner in Südafrika gingen dorthin, um zu spielen. Dieser Ort ist als Unterhaltung für die ganze Familie konzipiert, wie ein Las Vegas in Miniatur. Hier konnte sich mein Bruder nicht von den Spielautomaten loslösen, was für mich auf den ersten Blick nicht so schlimm war. Vielmehr störte mich, dass er verschwand und mich mit zwei widerspenstigen Kindern zurückließ. Bei meinem nächsten Besuch in Südafrika im Jahr 2000 sagte mir die Frau meines Bruders sofort, dass ihr Mann oft die neu eröffneten Casinos rund um Johannesburg besuche, um zu spielen, ständig Schulden mache und dass es für sie jeden Tag schwieriger sei, Geld für den Lebensunterhalt beiseite zu legen. Inzwischen waren Glücksspiele in Südafrika legalisiert und mein Bruder musste nicht mehr weit reisen, um zu spielen.

Er verzockte sein Geld entweder mit seinen Taxifahrerkollegen oder in Casinos. Er nutzte die Tatsache, dass er täglich frisches Geld in der Tasche hatte. Seine Frau wollte oder konnte ihn nicht genau kontrollieren. Sie versuchten die Spielsucht meines Bruders vor den Kindern zu verheimlichen, obwohl der damals schon achtzehnjährige Sohn die Möglichkeit hatte, seinen dummen kranken Vater in einem Spielsalon beim Zocken zu beobachten. Ich ging mit meinem Bruder in ein Restaurant, um in Ruhe mit ihm zu sprechen, aber im Grunde war ich derjenige, der sprach. Ich wollte, dass mein Bruder für sich selbst ein Eintrittsverbot in allen Casinos in Südafrika verlangte und dazu eine Beratung für Spielsüchtige aufsuchte. Auf mein Drängen machte er einiges davon schon, während ich dort war. Er wandte sich an den Verein für Spielsüchtige und ich ging mit ihm zu einem ersten Treffen beim Präsidenten des Vereins. Später sollte er mit seiner Frau jede Woche dorthin gehen. Für mich war die Situation, in der ich sie vorfand, derart stressig, dass ich Südafrika früher als geplant verließ. Ich schloss daraus, dass Narren nicht zu helfen ist. Ohne sein krankes Interesse am Zocken zu verharmlosen, muss ich beifügen, dass auch seine Frau mit ihren unvernünftigen Wünschen und Bedürfnissen dazu beigetragen hat, ihren instabilen Mann so zu verwirren, dass er keine andere Möglichkeit mehr sah, um zu genug Geld zu kommen. Er hat nicht immer nur Geld verloren, wenn er Glück hatte, führte er seine ganze Familie zu teuren Abendessen aus und dann fragte seine liebe Frau nicht, woher das ganze Geld kommt. Ihr Sohn schloss damals das Gymnasium mit der Matura ab und sie hatten gerade genug Geld, um sein erstes Studienjahr der Wirtschaftswissenschaften in Kapstadt zu finanzieren. Der faule Junge, der knapp das Gymnasium geschafft hatte, erkannte seine große Chance nicht. Nach Abschluss des ersten Jahres beschloss er, das Studium abzubrechen. Durch seine Beschränktheit hat er sich praktisch selbst seine Zukunft verbaut.

Zur gleichen Zeit planten sie, sich am Unternehmen eines bosnischen Serben zu beteiligen, einem Restaurant an unattrak-

tiver Stelle. Wie üblich brauchten sie Geld, um ihre Pläne zu verwirklichen, weil sie selbst nichts anderes als Schulden hatten.
Sie unterzeichneten einige Vorverträge und benötigten dringend zehntausend Euro. Ich schickte ihnen das Geld, obwohl
mir ihr Eintritt in den Kapitalismus nicht geheuer war, weil sie
in das Geschäft ohne einen einzigen eigenen Rand einstiegen.
Alles für die Finanzierung benötigte Geld war geborgen. Ohne
wirkliches persönliches Risiko gibt es keine guten Kapitalisten.
Als Erstes wurden sie von ihrem Geschäftspartner allein gelassen, da dieser nach Kapstadt wegzog, was nicht sehr schade
war. Danach führten sie einige Zeit das Restaurant alleine und
recht erfolgreich weiter.

Nachdem das Geschäft gut angelaufen war, begannen sie,
nicht an harte Arbeit gewöhnt, nach altbekannter Balkanart darüber zu streiten, wer mehr Geld ausgibt, wer wie viel arbeitet
und dergleichen. Als der Sohn nach einem Studienjahr nach Johannesburg zurückkehrte, begannen er und seine Mutter einen
enormen Druck auf meinen Bruder auszuüben. Er sollte versuchen einen anderen Job zu finden und Frau und Sohn die Führung des Restaurants überlassen. In der Zwischenzeit hatte mein
Bruder eine andere Frau kennengelernt, ging von seiner Familie
weg und lebte mit dieser Frau. Als er nicht mehr weiter wusste,
weil er ohne Geld geblieben war, kam er zu mir in die Schweiz,
um nach Arbeit zu suchen und möglichst über Nacht und ohne
zu arbeiten viel Geld zu verdienen. Er blieb anderthalb Monate
bei mir, ein Mann, der außer Auto fahren so gut wie nichts im
Leben tun kann. Das Restaurant in Südafrika hatten sein Sohn
und seine Frau übernommen. Mein Bruder ist ein typisches Beispiel für Balkanmenschen, die ich normalerweise offen verach-
te. Er ist nicht in der Lage, ein normales, unabhängiges Leben
zu führen, er kann nicht kochen, nicht waschen, nicht arbeiten,
nicht denken, er kann nur vegetieren. Nach etwa drei Monaten
in der Schweiz und in Kroatien kehrte mein Bruder wieder zu
seiner geliebten Familie nach Afrika zurück. Bald darauf stand
das Restaurant vor der Pleite und sein Sohn bat mich am Telefon, nochmals zehntausend Euro zu schicken, damit sie alle

Schulden des Restaurants begleichen und danach das Geschäft verkaufen konnten. Um das erforderliche Geld von mir zu erhalten, mussten alle Mitglieder der Familie ihren Verzicht auf das Land an der Martinska zu meinen Gunsten unterschreiben. Für das Restaurant bekamen sie schließlich nur zehntausend Euro, die der neue Chef, des Bruders Sohn, sofort einsteckte. Eine kleine Bilanz ihrer Reise in den Kapitalismus: Am Anfang investierten sie geliehene vierzigtausend Euro, zwanzigtausend hatten sie von mir und zwanzigtausend von einem serbischen Bekannten bekommen. In den paar Jahren vernichteten sie also mindestens dreißigtausend Euro. Sie hätten besser das geliehene Geld für ein normales Leben brauchen oder ihrem Sohn für sein Studium geben sollen, als in ein Geschäft zu investieren. Aber der Sohn wollte nicht lernen und nicht studieren, er wollte auf schnelle Weise eine Menge Geld verdienen. Er begann ein Business mit dem An- und Verkauf von Wohnungen, wiederum eine Form von Abhängigkeit. Schließlich endete dieses Glücksspiel oder Business des vierundzwanzigjährigen Sohnes in einem Privatkonkurs. Kein schöner Start ins Leben für einen jungen Menschen. Natürlich trug er am Zusammenbruch seines Unternehmens keine Schuld, sondern sein Vater, der dieses Mal aber daran nicht beteiligt war. Wie er von seiner Mutter gelernt hatte, schob er alle Schuld dem Vater in die Schuhe.

Mein Bruder und seine Familie sind eine Naturkatastrophe. Er ist ein Spieler, ein charakterloser einfältiger Mann, der von seiner Frau von Anfang ihrer Ehe an manipuliert und beherrscht wurde. Er ist abhängig von ihr, sie führt den Haushalt, sie denkt für ihn und hat jetzt auch die Führung der Finanzen übernommen. Seine einzige Aufgabe ist es nun, seine Familie und seine Kunden im Taxi durch Johannesburg zu chauffieren. Seine Frau hat nicht einmal einen Führerschein und wird nie einen haben. Ein Leben ohne Auto ist aber in Südafrika praktisch unmöglich, weil es keine normalen öffentlichen Verkehrsmittel gibt. Ihr Sohn ist ebenfalls ein Spieler geworden und ist wie sein Vater ein gedankenloser Mann ohne Rückgrat geworden. Er ist den Menschen und den Banken Geld schuldig geblieben, ist aus

Südafrika geflohen und treibt sich seitdem in der Welt herum. Er arbeitet nur, wenn er Geld benötigt, und in der Regel versucht er jemandem auf der Tasche zu liegen. Er ist ein rücksichtsloser moderner Profiteuer geworden, der die guten und naiven jungen Menschen ausnutzt. Er glaubt, dass er vollkommen das Recht dazu hat. Seine guten Kenntnisse der englischen Sprache öffnen ihm die Türen zu einer normalen Welt, wo ein gebildeter Mann in der Regel auch gut situiert ist, wo verständlicherweise von einem über dreißigjährigen Mann erwartet wird, dass er sein eigenes Geld hat oder jemand seine Bedürfnisse finanziert. Mit seinem schlichten Charme, seiner Frechheit und seinem Wunsch, andere auszunutzen, gelingt es ihm immer wieder, wie ein Parasit eine Zeitlang auf Kosten anderer zu leben.

Er wohnte für drei Wochen bei mir, länger konnte ich ihn nicht ertragen. Ein solcher Faulenzer, Lügner und Schwächling ist bei mir nicht willkommen. Er raucht Marihuana, nimmt Kokain und durch seine Jobs auf Jachten ist er in der ganzen Welt herumgekommen. Wie wir Schweizer gerne sagen: „Sein schönes Haus soll sehr weit sein". Zurzeit lebt er in Oslo und arbeitet als Kellner. Vielleicht wird eines Tages ein richtiger Mann aus ihm, aber da bin ich sehr skeptisch.

Die Tochter studierte Psychologie in Johannesburg und litt, wie ich gehört habe, an Bulimie. Zurzeit hält sie sich ebenfalls in Oslo auf und arbeitet als Kellnerin, obwohl sie ihren Abschluss in Psychologie hat. Ihre Eltern werden keine Altersrente haben und daher bis ins hohe Alter arbeiten müssen, um zu überleben. Ich bin von der ganzen Familie meines Bruders zutiefst enttäuscht.

Die Gastarbeiter sind die verkannten echten Europäer. Weder in ihren Heimatländern noch in den Gastländern wurde das von Einheimischen erkannt und dementsprechend honoriert.

Dieses Buch versucht diese historische Ungerechtigkeit zu mildern.

EIN HERZ FÜR AUTOREN A HEART FOR AUTHORS À L'ÉCOUTE DES AUTEURS MIA ΚΑΡΔΙΑ ΓΙΑ ΣΥΓΓ
FÖR FÖRFATTARE UN CORAZÓN POR LOS AUTORES YAZARLARIMIZA GÖNÜL VERELIM SZ
PER AUTORI ET HJERTE FOR FORFATTERE EEN HART VOOR SCHRIJVERS TEMOS OS AUTO
SERCE DLA AUTORÓW EIN HERZ FÜR AUTOREN A HEART FOR AUTHORS À L'ÉCOL
ÇÃO ВСЕЙ ДУШОЙ К АВТОРАМ ETT HJÄRTA FÖR FÖRFATTARE À LA ESCUCHA DE LOS AUTO
MIA ΚΑΡΔΙΑ ΓΙΑ ΣΥΓΓΡΑΦΕΙΣ UN CUORE PER AUTORI ET HJERTE FOR FORFATTERE EEN
ARIMIZA SERCE DLA AUTORÓW EIN HERZ FÜ
SCHRIJ OS AU CORAÇÃO ВСЕЙ ДУШОЙ К АВТОРАМ ETT HJÄRTA FÖ

Der Autor

Zoran Mitrović wurde 1953 in Sibenik (ehem. Jugoslawien) geboren. Nach abgeschlossener Matura
begann er im Bereich der Aluminiumelektrolyse zu
arbeiten und absolvierte im Rahmen dieser ersten
Berufstätigkeit eine mehrmonatige Ausbildung
bei einer Schweizer Partnerfirma. In der Schweiz
lernte er seine zukünftige Frau kennen. Nach der
Rückkehr nach Jugoslawien nahm Mitrović ein
Studium auf, das er 1979 als diplomierter Ingenieur
der chemischen Technologie abschloss. Daraufhin
suchte er eine Stelle in der Schweiz und lebt dort
seit 1980 beruflich und finanziell erfolgreich. Nach
langer verantwortungsvoller Tätigkeit ging er 2012
aus eigenem Wunsch in den Ruhestand, um Zeit
für eine Rückschau und die Erfüllung langgehegter
Wünsche zu haben.

2017 erschien sein erstes Buch zunächst unter
dem Pseudonym Georg Milisa, „Gedanken eines
Gastarbeiters". Es wird nun im novum Verlag unter
seinem Klarnamen neu veröffentlicht.